[제5판]

사회복지실천론

도 광 조 지음

양서원

제5판 머리말

코로나-19의 해 2020년이 지나고 2021년이 되었는데도 아직도 코로나-19는 끝나지 않았다. 코로나-19로 인해 사회복지분야는 고요하게 정적만이 흐르는 느낌이다. 물론 사회복지시설 및 기관의 폐쇄에 가까운 상황에서도 사회적 약자들을 돌보는 일은 보이지 않게 계속되고 있다. 그렇지만 복지관을 비롯한 사회복지기관들은 기존의 재가대상자들에게만 서비스를 제공하고 있고, 거주시설들에서는 이동의 자유가 확보되지 않아 답답한 실내 생활만 이루어지는 실정이다.

사회적 취약계층들은 이와 같은 사회적 위기상황에서는 더욱더 버텨내기 힘들고, 취약할 수밖에 없다. 사회 전체가 힘든 상황을 겪고 있지만, 사회적 취약계층들에 대한 특별한 대책이 강구되어야 할 것이다. 물론 소상공인이나 자영업자들이 나락으로 떨어져 국가가 기초생활을 보장해야만 하는 상황으로 전락하지 않도록 하는 부분에 대한 대책도 필요할 것이다. 예방적인 복지개념이 특별히 강조되는 현실이다. 우리나라의 사회복지는 아직도 사후적 복지개념을 다분히 가지고 있는 바, 차제에 예방적 복지시스템으로의 전환이 모색되었으면 하는 바람이고, 국민들의 사회복지에 대한 인식도 사회적 약자를 위한 복지개념에서 더 나아가 우리 모두의 삶의 질과 관련되어 있는 복지 개념으로 변화되었으면 하는 바람이다.

또한 위기를 기회로 삼는다는 말이 있듯이 우리 사회복지실천현장에서도 코로나-19와 같은 위기상황을 기회로 삼아 클라이언트중심, 클라이언트의 욕구중심의 서비스 실천이 이루어졌으면 하는 생각이다. 우리 사회복지현장은 아직도 프로그램이나 행사를 위주로 하는 경우가 많다. 정말 클라이언트의 욕구중심으로 서비스를 개별화시킬 수 있는 시스템의 전환이 요구되는 시점이기도 하다. 프로그램이나 행사성 서비스를 제공하다 보니 사회복지는 누구나 행할 수 있는 부분으로 인식될 수밖에 없는 것이고, 전문가로 인식되지 못하는 것이다. 이렇게 계속된다면 앞으로 로봇이나 인공지능, 빅데이터, 드론, 자율자동차 등으로 대표되는 4차 산업혁명의 시대에 사회복지사는 현재보다 더욱더 전문가로 인식되지 못하는 상황이 될 수도 있을 것이다. 클라이언트와 클라이언트의 욕구중심으로의 실천 재편과 사회복지실천 전문가로서의 위상을 재정립하는 기회가 되었으면 하는 바람을 가져본다.

제5판 내용에서 이런 면들을 싣고 싶었지만, 자료 준비 부족 등으로 실현시키지 못했다. 사회복지실천의 발달과정과 관점, 이론 부분, 사례관리 부분 등을 중심으로 추가, 보완했고, 각 장에서 다소 설명이 미진한 부분에 대해서도 보완했다. 다음 개정 때에는 충분한 자료 준비 등을 통해 4차 산업혁명 시대의 사회복지실천에 대한 고민들을 논의해 볼 것이다.

마지막으로 알지 못하지만 일부 교수님들께서 교재로 채택해 주신 덕분에 제5판 사회복지실천론을 내게 되었음을 지면을 통해서나마 감사드리고 싶고, 특히 이 책은 2020년 2월 아들 하나 달랑 이 세상에 두고 먼저 가신 어머니께 죄송함과 아쉬움을 담아 어머니 전상서를 대신하여 바치고 싶다. 또한 졸고이지만 계속적인 지지와 격려를 보내주고 제5판 출판을 허락하신 양서원 박철용 회장님과 직원들께도 심심한 감사를 표한다.

2021년 겨울 한파 속에서

그리운 어머니를 생각하며

제4판 머리말

2018년 여름은 너무나도 뜨거운 폭염을 겪고 있다. 폭염도 자연재해로 보고 그 대책을 강구한다는 정부의 방침도 나온 상황이다. 급기야 환경부에서는 지자체별 폭염취약지수까지 공개하기에 이르렀고, "에어컨도 복지다" 또는 이웃 일본에서는 폭염에 대비해 에어컨을 전기세 걱정 없이 쓸 수 있도록 하고 있고, 저소득계층에 에어컨을 설치할 수 있는 비용을 제공하고 있다는 뉴스도 쏟아지고 있다. 우리나라에서는 1994년 에어컨 보급률이 10% 정도였는데, 2018년 현재 에어컨 보급률이 거의 80%에 육박한다는 보도도 나오고 있다. 에어컨도 이제 생활필수품인 것이고, 우리의 삶의 질을 결정하는 중요한 복지인 것이다. 그런데도 쪽방촌을 비롯한 저소득층들은 폭염에 무방비한 상태다. 국민들의 복지에 대한 인식수준이 향상되고 있는 것은 사실이지만, 이러한 보도내용을 접하면서 우리나라에서도 저소득계층들에게 에어컨을 설치할 수 있는 비용을 제공한다면 우리 대다수 국민들은 어떻게 생각할까라는 또 다른 면을 생각해 보았다. 사회복지에 대한 이중적인 잣대를 가지고 있지는 않는가? 나에게는 충분한 복지가 이루어져야 하지만, 저소득층을 포함한 다른 사람들에 대해서는 최소한의 복지만이 이루어져야 한다는 생각을 하고 있지는 않을까 하는 생각을 해보았다.

또 다른 사회복지의 단면들을 생각해본다. 사회 각 분야에서는 최근 들어 4차 산업혁명에 대비해야 한다는 논의와 움직임들이 활발하게 전개되고 있다. 그런데 사회복지분야에서는 4차 산업혁명이 가속화된다 하더라도 사회복지분야 일자리는 유지할 수 있다는 입장만 있을 뿐 전혀 4차 산업혁명에 대비한 논의들이 이루어지지 않고 있는 현실이다. 답답하다. 로봇이나 인공지능, 빅데이터, 드론 등의 발전으로 인해 사회복지분야에서도 변화는 분명 클 것이다. 사회복지가 케어중심의 복지만 포함하는 것이 아니라 다양한 학문분야를 포괄하고 있고, 사회의 다양한 분야와 연계되어 있기 때문에 사회복지실천에 있어서도 큰 변화가 일어날 것인데, 우리의 대응은 어떠한가? 사회복지현장에서 어떠한 변화가 있을 것이고, 현장사회복지사들의 업무에 있어서도 어떻게 변화되어야 한다는 다양한 논의와 예측이 있어야 할 시점인 것이다.

현장중심의 사회복지실천 논의와 인간중심의 사회복지실천 논의, 사회변화에 민감한 사회복지실천 논의라는 인식들을 기반으로 사회복지실천 4판의 내용을 꾸려가고 싶었지만, 충분하지 못한 점은 부인할 수 없는 사실이다. 늘 현장과 함께하지만 나 자신은 어떻게 현장과 관계하고 있는가를 고민하게 하는 대목이기도 하다. 초판 실천론 교재를 집필하면서 '사회복지실천현장에 충실한 사회복지실천론'을 생각했고, 이후 판을 거듭하면서도 늘 현장중심의 실천론 책을 강조한 바 있다. 현장중심의 사회복지실천논의, 인간중심의 사회복지실천논의, 사회변화에 민감하고 함께 가는 사회복지실천논의가 되어야 할 것이다.

제4판에서는 사회복지실천의 발달과정과 관점과 이론부분, 사례관리부분을 중심으로 추가, 보완했다. 물론 각 장에서 다소 설명이 미진한 부분에 대해서도 보완했다. 제1장에서는 사회복지실천에 대한 의미해석과 목적, 목표 등을 다루었고, 제2장에서는 사회복지실천의 발달과정을 간략히 다루었다. 미국과 우리나라 사회복지실천의 발달과정만 다루었는데, 이후 유럽 사회복지실천의 지향과 발달과정을 보충할 필요가 있다. 제3장에서는 사회복지실천의 가치를 다루었고, 제4장에서는 사회복지실천현장과 사회복지사의 현장에서의 역할을 다루었고, 제5장에서는 사회복지실천의 통합론적 관점들을, 제6장에서는 사회복지실천 이론들을 정리했다. 이 과정에서 체계와 생태체계에 대한 개념들을 좀 더 명확히 하는 노력을 기울였다. 제7장에서는 사회복지실천을 위한 관계론과 면접론을 다루었고, 가급적 실례를 들어 설명하고자 노력했다. 그리고 제8장에서는 사회복지실천의 과정을 다루었고, 제9장에서는 사례관리를 다루면서 이전 판에서 미진했던 부분들을 보완했다. 사례관리환경은 초판이 나올 때보다는 훨씬 많이 달라져 있다. 현재에 맞게 수정・보완했다. 아직도 내용이 빈약한 부분도 있고, 관점에 따라 빠진 부분들도 보인다. 이후 그러한 점들을 보충할 것을 기약한다.

마지막으로 제4판이 나오기까지 많은 관심과 기대를 아끼지 않았던 동료 교수님들과 대학원생들, 학부학생들에게 가장 큰 감사를 드리고 싶고, 실천론 책에 대해 여러 가지 지적과 생각들을 주고 있는 박사과정 학생들에게 감사드리고 싶다. 또한 알지 못하지만 일부 교수님들께서 교재로 채택해 주신 덕분에 제4판을 내게 되었음을 지면을 통해서나마 감사드리고 싶다. 아직도 병석에 계시는 어머니와 묵묵히 수발하고 있는 아내에게 이 책을 바친다. 또한 졸고이지만 계속적인 격려와 지지를 보내주고, 제4판 출판을 허락하신 양서원 박철용 회장님과 직원들께도 심심한 감사를 표한다.

2018년 여름 더위에

소백산 기슭의 동양대학교에서

제3판 머리말

최근 우리나라 사회복지는 협의적 복지개념에서 광의적 복지개념으로 넘어가는 길목에 서 있는 것 같은 느낌이다. 무상급식, 무상보육, 무상의료의 논의 등을 보면서, 그리고 과거에는 전혀 국가에 기대지 않았던 각종의 개인적(사회적)인 문제들이 사회복지정책으로 요구되는 현실을 보면서 더욱 그러한 느낌이 든다. 그만큼 복지의 저변이 확대되었다고 생각해 볼 수 있다.

이런 상황에서 문제해결과 역량강화에 초점이 맞춰지는 사회복지실천의 상황은 어떻게 변화하고 있는가? 강점지향적 접근을 하고 있고, 네트워크를 기반으로 한 사례관리가 추진되고 있다. 적어도 학문적인 관점에서나 일부 사회복지현장에서는 이러한 모습을 취하고 있다. 그렇지만 대부분의 사회복지현장에서는 과연 이러한 모습이 제대로 구현되고 있는가하는 의문도 든다. 어려움에 처해 있는 대상자들의 상황을 충분히 살펴 적절한 사정을 기반으로 한 개입계획과 실행, 평가가 제대로 이루어지고 있는지, 현금이나 현물 등 유형의 구체적 서비스(물질적 도움)를 제공하여 궁핍한 생활이나 생활환경을 개선하는 데 많은 대상자들에게 통용될 수 있고, 도움이 될 만한 행사성 프로그램에 집중하고 있지는 않는지 등을 생각하게 한다.

그러면서 사회복지실천에 대한 교육이 잘못되지는 않았는지, 교육내용이 현실적이지 못하지는 않는지, 사회복지실천 교육형태가 달라져야 하지 않는가 등을 생각하게 된다. 그렇지만 사회복지사 1급 시험이 있고, 사회복지교육지침에 따른 교육이 이루어져야 하고, 워낙 내용이 유사하게 출판된 책들도 많기 때문에 내용과 형식의 급격한 변화를 이끌어내는 것도 쉽지만은 않다.

초판 실천론 교재를 집필하면서 '사회복지현장에 충실한 사회복지실천론'을 생각했지만, 기존 사회복지실천론 교재를 벗어나지 못했고, 제3판을 준비하면서도 역시 마찬가지라는 생각이 든다. 사회복지학계의 자성과 노력이 있어야 하겠지만, 모쪼록 사회복지실천현장을 선도할 수 있고, 현장에서 나타나는 상황들을 이론적으로 담아내는 현장중심의 사회복지실천론 교재가 나왔으면 하는 바람을 가져본다.

제3판에서는 우리나라 사회복지실천의 발달과정과 사회복지실천현장에서의 사회복지사의 역할 부분을 추가했고, 사례관리 부분을 일부 보완했다. 물론 각 장에서 다소 설명이 미진한 부분 등에 대해서도 보완했다. 가급적 한 학기라는 시간적 제약이 있으므로 많은 부분을 할애하지 못했고, 구체적인 실천모습은 사회복지실천기술론에서 다룰 수 있다는 생각을 했다. 제1장에서는 사회복지실천에 대한 의미 해석과 목적, 목표 등을 다루었고, 제2장에서는 사회복지실천의 발달과정을 간략히 다루었다. 미국과 우리나라 사회복지실천의 발달과정만을 다루었는데, 이후 유럽 사회복지실천의 지향과 발달과정을 보충할 필요가 있다. 제3장에서는 사회복지실천의 가치를 다루었고, 제4장에서는 사회복지실천현장과 사회복지사의 현장에서의 역할을 새롭게 추가했다. 제5장에서는 통합론적 관점을 정리했고, 그 주요관점들을 살펴보았다. 제6장에서는 사회복지실천 이론들을 정리했고, 제7장에서는 사회복지실천을 위한 관계론과 면접론을 다루었다. 가급적 실례를 들어 설명하고자 노력했다. 그리고 제8장에서는 사회복지실천의 과정을 다루었고, 초판에서와 같이 사회복지실천과정론에 많은 지면을 할애했다. 접수 및 관계형성, 자료수집과 사정, 계획, 개입, 평가 및 종결, 사후관리 등의 순서로 정리했다. 제9장에서는 사례관리를 다루었고, 일부 초판에서 미진했던 부분들을 보완했다. 그리고 마지막에서 사례관리 양식들을 추가했다. 미진한 부분을 고치고, 실제 예들을 추가하고 했지만, 아직도 내용이 빈약한 부분도 있고, 관점에 따라 빠진 부분도 보인다. 이후 그러한 점들을 보충할 것을 기약한다.

마지막으로 제3판이 나오기까지 많은 관심과 기대를 아끼지 않았던 동료 교수님들과 학생들에게 가장 큰 감사를 드리고 싶고, 알지 못하지만 일부 교수님들께서 교재로 채택해 주신 덕분에 제3판을 내게 되었음을 지면을 통해서나마 감사드리고 싶다. 아직도 병석에 계시는 어머니께서 비록 개정판이지만 이 책을 보시고 힘을 내셨으면 하는 바람이 있고, 묵묵히 뒤에서 고생하면서 성원을 아끼지 않는 아내에게 이 책을 바친다. 또한 졸고이지만 계속적인 격려와 지지를 보내주고, 제3판 출판을 허락하신 양서원 박철용 회장님과 직원들께도 심심한 감사를 표한다.

2012년 1월

소백산을 바라보면서

머리말

우리나라 사회복지는 짧은 역사에도 불구하고 발전과 도약을 거듭하고 있다. 경제성장과 복지의 선순환 관계를 인정하는 세계적인 조류에 발맞추어 우리나라도 사회복지에 대한 관심이 정부 차원뿐 아니라 민간 차원에서도 상당히 높아지고 있다. 그래서 앞으로 유망한 직종으로 사회복지사가 지목되고, 사회복지에 대한 비전이 좋다는 등의 이야기가 많은 것이 현실이다. 사회복지사의 처우에 대한 고려도 최소한이지만 어느 정도 이루어지고, 근무조건 등에서도 과거보다는 좋아지고 있다.

사회복지에 대한 그릇이 커지다 보니 다른 분야에서도 눈독을 들이게 되고, 밥그릇 싸움이 이루어지는 것도 현실이다. 과연 '사회복지가 뭐냐? 그런 일들은 우리도 할 수 있다 또는 아무 일에나 사회복지가 끼어들려고 한다. 과연 사회복지가 전문직이냐'는 식의 정체성에 의문을 제기하기에 이르렀고, 사회복지계에서도 정체성에 대한 논의를 벌이고 있다. 이러한 논의는 과거부터 끊임없이 제기되어 왔지만, 최근 우리 사회복지계에서도 한 차원 발전하기 위해서는 반드시 거쳐야 할 부분으로 생각하고 있는 것 같다. 사회복지의 목소리가 커지고, 그 요구가 다양해질수록 사회복지에 대한 정체성을 굳건히 확립되어야 하는 것은 절대적일 것 같다.

개별사회사업, 집단사회사업, 지역사회조직 등의 전통적인 방법(론)들이 사회복지실천 또는 사회복지실천론이라는 과목으로 통합된 것도 결국 사회복지 또는 사회복지실천의 정체성을 확립하고자 하는 노력의 표현이라고 볼 수 있다. 과연 과목 명칭만 바꾼다고 해서 정체성이 확립될 것인가? 그렇지는 않다.

그런데도 기존의 사회복지실천과목의 내용을 보면 사회복지실천에 대한 정체성이 전혀 고려되지 않는 모습을 볼 수 있다. 개별 케이스워크(개별사회사업)에 이름만 바꾸어 놓은 듯한 인상을 지울 수 없다. 현장에서의 사회복지실천은 개별사회사업과 집단사회사업, 지역사회조직적인 노력을 함께 통합해서 운영해 가고 있는데, 아직도 사회복지실천론에서는 개별사회사업적인 내용이 주류를 이루고 있다. 사회복지현장에서 실제적으로 적용될 수 있는 사회복지실천론 내용으로의 재편이 바람직하다. 이러한 의도를 가지고 현장의 실제와 과목 내용을 최대한 접목시키려는 의도를 가지고 노력했지만, 나 자신 또한 그런 내용으로 학습되어서 그런지 그 틀을 벗어나지 못한 듯하다. 그렇지만 사회복지현장에서 활용될 수 있는 이야기를 담으려고 애를 썼고, 그 지향점은 역시 '사회복지현장에 충실한 사회복지실천'이었다. 이후 현장에서 통합적으로 운영되고 있는 사회복지실천의 과정과 내용을 그대로 담고, 통합방법론에 기반으로 둔 현장중심의 사회복지실천을 선도하는 이론적인 작업이 이루어져야 할 것 같다.

사회복지는 인간을 다루는 학문이고 실천이다. 어떻게 하면 우리 모두의 삶의 질을 현재보다 높여 갈 수 있을 것인지에 대한 논의이다. 우리 사회복지는 아직도 장애인, 노인, 아동 등의 분야론적인, 협의적인 대상중심으로 전개되고 있다. 이러한 좁은 대상 중심의 논의를 한다면, 사회복지의 영역을 확대해 가기 어려울 것이고, 사회복지의 전문성을 확보해 가기 어려울 것이다. 대상중심의 논의보다는 '어떻게'라는 방법중심의 논의, 그에 따른 방법론이 확립되어야 할 것이다. 우리의 사회복지는 '좁은 대상'에서 그 정체성을 찾아가려는 듯한 현실적인 움직임을 볼 수 있다. 사회복지를 어려운 이웃, 장애인, 노인 등의 이미지와 등식 짓는 생각을 버려야 한다는 것이다. 우리뿐 아니라 모든 사람들의 인식의 전환을 가져와야 한다는 것이다.

현장중심의 사회복지실천 논의와 인간중심의 사회복지실천 논의라는 두 가지 인식을 기반으로 하여 내용을 꾸려 가려고 노력했지만, 충분하지 못한 점은 부인할 수 없는 사실이다. 앞으로 더욱 노력하겠다는 다짐을 해본다. 이 책의 구성은 기존의 사회복지실천론 책들과 비슷하고, 그 체제를 따랐다. 1장에서 사회복지실천에 대한 의미 해석과 목적, 목표를 다루었고, 2장에서 사회복지실천의 발달과정을 간략히 다루었다. 미국 사회복지실천의 발달과정만을 다루었는데, 이후 유럽 사회복지실천의 지향과 발달과정을 보충할 필요가 있다. 3장에서는 사회복지실천의 가치를 다루었고, 4장에서는 통합론적인 관점을 정리했고, 그 주요 관점들을 살펴보았다. 5장에서는 사회복지실천의 밑바탕을 이루는 이론들을 정리했고, 6장에서 사회복지실천의 기본적인 방법인 관계론과 면접론을 다루었다. 가급적 실례를 들어서 설명했다. 그리고 많은 부분 사회복지실천과정론에 지면을 할애했다. 7장에서 사회복지실천의 과정을 다루었고, 그 과정을 접수와 관계형성, 자료수집과 사정, 계획, 개입, 평가 및 종결, 사후관리 및 지도의 순서로 정리했다. 8장에서는 대상자의 개별적인 특성과 요구, 욕구를 반영하는 사례관리를 사회복지실천방법이라는 입장에서 서술했다. 그리고 마지막에서 학생들이 실천한 재가대상자 사례관리의 실제적 과정을 보고형식으로 다루었다.

가급적 한 학기라는 시간적 제약을 생각해서, 간략하게 설명하려고 노력했고, 실제 예를 중심으로 설명하려고 노력했다. 내용이 다소 빈약한 부분도 있을 것이고, 관점에 따라 빠진 부분도 있을 줄 안다. 이후 그러한 점들을 수렴하여 보충할 것을 기약한다.

마지막으로 이 책이 나오기까지 많은 관심과 기대를 아끼지 않았던 동료 교수님들과 학생들에게 가장 큰 감사를 드리고 싶고, 뒤에서 묵묵히 성원을 아끼지 않았던 병석의 어머니와 아내에게 이 책을 바친다. 또한 졸고이지만 계속 격려와 지지를 보내 주고, 선뜻 출판을 허락하신 양서원 회장님과 직원들께도 심심한 감사를 표한다.

2005년 2월
동양대학교 넓은 교정에서

차 례

1. 사회복지실천의 의미 해석
2. 사회복지실천의 정의
3. 사회복지실천의 목적과 목표

CHAPTER 01

사회복지실천이란 무엇인가

1. 사회복지실천의 의미 해석

사회복지실천(Social Work Practice)의 의미를 파악하기 위해서는 사회복지와 실천의 개념을, 그리고 사회와 복지의 개념을 살펴보아야 한다(사회 + 복지 + 실천).

우선 복지를 보자. **복지**는 한자어로 보면 福(복 복) + 祉(복 지)이다. 복이 2개인 만큼 큰 행복을 의미한다. 아주 큰 복된 상태를 일컫는다. 보다 세련된 용어로 삶의 질이 충분히 확보된 상태 또는 생활에서 안정적이고 안락하고, 만족한 상태를 의미한다. 그러면 **사회**는 무엇인가? 사회는 두 사람 이상이 모인 집단으로서 공동체의 의미를 함축하고 있다. 두 사람 이상의 사람들이 집단을 형성하기 위해서는 상호작용과 관계가 전제되어야 할 것이다. 사회 공동체의 의미 속에는 관계의 의미를 가지고 있다. **사회복지**는 상호관계에 놓여 있는 공동체가 공동체 전체의 복된 상태를 위해 또는 공동체 내에서 복된 상태에 미달된 개인들의 복되고 만족한 상태를 위해 함께 노력한다는 의미를 가지고 있다. 따라서 공동체의 복된 상태를 지향하고자 노력하는 실제적인 과정(구체적인 행위로 옮긴다는 실천의 의미 함축)이 모두 **사회복지실천**인 것이다.

공동체의 복된 상태(안녕 상태 well-being 보장)를 이루어가는 데는 거시적인 측면에서 공동체 전체의 삶의 상태를 양적, 질적으로 높여 갈 수도 있고, 미시적인 측면에서 어려움에 처해 있는 개인에 대해 공동체의 전체적 수준에 도달할 수 있도록 원조해 줄 수도 있을 것이다. **거시적인 측면은 국가, 제도, 정책(사회복지정책 개발, 정책 분석, 정책 대안의 발굴 및 제시, 제안된 법안에 대한 분석 등)이라는 의미를 함축할 것이고(제도적 · 정책적 접근)**, 사회구성원 모두가 일정 수준 이상의 생활을 영위하도록 기초 생활을 보장하는 것에서 일반 사회구성원 모두가 신체적 · 심리적 · 사회적 · 경제적으로 편안한 상태를 누리도록 가능한 모든 조치를 취하는 일을 포함할 수 있다.

미시적인 측면은 개별적 개입, 집단적 개입, 지역사회조직 및 계획 등의 의미를 포함할 수 있다(예제 1 참고). 즉, 문제와 욕구를 가진 특정한 개인, 가족, 집단, 지역사회 등에 대하여 보다 구체적이고 직접적인 서비스를 제공하는 것을 의미한다. 미시적 수준은 개인의 가장 친밀한 상호작용을 기반으로 개입하는 사회복지사의 활동이다. 현실적으로 주거환경에 문제가 있다거나 필요한 자원이나 정보에 어려움을 가지는 경우, 개인의 심리사회적 상태, 부모와 아동 사이의 관계, 부부관계, 동료와의 관계, 기타 가족 구성원들 간의 관계 등에 문제가 있을 경우 클라이언트의 문제해결 과정에 사회복지사가 개입하여 클라이언트와 일대일로 만나 클라이언트의 문제해결을 지원하는 활동이 여기에 해당된다. 미시적 수준에서의 활동은 대개 클라이언트를 직접 만나서 이루어지기 때문에 직접실천[1)]이라 불리기도 한다.

예제 1

신체적으로 학대받는 아동의 사회복지를 달성하기 위해서는 아동학대방지법이나 학대신고제와 같은 사회적 제도나 정책이 우선적으로 필요하겠지만 학대받은 아동의 치료와 재활을 위해서는 심리정서적인 치료나 위탁가정 프로그램이 필요하며, 가해부모에 대한 격리치료나 부모의 역할교육 등과 같은 구체적이고 전문적인 서비스도 있어야 한다(이영분 외, 2001 : 18).

이와 같이 사회복지실천을 공동체의 복된 상태를 지향하고자 거시적 · 미시적으로 노력하는 구체적이고 실제적인 과정 모두로 본다면, 사회복지실천은 사회복지를 구체적으로 실행한다는 의미이고, 궁극적으로 사회복지와 같은 의미로도 볼 수 있다. 거시적 수준에서 공동체 전체 혹은 부분, 개인들(클라이언트)의 삶에 영향을

1) 미시적 수준에서의 활동은 대상에 대해 직접 영향을 미친다는 의미에서 직접실천이라 하고, 거시적 수준에서의 활동은 대상을 목표로 하지만 직접적인 교류나 접촉이 이루어지지 않는 간접실천이라고도 한다.

미치는 전체 사회나 국가의 복지체계를 대상으로 한 사회복지사의 실천활동인 사회복지정책 및 행정은 물론이고 사회구성원의 일반적 복지 증진 활동과 관련된 주택, 교통, 환경, 치안 등에 대한 정책 및 활동까지도 포함할 수 있는 것이다.

그렇지만 **사회복지실천은 사회복지학에서 하나의 방법 또는 접근 노력으로서 사회복지를 보다 기술적이고 미시적인 측면에서 규정하거나 사회복지의 전문적인 실천기술을 강조하고자 할 때 주로 사용되어 왔다**(김기태 외, 2007). 사회복지실천은 궁극적으로 사회복지를 어떻게 실천할 것인가와 관련되어 있고, 전통적으로 사회복지실천방법(사회사업실천방법)은 개별사회사업과 집단사회사업, 지역사회조직[2] 등으로 구분되어 발달해 왔다. 1970년대 이후 사회복지실천으로 통합 · 발전되어 왔다.

2. 사회복지실천의 정의

사회복지실천의 정의와 목적은 역사적 배경이나 사회적 상황에 따라 서로 다른 개념과 용어로 정의되면서 지속적으로 변화되어 왔기 때문에 오늘날까지도 합의된 정의를 제시하는 것이 어려운 상황이다.

사회복지실천이라는 용어는 1970년 캐롤 메이어(Carol Meyer)에 의해 처음 사용되기 시작했고(Dorfman, 1996), 1960년대 미국 사회의 급진적인 경향 및 빈곤의 악순환, 인종폭동 등 사회개혁을 요구하는 움직임이 본격화되면서 논리적 · 사변적인 접근(思辨的, 경험에 의하지 않고 순수한 사유나 이성에 의한 것)이나 개별적인 접근

2) 현외성(1998)은 사회복지방법론을 분류하면서 전통적 사회복지방법인 개별사회사업, 집단사회사업, 지역사회조직론을 직접적 사회사업실천방법으로 분류했고, 지역사회조직을 사회복지실천활동의 범주에 포함시키고 있다. 클라이언트의 문제해결과정에서 지역사회자원의 조직이나 지역사회를 변화시키는 노력이 필요하다고 판단될 경우 지역사회복지활동은 클라이언트의 문제해결 지원과정의 연장선 위에 있기 때문이다(엄명용 외, 2000). 또한 현외성(1998)은 사회복지정책과 사회복지행정을 간접적 개입방법으로, 사회복지조사와 사례관리를 지원적 개입방법으로 분류하고 있다.

보다는 현실성 있는 실천(실용성)을 강조하기에 이르렀고, 그 영향으로 사회복지에서도 실천성을 강조하는 차원에서 사회복지실천(미국에서의 사회사업실천 Social Work Practice와 동일한 의미)이라는 용어를 사용하게 되었다. 이전에는 사회사업(Social Work)이라는 용어를 사용했다.

사회복지실천에 대한 최초의 정의는 메리 리치몬드(Mary Richmond, 1917년 『사회진단(*Social Diagnosis*)』 저술)의 개별사회사업(Social Casework) 정의를 들 수 있다. 리치몬드는 『개별사회사업이란 무엇인가(*What is Social Casework*)』(1922)라는 책에서 다음과 같이 정의하였다.

> "개개인, 그리고 인간과 그 사회환경 사이에서 의식적인 조정을 통해 개개인의 인격발달을 이루어 가는 과정들(Those processes which develop personality through adjustments consciously effected, individual by individual, between men and their social environment)" (Richmond, 1922 : 98-99; 엄명용 외, 2000 : 24 재인용)

리치몬드의 정의를 보면 개개인과 개인이 처한 사회환경 모두에 개입하여 의식적으로 조정한다는 면과 개개인의 인격발달을 도모하는 과정이라는 면으로 나누어 볼 수 있다. 오늘날 사회복지의 궁극적인 관점이라 할 수 있는 '환경 속의 인간'을 가정하고 있지만, 환경에 대한 의식적인 조정의 결과를 담고 있지 못하는 면을 볼 수 있다. 즉 의식적인 조정을 통해 인간과 환경 간의 조화로운 관계라는 결과가 아니라 개인의 인격발달(개인의 심리내적 적응)을 이루어가는 결과를 담고 있다. 조정의 목적이 인격발달이기 때문에 환경을 조정하더라도 인격발달에 도움이 되도록 한다거나 환경에 개인이 적응토록 한다는 면을 포함하고 있다. 개인과 환경과의 상호작용이나 관계에 초점을 두고 문제에 접근하는 경향이 아니라 인격의 미발달·미성숙에 초점을 두고 접근하는 경향인 것이다. 초기 사회복지의 경향을 읽을 수 있는 대목이다. 리치몬드의 정의는 사회복지실천이 개인의 욕구충족과 인격개발을 목적으로 하는 다분히 미시적이고 치료적인 과정임을 강조한 것이고, 리치몬드를 비롯한 초기 사회복지 정의의 이 같은 경향은 1920년대 프로이트(Freud)의 정신분석이론에 그 영향을 받았다고 볼 수 있다.

초기 개인의 변화를 강조하는 사회복지실천 경향은 1929~1939년까지의 대공황, 제2차 세계대전, 1960년대 인종폭동 및 사회적 갈등기를 겪으면서 사회문제의 해결이나 사회개혁을 강조하는 거시적 견해들로 확산되었고, 예를 들면 대공황으로 인해 빈곤이나 실업 등의 사회경제적 문제가 심각했던 1930년대에는 사회복지실천을 사회적 자원의 균등한 배분이나 사회개혁을 목적으로 하는 거시적 활동으로 정의하였다(Larie, 1935; Payne, 1996 재인용). 이 같은 시기를 거치면서 미국의 사회복지실천에 대한 정의도 변화되기에 이른다. 환경을 강조하는 경향이 대두되기 시작했다. 1958년 미국사회복지사협회(National Association of Social Workers, NASW)의 정의를 살펴보면 다음과 같다. 1958년 미국사회복지사협회의 정의는 학자에 따라 다양하게 대립된 입장에서 규정되면서 공식적으로 합의된 사회복지실천을 정의하고자 노력한 것이기도 했다.

"인간과 사회환경의 부조화로 인해 나타나는 개인이나 집단의 문제를 해결하거나 최소화하며, 이러한 문제를 미리 예방하여 개인, 집단, 지역사회의 잠재력을 최대화하는 것을 목적으로 하는 원조활동이다."(NASW, 1958; 이영분 외, 2001 : 20 재인용)

"사회사업은 개인이 단독적으로 또는 집단 내에서 그의 사회적 기능을 강화시켜 주기 위한 하나의 모색이다. 사회적 기능의 강화는 인간과 그의 환경과의 상호작용으로 이루어지는 상호관계에 중점을 두는 활동이다. 이러한 활동은 세 가지의 기능으로 구별된다. 즉, 손상된 개인의 능력을 회복시키는 기능, 인적 · 사회적 자원을 제공 · 보충하는 일, 그리고 사회적 역기능을 예방하는 기능이다."(Boehm, 1958: 18; 조휘일 · 이윤로, 1999 : 34 재인용)

이 시기의 사회사업은 개인과 사회환경의 상호작용에 초점을 두면서 개인의 사회적 기능을 향상시키기 위한 활동으로 정의되기 시작하였다. 사회적 존재로서 '환경 속의 인간'을 가정하고, 사회적 환경이라는 측면과 인간이라는 양 측면(사회적 환경과의 상호작용 면)에서 개인의 욕구와 문제를 파악하며, 그 해결방법도 개인과 환경 간의 상호작용 면에서 해결하고자 했다(개인과 환경 간의 원만한 상호작용으로 개인의 욕구가 충족될 수 있도록 개입). 여기서 사회적 기능 개념은 "사회적 안녕, 특히 특수한 지위나 역할과 관련된 역할 기대를 충족하기 위한 개인의 능력과 관련된 것"(Longres, 1995; Sheafor, Horejsi & Horejsi, 1997)이고, "일상생활에 필요한 활동을 달성하기 위한 … 그리고 특정 하위문화나 지역사회에서 필요로 하는 주요 사회적 역할을 수행하기 위한 클라이언트의 능력"(Karls & Wandrei, 1988; Sheafor, Horejsi & Horejsi, 1997 재인용)으로, 개인의 능력과 욕구 그리고 사회적 환경의 기회와 욕구 사이의 적합성과 관련된다(김혜란 감수, 1999). 따라서 사회적 기능 향상이란 모든 사람들이 발달단계에 따른 자신의 다양한 역할이나 과업을 잘 수행하는 것이며, 개인 스스로가 자신에 대한 존엄성을 믿고, 긍정적이고 만족한 대인관계를 유지하도록 하는 것을 의미한다고 할 수 있다(Skidmore, Thackerary & Farlet, 1994; 이영분 외, 2001 : 21 재인용).

미국사회복지사협회(1958)와 보옴(Boehm, 1958)의 정의는 사회적 환경과 개인의 상호작용을 강조하는 사회복지실천의 경향을 뒷받침했을 뿐만 아니라 1930년대 사회복지의 제 3의 방법으로 수용되었던 지역사회조직사업이 사회복지실천개념에 분명한 위치를 차지할 수 있도록 하는 계기가 되었고, 사회복지실천의 통합적 방법을 활성화시키는 중요한 계기가 되었다고 할 수 있다(전재일 외, 2001 : 16). 역사적으로 미국에서 사회사업개념으로 출발하여 전통적인 사회복지실천의 3대 방법으로 체계화되어 온 개별사회사업, 집단사회사업, 지역사회조직사업은 당시(1960년대 말)의 사회문제를 해결하는 데 충분하지 못하다는 비판을 받음으로써 1970년대 이후 새로운 방법을 모색하게 되었고, 사회복지실천, 임상사회사업,[3] 통

합실천방법론이 대두되기 시작하였다.[4)]

사회사업 정의에 대한 결정체는 1973년 미국사회복지사협회가 채택한 정의라고 할 수 있다.

> "사회사업은 개인과 집단과 지역사회를 도와서 그들의 사회적 기능을 나타내는 데 필요한 능력을 회복하고 강화하는 전문적인 활동이다. 동시에 개인과 집단과 지역사회가 그들이 바라는 목표에 합당한 사회적 조건들을 창조해 낼 수 있도록 돕는다. 사회사업실천은 사회사업의 가치관과 원칙과 기술을 다음의 목적을 위해서 적용한다. 즉, 사람들로 하여금 실질적인 서비스를 받도록 도와주는 데에 적용하며, 개인과 가족과 집단에게 그들이 필요로 하는 상담과 심리치료를 해 주는 데에 적용하며, 지역사회나 일정 집단의 복지와 건강의 증진에 기여하고 또한 합당한 법의 입법 과정에 참여하도록 돕는 데 적용된다."(조휘일 · 이윤로, 1999 : 36 재인용)

사회복지실천에 관한 최근의 정의로는 1994년 미국사회복지교육협의회(Council on Social Work Education, CSWE)가 사회복지교육의 교육과정을 제시하면서 정리한 정의를 들 수 있다.

> "인간의 삶의 질을 향상시키고 빈곤과 억압을 감소시키기 위해 공적인 영역과 사적인 영역으로부터 권한을 위임받아 다양한 분야에서 사회적 서비스를 제공하는 것"(CSWE, 1994)

3) 20세기 후반에 들어와서 사회사업의 이론과 실천의 양면 중에서 실천을 강조하는 학문적 기풍으로 사회사업은 사회복지실천으로 대체되었고, 사회복지실천의 전문성을 보다 중시하는 일부 실천가들을 중심으로 임상사회사업이란 용어를 사용하였다(사회사업은 실천성을 보다 강화하려는 사회복지실천과 전문성을 보다 강화하려는 임상사회사업으로 나뉘어 발달). 사회복지실천과 임상사회사업은 크게 보면 동일한 개념이지만 양자 간의 차이에 주목하면 사회복지실천의 전문성과 수준, 그리고 그 질을 보다 높이려는 것과 관련이 있다(김기태 외, 2007). 임상사회사업은 개인, 가족, 소집단들의 심리사회적 기능을 향상시키는 사회복지실천의 목적을 바탕으로 하고 있으며 또한 정서적 · 정신적 부조화를 포함하여 장애, 손상, 심리사회적 역기능에 대한 치료와 예방을 위한 사회사업 이론과 방법을 보다 전문적으로 적용하는 것이다(Dorfman, 1988 : 17-18).

4) 1960년대를 거치면서 미국에서는 사회복지실천을 강조했고, 거시적 · 미시적 환경, 환경 · 지역사회와의 상호작용을 강조하게 되었고, 그에 따라 지역사회조직, 지역사회복지 개념이 확고한 위치를 차지하고, 통합방법론이 대두되는 기반이 조성되었다.

사회복지실천에 대한 정의는 1980년대의 생태체계적 관점과 1990년대의 능력강화(empowerment, 역량강화) 관점이 도입되면서 보다 체계적이고 포괄적으로 확립되었다. 최근 미국사회복지사협회의 새로운 정의를 보면 사회복지실천은 "사회적 기능수행(향상)과 바람직한 사회적인 상황의 창출에 대한 사람들의 능력을 향상시키거나 회복시킬 수 있도록 개인, 가족, 집단, 지역사회 등을 원조하는 전문적인 활동"(Barker, 1995; 김기태 외, 2002 : 16 재인용)이라고 규정했고, 비슷하게 스키드모어(Skidmore, 2000 : 6; 김기태 외, 2002 재인용)는 사회복지실천은 개인, 집단(특히 가족) 및 지역사회의 문제를 해결하도록 하고, 개인, 집단 및 지역사회와의 관계에서 만족을 획득하도록 사람들을 돕는 하나의 예술이자 과학이며 전문직이라고 보았다.

key point

사회복지실천은 개인, 집단, 지역사회를 대상으로 그들이 적절한 사회적 기능을 수행할 수 있도록 개별적, 제도적으로 원조하는 활동

이상의 사회복지실천에 대한 정의에서 알 수 있는 점은 ① 개인, 집단, 지역사회를 대상으로 한다는 점, ② 개인, 집단, 지역사회의 사회적 기능을 회복, 향상시키는 활동이라는 것이다. 개인의 기능 회복 및 치료는 물론이고 집단구조와 과정의 개량, 지역사회구조와 과정의 변화를 포함한다는 것이다. 다시 말해 사회복지사가 개인, 집단, 지역사회에 개입하여 그들로 하여금 적절한 기능을 수행할 수 있는 여건을 조성함으로써 사회적 기능을 향상시키는 것을 의미한다고 볼 수 있다. 전체 공동체의 부분으로서 개인, 집단, 지역사회의 사회적 기능 향상은 물론이고 총량적 의미에서의 사회 공동체의 기능 향상을 도모한다고 볼 수 있다. 따라서 사회복지실천은 개인에 대해 개입하여 손상된 능력을 회복시켜 집단이나 지역사회에서

적절하게 역할수행을 할 수 있도록 하고, 가족이나 집단의 온전한 기능 수행의 가능성을 높이고, 지역사회, 더 나아가 사회공동체의 사회정의가 실현될 수 있도록 지역사회를 조직하고, 법·제도·정책적인 접근을 시도하는 것을 포함한다. ③ 사회복지실천의 초점은 개인, 집단, 지역사회 각자가 지역사회 내에서 적절하게 잘 살아갈 수 있는 능력을 가지도록 하는 데 있으므로 각 개체들의 직접적인 행동의 변화를 위해 도와주는 역할이라는 점이다. 이를테면 클라이언트들의 삶의 질을 보다 윤택하게 하기 위해서는 직접적인 물질 제공이 있을 수 있지만 가능한 한 물질적인 제공보다는 물질적인 서비스를 받을 수 있기 위해서는 어떻게 행동해야 하는지 역할수행을 해야 한다는 방향에서 도와주는 것을 의미한다(예제 2 참고).

예제 2

70세 청각장애인 아버지와 40세 지적장애인, 43세 시집 간 누이, 45세의 실직한 매형. 누이가 잦은 친정 출입 과정에서 친정 부모 및 동생의 삶에 대한 간섭이 심한 가정. 이 가정에 대한 사회복지실천과정을 기술해 보면 여러 가지가 있을 수 있다.

- 장애인수당 확보 또는 정보 제공
- 국민기초생활보장 수급권 확보
- 40세 지적장애인의 일상생활동작 훈련
- 40세 지적장애인의 장애인협회 및 지적장애인복지협회 참가
- 40세 지적장애인이 자활할 수 있는 일거리 제공
- 가정의 일상가사를 돌봐 줄 수 있는 자원봉사자 확보 및 제공
- 45세 실직한 매형의 일거리 확보 및 제공
- 45세 실직한 매형의 일에 대한 태도교육 훈련
- 누이가 친정집의 삶의 과정에 지나친 개입을 하는 데 대한 상담
- 클라이언트 가정에 경제적으로 도움을 줄 수 있는 사람 물색
- 클라이언트가 각종 사회적 자원을 확보할 수 있도록 정보 제공

3. 사회복지실천의 목적과 목표

목적(purpose)과 목표(goal)는 지향해야 할 가치라는 면에서는 공통점이 있지만 목적은 다소 추상적인 지향가치라고 볼 수 있고, 목표는 목적을 달성하기 위한 구체적인 행동지침이라고 볼 수 있다. 프로그램과의 관계에서 본다면 목표는 프로그램이 변화시키려고 하는 상황이나 문제에 대한 기준을 설정하는 것이며, 또한 프로그램 활동의 결과로서 기대되는 변화 정도 등을 포함한다(정무성 · 정진모, 2001 : 97).

사회복지실천의 목적과 목표는 사회복지실천의 지향점이라고 볼 수 있고, 사회복지실천의 목적은 사회복지실천이 가지는 궁극적이면서도 다소 추상적 · 관념적 · 이상적 측면으로서 포괄적인 서비스의 사명에 대한 의도적인 표현이며, 이념적인 틀을 제시한다. 그에 비해 사회복지실천의 목표는 이념적인 목적을 달성하기 위해 사회복지실천과정에서 구체적으로 지향하는 행동지침인 것이다. 사회복지실천의 목표는 행동으로 옮기는 척도로서의 역할을 한다.

사회복지실천의 목적을 정의하고자 하는 노력은 사회복지실천의 출현 이래 계속되어 왔다. 이러한 노력이 구체화되기 시작한 것은 1929년의 밀포드(Milford) 회의였다(엄명용 외, 2000 : 9). 특히 프로이트의 정신분석적 관점이 실천 영역에서 채택되면서 사회복지전문직에 대한 성찰이 이루어지게 되었고, 1960년대를 거치면서도 역시 사회복지전문직의 위상 문제가 이슈가 되었다. 결국 1960년대 미국 사회의 불안이 극대화되고, 이에 따라 기존 개별사회사업적인 접근이 한계를 드러내면서 1970년대에는 본격적으로 사회복지의 정체성이나 위상 면에서의 재도전이 이루어지게 되었고, 구체적으로 드러난 것이 1979년 NASW의 주관으로 미국의 시카고에서 열린 사회복지전문인 전국회의였다.

사회복지실천의 목적과 목표가 왜 중요한가? 첫째는 사회복지실천의 방향을 올바로 가져가야 할 필요가 있기 때문이다. 과연 사회복지실천이 무엇이며, 무엇을 추구해야 하는가에 대한 물음에 답해야 하기 때문이고, 그럼으로써 사회복지전문직의 정체성과 위상이 정립될 수 있기 때문이다. 둘째는 사회복지실천이 올바로 잘 수행되고 있는지에 대한 효과성 및 효율성 논의를 분명히 하기 위해서이다. 지향점과 지향지침이 분명함으로써 사회복지서비스 및 프로그램의 성과를 제대로 측정할 수 있을 것이다. 1980년대 이후 지속적으로 강조되어 온 것은 사회복지활동의 책임성과 효과성, 효율성 등이다. output(산출)이 아니라 outcome(성과)을 강조한다는 것이다.[5)]

사회복지실천의 궁극적인 목적은 모든 사람들의 삶의 질을 현재 상태보다 향상시키는 것이고, 개인과 사회 간의 유익한 상호작용을 증진시키거나 개선하려고 하는 것이라고 NASW는 밝히고 있다. 여기에서 중요한 사실은 '모든 사람', '삶의 질 향상', '개인과 사회 간의 상호작용'이다. **'모든 사람'**은 우리가 일반적으로 사회복지 대상으로 생각하는 장애인, 노인, 아동 및 청소년, 국민기초생활수급권자, 미혼모, 알코올중독가정 등만이 사회복지실천 대상이 아님을 나타낸다. 어떻게 보면 주관적 삶에 대한 기대에 미치지 못하는 그럴 가능성이 있는 모든 사람을 일컫는다고 할 수 있다.

'삶의 질 향상'에서 삶의 질 개념은 단순한 물질적 풍요 이상의 중요한 삶의 차원이 존재한다는 것을 함의한다. 삶의 질에 대한 연구는 크게 두 가지 전통 또는 이분법적인 구분에 기반을 두고 있다. 즉, 양적 측면과 질적 측면, 실제의 측면과 지각의 측면, 객관적 측면과 주관적 측면으로 나누어 볼 수 있는 것이다. 삶의 질에 대한 계량적이고 객관적 측면을 강조하는 입장에서는 주로 다양한 사회지표를 통해 삶의 질을 측정하는 전략을 택해 온 반면, 주관적 측면을 중시하는 입장에서는 개개인의 삶의 질에 대한 느낌이나 행복감을 측정하였다.

삶의 질에 대한 객관적인 평가가 어려운 이유는 그만큼 삶의 질을 측정할 수 있는 차원이 다양하기 때문이고, 주관적인 요소를 많이 포함하고 있기 때문일 것이

5) 체계의 흐름도에서 input-throughout-output-outcome의 과정을 말한다.

다. 임현진 등(1997)은 주관적 차원의 삶의 질을 측정하는 데 가족관계, 먹는 것, 사회적 인간관계, 주거, 입는 것, 건강, 자아실현, 안전, 소득, 여가 문화의 10개 영역에서의 만족도를 사용하였다.[6] 결국 '삶의 질 향상'이라는 의미는 객관적인 삶의 조건, 상태에 대한 주관적 인식과 평가를 만족스러운 상태로 향상시킨다는 것을 의미한다.

'개인과 사회 간의 상호작용'은 사회복지실천의 가장 기본적인 주요관점인 '환경 속의 인간(persons in environment)'을 의미한다고 볼 수 있다. 우리가 사회에서 정상적으로 살아가는 데 있어서 사회가 우리에게 요구하는 부분들이 있다. 개인들은 사회 내에서 다양한 사회적 지위를 가지고 있고, 사회는 개인들이 각자 가지고 있는 지위에 따른 역할을 적절하게 잘 수행하기를 기대한다. 또한 우리들은 배가 고프면 밥을 요구하고, 밥을 사서 먹을 수도 있어야 한다. 어떤 개인이 사회에서 적절하게 잘 살아가기 위해서는 이러한 기능(사회적 기능)들을 잘 수행해야 하는 것은 당연한 것이다.

그렇지만 자기에게 주어진 역할을 어떠한 이유에서든 잘 수행하지 못해 사회의 기대에 부응하지 못하거나, 남들이 잘 수행하는 갖가지 기능들을 제대로 수행하지 못한다면 그 사람의 삶의 질은 떨어질 수밖에 없다. 그렇다면 이 개인들의 삶의 질을 높이기 위해서는 역할을 적절하게 수행할 수 있도록 교육, 훈련, 학습시키고, 상담이나 치료의 과정 등을 통해 충분히 원조해 줄 필요가 있을 것이다. 지능이 모자라 일상적인 기능조차 하지 못한다면 일상적인 기능에 대한 학습을 도와주어야 할 것이다. 이것이 사회복지실천인 것이다.

한편 개인들도 사회환경에 대해 일정한 요구와 기대, 욕구를 가지게 될 것이다.

---

6) 매슬로(Maslow)의 인간욕구위계를 준거로 삶의 질을 구성하는 10개 영역을 선정하고, 각 영역에 대한 만족도에 1점부터 5점까지의 값을 부여하여 만족도 점수가 높을수록 삶의 질이 높은 것으로, 만족도 점수가 낮을수록 삶의 질을 낮게 평가하는 것으로 보았다. 이들은 또한 10개 영역을 다시 요인분석에 의해 기본생활 : 의식주 및 소득과 관련된 기본적인 차원, 안전 : 범죄, 사고로부터의 안전, 건강, 사회성 : 가족 · 친족관계, 사회적 인간관계, 자아성취 : 자신의 능력을 발휘하고 즐거움을 느끼는 것, 여가 및 문화생활의 네 차원으로 분리하여 사용하였다.

개인들의 삶의 질을 높이기 위해서 사회환경 측에서도 적절하게 부응할 수 있어야 할 것이고, 구조적 · 제도적 뒷받침이 있어야 할 것이다. 장애인들의 자유로운 주차를 위해서 사회환경은 충분한 자원을 지원하고, 주차공간을 마련해 주기 위한 합리적인 정책결정과정이 있어야 할 것이다. 만약 이러한 환경 내에서의 구조가 제대로 이루어지지 못해 적절하게 자원이 확보되지 않는다면 자원 확보는 물론이고 합리적인 구조와 제도를 위해 사회를 개혁해야 함은 당연할 것이다. 이것이 사회복지실천인 것이다.

또한 개인들은 누구든지 잠재적인 능력을 가지고 있고, 사회는 개인들의 잠재능력을 최대한 발휘할 수 있도록 함으로써 개인들의 삶의 질을 향상시켜야 할 것이다. 개인들이 잠재능력을 충분히 발휘할 수 있도록 제도적 뒷받침이 있어야 할 것이고, 사회의 자원들을 균등하게 활용할 수 있는 시스템을 구축할 필요가 있는 것이다. 결국 '개인과 사회 간의 상호작용'은 개인의 요구와 욕구를 사회가 채워 주고, 사회가 개인의 잠재능력 발휘를 최대한 보장해 주며, 사회의 요구와 기대에 개인이 부응하는, 적절한 균형을 의미한다고 볼 수 있다. 사회복지실천은 이러한 적절한 균형을 유지할 수 있도록 개인과 사회에 동시에 개입하여 개인과 사회 전체의 삶의 질을 보다 향상시키는 것이라 할 수 있다.

그러면 개인과 환경 간의 상호작용이 적절하게 이루어지도록 함으로써 모든 사람의 삶의 질을 향상시킨다는 사회복지실천의 목적을 달성하기 위한 구체적인 사회복지실천의 목표와 행동지침은 무엇인가? 자스트로우(Zastrow, 1999 : 20-22; 김기태 외, 2002 재인용)는 1982년에 미국사회사업가협회에서 규정한 사회복지실천의 목표와 1992년 미국사회사업교육협의회(CSWE)에서 제시한 것을 종합하여 검토한 후 사회복지실천의 목표를 다음의 여섯 가지로 요약하고 있다.

첫째, 사람들의 문제해결, 대처, 그리고 발달적인 능력을 신장시키는 것이다. 한마디로 문제해결능력 및 대처능력, 역량을 강화시키는 것이다. 클라이언트에게 문제 상황에 대한 새로운 관점이나 시각을 제공한다든지, 합리적인 대안을 제시한다든지,

클라이언트의 장점이나 강점을 발견하도록 도와주고 적절한 지지를 통해 현재 상황을 극복할 수 있는 내적인 힘을 강화시킨다든지, 자원동원의 정보를 제공하거나 자원동원의 방법을 제시하고 교육한다든지, 대인관계기술을 학습시키는 일 등 다양한 면을 포함할 수 있을 것이다. 여기에서 중요한 사실은 사회복지전문가는 원조자이지 직접적인 행위제공자가 아니라는 점이다. 클라이언트의 잠재력을 최대한 활용할 수 있도록 해서 클라이언트의 자생력을 키워 나갈 수 있도록 해야 할 것이다. 클라이언트의 잠재력이나 역량을 강화시킴으로써 스스로 자활할 수 있는 힘을 키워야 할 것이고, 당장에는 직접적인 행위제공자가 될 수는 있겠지만, 궁극적으로 클라이언트의 가능성 또는 잠재력을 현재화시켜야 한다는 점을 인식해야 할 것이다.

둘째, 사람들을 그들에게 자원과 서비스와 기회를 제공해 주는 체계와 연결해 주는 것이다. 각종 자원을 확보할 수 있도록 도움을 제공한다. 자원과 서비스를 제공할 체계(기관)에 클라이언트를 소개하고 연결한다든지, 서비스 제공기관 정보를 클라이언트에게 제공한다든지, 클라이언트가 필요로 하는 서비스나 자원 또는 기회가 사회에 또는 지역사회에 존재하지 않는다면 새로운 조직화 또는 지역사회개발, 새로운 프로그램 개발도 포함된다. 우리 사회에서 가출청소년들의 가정 복귀를 위한 시설로서 청소년쉼터의 마련, 가정폭력 피해자인 여성들을 위한 여성쉼터 마련 등은 클라이언트의 욕구에 따라 전에는 존재하지 않았던 새로운 프로그램을 마련한 예들이라 볼 수 있다(엄명용 외, 2000 : 32).

셋째, 사람들에게 자원과 서비스를 제공해 주는 체계의 작동을 효과적이고 인간적이도록 해 주는 것이다. 클라이언트에게 서비스를 제공하는 기관들이 클라이언트의 인간적 존엄성을 존중하면서 적절한 절차와 기준에 의해 서비스를 제공하고 있는지 살피고 그렇지 않으면 시정을 요구하는 것을 말한다. 또한 클라이언트들은 사회적 약자들로서 직접적인 자기주장이 어렵기 때문에 클라이언트들의 정상적인 권리들을 되찾아 주는 일도 포함한다고 볼 수 있다. 사회복지사들이 이러한 역할을 수행하는 데 있어서는 합리적인 절차와 기준적용, 공평성의 차원, 위기개입, 클라이언트들의 요구와 의견수렴, 최소한의 생존이라는 차원 등을 충분히 고려할 필요가 있을 것이다.

넷째, 사회복지정책을 개발하고 개선하는 것이다. 사회복지문제를 이슈화하는 것에서부터 클라이언트들은 논리적인 자기주장이 어렵기 때문에 사회복지사가 개입하고, 정책입안이나 결정과정에 충분히 개입하여 유효한 사회복지정책을 이끌어내고, 그러한 정책이 효과적, 효율적으로 집행되는지를 충분히 감시하고, 시정을 요구하는 기능까지 포함한다.

다섯째, 위험에 처한 집단에게 권능을 부여하며 사회적·경제적 정의를 증진시키는 것이다. 여기에서 위기에 직면한 집단이란 여성, 노인, 신체적·정신적 장애를 가진 사람, 빈민 등을 의미한다. 이들에게 권리에 대한 의식과 권리를 누릴 수 있는 능력을 학습함으로써 스스로 사회의 주인으로서 살아갈 수 있도록 하는 것을 의미하고, 더 나아가 사회 전체적 차원의 사회적 정의를 실현해 가는 것을 포함한다. 사회적 정의에 있어 가장 기본적인 부분은 모든 개인이 사회의 가용자원 및 기회에 공정하게 접근할 수 있도록 보장되어야 한다는 것이다. 대부분의 사회에서는 이러한 사회자원 및 기회들이 모든 사람에게 공정하게 제공되는 데 많은 장애물들이 가로놓여 있다. 따라서 사회복지사는 이러한 기회 및 자원에 대한 접근이 어려운 취약계층, 즉 억눌려 있어서, 못 배워서, 힘이 없어서, 또는 소외되어 있어서 당연한 권리를 누리지 못하는 시민들을 위해 각자의 권리를 찾아 주는 활동을 펼쳐야 한다. 이러한 것에는 개별 클라이언트를 위한 지지 또는 옹호활동, 권능부여 활동, 전문직협회 활동 등이 포함된다(엄명용 외, 2000 : 30).

여섯째, 전문적인 지식과 기술을 개발하고 검증하는 것이다. 사회복지사는 사회복지실천에 있어서 지식과 기술의 발전에 기여해야 할 것으로 기대된다. 사회복지실천의 전문성을 확보하여 보다 전문적인 서비스를 제공하기 위해서는 전문적인 지식과 기술, 기법, 프로그램 등의 개발과 그 효과성 검증을 충분히 거칠 필요가 있는 것이다.

1. 사회복지실천의 발달사를 이해하는 기본관점

2. 미국 사회복지실천의 발달과정

3. 우리나라 사회복지실천의 발달

CHAPTER 02

사회복지실천의 발달과정

1. 사회복지실천의 발달사를 이해하는 기본관점

사회복지는 상황 속에서 발생하는 여러 욕구들과 관심들에 대한 반응의 토대에서 이루어진 만큼 각 시대의 굵직한 사건들, 철학적 견지, 지식기반 등에 의해 끊임없이 영향을 받아 왔다. 이는 사회복지가 전문직으로서 변화하는 시대에 맞춰 스스로도 지속적으로 변화해야만 하는 이유이기도 하다. 전문 영역으로서는 비교적 짧은 역사 – 19세기 말에서 20세기 초반에 이르는 시기 동안 – 를 지닌 사회복지는 이러한 시대적 조류에의 적응과 함께 자체적 가치와 지식 그리고 기술기반 등의 발달과정에 있어서도 괄목할 만한 성장을 해 왔다(Johnson & Yanca, 2001 : 17; 김기태 외, 2002 재인용).

우리가 역사에 관심을 두는 것은 역사 속에서 현재와 미래의 삶의 방향을 조망해 보기 위해서일 것이다. 모든 역사가 그러하듯이 사회복지의 역사 또는 사회복지실천의 역사적 사실도 사회적 토대가 되는 배경과 상황 속에서 발생되었다. 따라서 역사를 잘 이해하고, 역사 속에서 현재 상황에 대한 이해와 미래조망의 가능성을 찾기 위해서는 배경이 되는 사회적 상황에 대한 이해가 전제되어야만 할 것이다. 특정한 역사적 사실이 나타나지 않으면 안 되었던 기초적인 배경을 먼저 살펴야 한다는 것이다.

이러한 관점을 사회과학에서는 지식사회학적 관점이라고 한다. 지식사회학적 관점은 칼 만하임(Karl Manheim)이 특히 주장한 바 있고, 마르크스적인 관점을 지향하고 있다. 소위 말해서 '지식의 존재구속성'이라는 말로 압축될 수 있을 것이다. 여기에서 지식은 마르크스적 입장에서 상부구조(정신적인 면, 지식, 가치, 법, 도덕 등)에 해당하고, 존재라는 것은 하부구조(생산력을 비롯한 물적인 면 등)에 해당한다. 하부구조에 의한 상부구조의 결정이라는 마르크스의 대전제가 적용되었다. 즉, 지식의 존재구속성이라는 관점은 지식이나 가치, 이념 등이 물적인 존재상황 및 삶의 상황에 의해 구속된다는 것이다.

지식사회학적 관점에 기초해 사회복지실천의 발달과정을 조망해 본다면, 사회복지기술, 지식, 이념, 가치 등이 발전한 데는 배경이 되는 사회복지적 사실들이 먼저 발생, 존재했기 때문이라고 해석해 볼 수 있는 여지가 생길 수 있을 것 같다. 예를 들면 1973년 오일쇼크 이래 1980년대부터 복지국가의 위기론, 신자유주의적인 경향이 대두되기 시작했다는 것이다. "요람에서 무덤까지"라는 슬로건 아래 유럽사회복지가 국가 중심으로 전개되어 오던 중, 오일쇼크로 인한 경제적 상황 악화로 국가 재정이 위태로워지면서 사회복지 예산이 줄고, 최소한의 국가적 통제와 민간으로의 대폭 이양 등의 사회복지적 역사들이 전개되었던 것이다.

일반적으로 국가적 · 제도적 차원에서 사회복지발달은 영국을 중심으로 한 유럽에서 주도했다면 민간 차원의 사회복지실천은 미국에서 발달했다고 본다. 이러한 경우도 유럽사회와 미국사회의 사회적 상황에 기인한다고 볼 수 있다. 유럽사회는 봉건사회[1)]를 근간으로 한 왕권통치 형태였기 때문에 사회문제로서 빈곤문제는 그 책임이 국왕이나 영주들에게 귀결되었고, 해결 노력 또한 그들의 몫이었다. 1601년 엘리자베스 구빈법을 비롯한 17세기에 나온 빈민법 및 19세기까지 계속 개정된 구빈법들, 사회정책과 사회보험 등은 국가 전체적이고, 제도적이며 거시적 차원에서 사회문제에 접근한 예라고 볼 수 있다.

이와는 달리 미국의 사회복지는 전체적인 것이 아니라 지극히 개인적이고 가족 중심적인 것이었고, 나아가서는 소규모 지역사회를 중심으로 전개되었다. 그것은 미국의 역사가 주로 유럽에서 새로운 대륙으로 이민 온 사람들의 정착의 역사이기 때문일 것이다. 모든 국민들은 거의 동일한 여건과 자연환경 속에서 삶을 개척했고, 엄격하고 계급화된 사회구조를 가지고 있지 않았다. 다만 인종 간의 차별만이

1) 왕, 귀족, 신하 사이가 봉토의 급여와 군무의 봉사를 통하여 사적, 인격적, 계층적으로 결합된 제도를 말하고, 조직적으로 볼 때는 임금 밑에서 여러 제후가 땅을 점유하면서 그 영내의 정치에 전권을 갖는 국가조직을 일컫는다.

있었으며 지배계층과 피지배계층 간의 구분은 명확하지 않았다. 다만 개인적 혹은 가족적 자질과 능력에 따라 사회적인 지위와 정치적 · 경제적 위상이 결정되었다. 따라서 사회문제는 국가나 사회 전체의 책임이 아니라 전적으로 개인과 그 가족의 책임으로 보았다. 개인 빈곤에 대해 지극히 보수적인 태도가 연유한 사회적 배경이 된다고 볼 수 있다.

또한 청교도 윤리가 사회를 지배하고 있었고, 개인주의와 자유주의, 거기에 수반하는 사회적 책임과 의무가 강조되었다. 자선조직운동이나 인보관운동이 유럽에서 시작되었지만 미국에서 보다 적극적으로 실현된 것은 미국의 사회적 · 시대적 요청에 의한 것이라 볼 수 있다(김기태 외, 2002 : 52).

2. 미국 사회복지실천의 발달과정

미국의 사회복지는 국가 전체적, 제도적, 거시적인 것이 아니라 지극히 개인적이고 가족 중심적인 것이었으며 나아가서는 소규모 지역사회를 중심으로 전개된 사회복지실천의 역사라고 볼 수 있다.

사회복지실천의 발달과정은 여러 가지 문제의 초점을 어디에 두는가에 따라 그 시기적 구분이 가능하다. 문제의 초점을 개인에 두는가 아니면 사회에 두는가 하는 점은 일반적으로 사회복지실천의 큰 흐름을 읽어 가는 데 중요하게 사용되어 왔다. 미국의 사회복지실천의 역사에 있어서도 전체적인 흐름은 개인의 책임을 강조하는 경향을 보였지만, 시기에 따라 사회의 책임을 강조하는 경향들이 있어 왔고, 이로 인해 개인의 책임을 강조하는 사회복지실천의 경향도 영향을 받기도 했다.

미국 사회복지실천의 발달과정은 크게 초기 사회복지실천단계인 1920년대 이전 단계와 1930~1950년대까지, 그리고 1960년대 이후의 단계로 구분해 볼 수 있다. 1920년대 이전은 초기 사회사업의 형태와 정신분석이론이 팽배하던 시기로 볼 수 있다. 1930년대는 1929년 이후 대공항의 사회적 혼란기를 생각해 볼 수 있고, 1950~1960년대 이후는 1945년 이래의 2차 세계대전 이후 상황을, 1960년대는 인종폭동, 흑백갈등, 인권운동 등으로 인한 빈곤의 악순환 시기, 1964년 존슨 대통령의 빈곤과의 전쟁 선포 등의 사회적 상황들이 사회복지실천의 관점을 변화시켜온 것이 사실이다.

1) 1920년대 이전까지의 발달과정

1920년대 이전까지 미국은 식민지 시대를 겪고, 독립연방국가로 1783년 독립하고, 남북전쟁(1861~1865)을 치렀다. 또한 영국 사회가 산업혁명 이후 각종 사회문제를 겪으면서 민간사회복지기관들이 공공구빈행정의 공백을 메웠듯이 미국도 19세기 말에서 20세기 초 산업화를 거치면서 민간사회복지기관들이 등장·조직화되는 모습을 보였다.

산업혁명(17~18세기) 이후 영국 사회는 산업구조의 재편(2차 산업 중심의 발달), 생산체제의 변화(기계화, 대량생산, 공장제수공업 및 길드체제의 붕괴), 과학기술의 발달 등으로 새로운 사회질서로 재편되는 과정(직업의 이질화, 새로운 신분계층인 임금노동자 출현, 가족구조의 변화-확대가족에서 핵가족-, 도시로의 인구집중-도시 내 실업이나 빈곤·주택·위생 등-, 시장원리 확대)을 겪게 되었고, 이 과정에서 질병과 빈곤, 범죄, 비행 등과 같은 사회문제가 대량으로 발생했다. 1800년대 초부터 이에 대응하여 개인이나 민간 차원의 자선사업과 박애사업이 시작되었고, 개인 또는 민간단체가 운영하는 사회복지기관이 출현하기 시작했다. 조직적인 사회복지사업의 시초라고 볼 수 있었다.

19세기 말에서 20세기 초 미국 사회도 산업화가 진전되고 무한경쟁사고가 확산되면서 저임금·미성년자 노동·산업재해 등의 자본주의적 노동착취현상이 심해졌고, 빈부격차도 심해졌다. 인구의 도시집중, 도시빈곤지역의 범죄 등 심각한 사회문제에 직면했고, 19세기 말에는 경제 불황과 세계로부터의 지속적인 이민 증가(대부분 비숙련)로 인한 대도시 빈민 증가 등에 대한 새로운 대책이 마련되지 않으면 안 되었다. 다른 한편으로 이 시기 미국 노동자 및 농민들이 급진적으로 조직화되기 시작했다. 이에 대해 자유주의적 시장경제를 중시해 온 미국으로서는 이러한 문제에 대한 국가의 개입보다는 자발적인 민간 활동에서 그 해결의 실마리를 찾았다. 19세기 말 빈민에 관련된 사회복지는 급속한 변화에 대응할 만큼 완비되지 못했기 때문이다. 민간 자선기관들이 급격히 증가(자선조직운동)했다.

1860년대 남북전쟁과 산업화 과정에서 남부 흑인을 비롯한 많은 시민들이 자유의 몸이 되면서 북부 도시 지역 공장들은 많은 인력을 필요로 하게 되었고, 결과적으로 도시로의 인구 유입과 급격한 산업화 촉진, 각종 사회문제(주택, 빈곤, 부녀자 아동근로문제, 노사갈등, 위생 등의 문제)가 심각하게 제기되었다. 이러한 문제에 대응하는 노력이 사회복지실천으로 나타나게 되었고, 미국은 제도적 · 정책적 접근보다는 실천적 접근을 선택하였다. 정부 차원의 연방위생위원회의 특별구호부서에서 연방 군인들과 그 가족들의 전쟁으로 인한 신체적 · 정신적 · 사회적 문제에 봉사하는 프로그램을 마련하고, 매사추세츠 주 자선국을 설립하여 신체적 · 정신적으로 문제를 가진 사람들을 도와주기 시작했고, 민간 차원의 자선조직운동, 인보관운동 등이 확대되었다.

미국 사회복지실천의 발달 시초는 우호방문가(단)의 활동이라 볼 수 있고, 자선조직협회의 활동과 인보관운동이 사회복지사업의 시초라고 볼 수 있다. 자선조직협회의 활동은 개별사회사업이나 미시적 의미의 사회복지실천활동의 초기 형태라고 볼 수 있고, 인보관운동은 지역사회조직의 초기 형태로 볼 수 있다. 또한 이후 전문적인 사회복지실천으로 발전하는 과정들이 진행되었다. 전문직으로서의 보수체계 확립이나 교육훈련제도 확립, 전문가협회, 전문적 저술 등의 발전과정을 거치게 되었고, 사회복지실천과정의 이론화 및 방법론적 체계화가 이루어지기 시작했다.

(1) 우애방문단의 활동

우애방문가(friendly visitor)는 1601년 엘리자베스 구빈법과 함께 생겨났고, 1870년대부터는 자선조직협회에서 종사하였고, 그들의 훈련은 실습제도에 기초했다. 그리고 자선조직협회가 점차 확대됨에 따라 초기 우애방문가들은 유급직원으로 발전하게 되었다.

이들은 중산계층으로 주부들이 많이 참여했다. 초기 이들은 자원봉사로 가난한 가정을 방문하여 그들을 빈민 상태에서 벗어나도록 원조했다. 특히 가난한 가정에 방문하여 일과 가정살림에 대해 조언하고, 자녀들을 가르치고, 정서적으로 용기를 북돋우는 일을 주로 했다. 자선조직협회가 확대됨에 따라 우애방문활동은 자선, 조사연구활동, 등록협조, 적합한 원조를 결정하기 위한 조정활동으로 대치되었다.

그렇지만 우애방문활동은 진정한 우애였던가? 방문가는 그들의 피보호자들을 전혀 동등하거나 잠재적으로 동등하다고 여기지 않았으며, 나태와 중류계층의 가치와 유형(예를 들어 온화함, 근면함, 가족 간의 친화, 소박함, 예지, 윤리적인 절제감 등)으로부터 벗어난 불행하고 미천한 조건으로 결정된 사람들로 생각했다. 문화, 지식, 교양, 가치 등이 동등한 입장에서의 우애가 아니라 중산층의 도덕적 우위를 유지한 채 이루어지는 친절이었고, 교조적이고 교화적인 우애였다.

(2) 자선조직협회

자선조직협회(Charity Organization Society, COS)는 1800년대 초부터 영국에서 출현하기 시작한 민간사회복지기관들의 활동을 체계적으로 조정하기 위해 만들어졌고, 1869년 런던에 세계 최초의 자선조직협회가 설립되었고, 영국에서 시작된 자선조직협회는 미국으로 건너가 1877년 뉴욕 버펄로에 미국 최초의 자선조직협회가 구틴(Samuel Humphreys Gurteen) 목사에 의해 조직되었다. 그 후 미국에는 1894년 92개, 1904년경에는 대략 150개로 확대되는 등 많은 자선조직협회들이 생겨나기 시작했다.

자선조직협회의 활동은 이후 개별사회사업실천기술의 기초를 이루었고, 그 주요 기능은 구제신청자에 대한 과학적이고 면밀한 조사, 구제등록 실시, 여러 구제기능 간의 조정 등이었다. 자선조직협회의 직원들은 주로 자원봉사자들이었고, 이들을 우애방문가라고 불렀다. 이후 1900년대에 이르러 점차 보수를 받는 정식직원으로 채용되었다. 유급 사회복지사가 채용된 것은 부유한 자원봉사자들은 빈민들의 어려움을 발견하기가 힘들다는 문제가 지적되면서였다.

우애방문가들은 주로 중산층의 부인들로 구성되었고, 빈곤가족을 방문하여 가정생활지도, 아동교육, 가계경제에 대한 조언 등을 제공했고, 빈민들에게 중산층 기독교인의 도덕적 의무와 가치관으로 교화시키는 것을 큰 역할로 삼았다(Pumphrey & Pumphrey, 1961). 우애방문단들은 구조를 받을 만한 가치가 있는 빈곤자에게는 도움을 제공한 반면 일할 능력이 있는 거지, 알코올중독자, 창녀 등에게는 도움을 제공하지 않음으로써 "일하지 않으면 먹지도 말라"는 도덕적 의무를 강조하였다.

(3) 인보관운동

인보관운동(Settlement House Movement)은 문제를 가진 빈민 지역에서 빈민과 함께 거주하면서 주변 환경 개선과 빈민의 도덕적 교화에 힘쓴 지역사회운동이다. 최초의 인보관은 토인비 홀(Toynbee Hall)로서 1884년 영국 런던의 빈민 · 노동자가(街)에 바넷(Samuel Barnett) 부처의 지도에 따라 대학생들의 손으로 세워졌다. 인보관운동 또한 미국으로 건너가서 그 꽃을 피웠다. 미국에서는 1889년 아담스(J. Adams)에 의해 시카고의 빈민가에 세워졌다(Hull House). 미국의 인보관 직원들은 대체로 젊었으며 실습생으로서 막 시작한 폭넓은 교육을 배운 이상적인 대학 졸업생들이었다. 일부는 자원봉사자였으나, 대부분은 약간의 봉급과 공간을 제공받았다.

인보관의 특징 및 운영 방식은 클라이언트 집단을 중심으로 운영했고, 부조나 원조보다는 오히려 사회개혁을 강조했다. 인보관의 직원 가운데 4분의 3은 여성이었고 도시 빈곤문제에 잘 훈련된 사람들이었다. 초기 운영기금은 부유한 개인이나 클럽이 기부했으며 초기 설립자들은 회원들에게 예술, 음악, 강의 등의 문화를 제공하려 했다(김성이, 2002 : 206).

인보관운동 참여자들은 주택의 개선, 공중보건의 향상, 사용자에 의한 빈민착취의 방지 및 해결 등 제반 사회문제에 대한 집합적인 해결을 강조하였다. 이외에도 직업기술훈련, 언어훈련, 환경개선운동, 성인교육 등을 공동으로 전개해 빈민들이 자립할 수 있는 여건 형성을 위한 집단적 노력을 실천하였다. 인보관운동은 집단사회사업, 사회행동 및 지역사회조직활동의 원조라고 볼 수 있다.

COS와 인보관운동은 모두 사회사업실천에 공헌했다. COS적 접근을 특징짓는 '세심한 조사와 책임성'은 개별사회사업(사회복지를 위한 환경조사) 전문성의 기초가 되었으며 이는 전문적인 교육에 많은 영향을 미쳤다. 인보관운동은 피보호자와 그들의 환경에 대한 인식을 우선적으로 견지해야 한다는 점을 일깨워 주었다.

(4) 전문적인 사회복지실천의 확대 초기

사회복지실천의 전문직으로서의 인정은 보수체계의 정립과 교육 및 훈련제도의 확립이라는 두 가지 맥락에서 이루어진다(Dolgoff et al., 1997). 전문가협회의 구성 및 전문서적의 발간 또한 사회사업실천가들의 전문직으로 성장에 밑바탕이 된다.

자선조직협회에 소속되어 있던 우애방문단은 1900년대부터 점차 보수를 받는 정식 직원으로 변하기 시작했다. 최초로 사회복지실천활동 유급 종사자를 고용하기 시작한 것은 19세기 말의 자선조직협회이다. 1890년대 말 자선조직협회는 시 행정부와 계약을 맺고 구조기금을 집행하게 되었는데 이 프로그램을 운영하는 과정에서 자원봉사자들을 조직하고 훈련시키기 위해 오늘날 사회복지관의 총무와 비견되는 전문인을 채용하기 시작한 것이다(Barker, 1995; 엄명용 외, 2000 : 36 재인용).

자선조직협회의 총무들은 자원봉사자들을 교육하고 조직, 관리하는 과정에서 일정한 기준과 지침서를 필요로 하게 되었다. 1898년 미국 최초의 사회복지 전문인력 훈련과정이 뉴욕자선조직협회에 의해 현재의 컬럼비아 대학의 전신인 뉴욕자선학교에서 실시되었다. 1919년 당시 미국에는 17개의 사회사업대학원이 세워졌고, 1923년에는 그들 중 13개 학교에서 학부과정을 신설했다. 그리고 이 당시 학생들은 대부분 사회복지실천현장에 근무하면서 공부하는 시간제 등록 학생들이었다.

1900년에 필라델피아 자선조직협회의 총책임자가 된 리치몬드(Mary Richmond)는 사회복지실천에 관한 이론과 방법을 최초로 체계화한 『사회진단(*Social Diagnosis*)』을 출판했다. 1922년에는 『개별실천이란 무엇인가(*What is Social Casework*)?』를 출판해, "사람과 그들의 사회적 환경 간의 관계의 조정을 통해 인성을 발달시키는 과정을 통해서"라고 개별사회사업의 방법을 명명했다(김만두 외 감수, 사회복지대백과사전, 1999 : 2598).

1921년에는 전국적인 전문직 조직인 미국사회사업가협회(American Association of Social Workers, AASW)가 결성되기에 이르렀다. 초기의 사회복지실천은 주로 의료사회사업, 정신의료사회사업, 아동복지 분야 등이었고, 아동상담소, 학교, 법원 등에서도 사회복지사가 채용되어 전문가로서의 역할을 하기에 이르렀다. 특히 프로이트의 정신분석이론이 사회사업 영역에 흡수되면서 정신의료사회사업 영역이 확대되었다.

그렇지만 1915년 의료전문직의 비평가인 플렉스너(Abraham Flexner)가 사회복지실천은 전문직이 아니며 따라서 사회복지사도 전문가가 아니라고 선언한 것이 계기가 되어 사회복지전문직 성장에 있어 한 전환점을 이루었다.

따라서 이후 1920년대(1920~)에는 사회복지전문직에 대한 성찰이 이루어졌고, 사회복지실천가들은 사회복지의 전문화에 관심을 가지게 되었다.

(5) 1920년대 사회복지 초점의 변화 경향

미국의 초기(1920년대 이전) 사회복지실천의 역사에서 보면 민간자선기관들의 활동을 중심으로 한 초기사회사업적 형태가 주류를 이루었고, 문제의 초점을 개인에 두는 경향이 있었다. 그렇지만 초기 사회사업적 형태 내에서도 개인의 환경을 강조하는 경향 또한 중요하게 자리하고 있었다.

이 시기 미국 사회과학의 역사에서 보면 사회학이 발달하였고, 이러한 학문적 조류들이 초기 사회복지실천에 많은 영향을 미쳤다. 정부 차원과 민간 차원의 사회복지실천과정에서 사회조사연구, 사례의 사회력 조사 등을 강조했고, 사회복지사들로 하여금 문제 발생에는 인과관계가 존재한다는 사실에 집중하게 했고, 사회복지사들도 문제의 원인 탐구, 상황 파악, 조사에 주력했다. 또한 1917년 리치몬드(Richmond)도 『사회진단』에서 '빈민들의 문제는 개별적으로 경험되고 그에게 일차적인 책임이 있는 것이지만 궁극적으로는 사회와 환경에 대한 관심과 대응 노력 없이는 문제해결이 어렵다'고 결론지었다. 결국 리치몬드(Richmond)도 '진단'이라는 용어를 사용하고, 개별사회사업을 개인의 인격발달을 이루어가는 과정으로 정의함으로써 이후 의료모델로 불렸지만, 사회와 환경의 중요성을 강조했다.

그리고 의료사회사업현장에서 일하는 사회복지사들도 환자의 신체와 정신적 건강을 해치는 보다 큰 사회적 맥락, 즉 주변 환경의 성격, 대인관계의 성격, 지역사회 생활 양상 등에 대한 정보를 찾고자 노력했다. 1910년 이후부터 발생하기 시작한 정신위생운동(mental hygiene movement)으로 말미암아 사회복지실천가들은 정신질환의 예방과 치료에 있어 지역사회환경을 강조하였다. 정신위생운동으로 정신질환에는 사회환경적 · 문화적 요인이 보다 더 크게 영향을 준다는 것에 근거한 지역사회 정신의학이 태동하게 되었고, 병든 개인에 대한 관심보다는 지역사회 전체의 정신건강에 더 관심을 기울이도록 했다. 이러한 점을 종합해 보면 초기 사회복지실천의 역사는 개인의 사회적 상황, 환경의 중요성을 강조하는 입장에서 사회복지실천이 이루어졌다고도 볼 수 있다.

그렇지만 1920년대(1920~)에는 프로이트의 정신분석학적 관점이 사회복지실천의 영역에 상당 부분 채택되었고, 상당한 기간 동안 정신의학의 영향은 거의 절대적이 되었으며 이론적인 흐름의 주류를 형성하게 되고 진단주의 사회복지실천을 발달시키게 된다(김기태 외, 2007). 이러한 흐름 속에서 환경 속의 인간이라는 관점을 가지고 환경에 대한 이해와 환경의 변화를 통한 인간의 성장·발달 및 변화와 적응을 강조했던 초기 사회복지실천(리치몬드 시대의 환경강조의 경향)의 중심은 개인의 내부 문제(문제를 가진 개인의 성격)에 대한 초점으로 차츰 옮겨 가기 시작했다(엄명용 외, 2000 : 40). 이후에는 사회복지의 초점이 사회, 상황, 환경보다는 개인 자체에 더욱 관심을 기울이게 되었다.

2) 1930년대 이후 사회복지 초점의 이동과 분화

1930년대는 미국의 사회복지 초점을 개인에서 사회로 이동시키는 시기였다. 전체적으로 프로이트의 정신분석이론에 영향을 받은 개별사회사업의 경향에서 1929년 대공황[2]을 계기로 사회개혁에 그 초점을 맞추게 되었다. 이로써 개인문제의 근원을 사회에 두는 것에 대한 수용적인 자세가 늘어나게 되었다. 1930년대 사회복지에 영향을 미친 사회적 상황은 대공황으로 인한 실업의 증가, 노동조합의 활성화, 경제사회 분야에 정부 개입 증가, 뉴딜정책, 사회보장법 제정, 미소 냉전,[3] 제2차 세계대전과 이후 전후 상황 등이라고 볼 수 있다.

(1) 대공황기 사회복지 초점의 이동

1930년대 대공황기는 빈곤이 사회문제화된 시대였고, 빈곤은 개인보다는 사회

2) 공황은 호경기에 이끌려 과잉투자가 이루어지고, 생산 · 소비의 불균형이 가중되면서 생산한 상품이 팔리지 않고 쌓이고, 물가는 떨어지고, 많은 회사가 쓰러지고, 실업이 넘쳐나고, 그 여파로 금융기관도 문을 닫게 되는 극심한 금융적 혼란(panic, 과잉생산공황)을 일컫는다. 1920년대 미국 경제는 호황이었으나 1929년 10월 24일 뉴욕주식시장의 주가대폭락(주식시장붕괴, 주식투매)에 의한 이른바 검은 목요일에 의해 촉발되어 세계로 확대된 세계대공황으로 1933년에는 1,300만 명의 실업자가 발생하였고, 대공황의 여파는 전 세계로 확산되었다. 세계대공황의 여파는 1939년까지 지속되었다.

3) 미소 냉전은 사회개혁에 부정적 영향을 미쳤으며, 특히 집단사회사업과 사회행동의 관계는 약화되었다. 집단사회사업이 이후 치료집단에 강조점을 두게 된 것도 이 같은 영향으로 볼 수 있다.

나 경제에 책임이 있다는 인식이 팽배해졌다. 1929년 불황이 극심해지면서 높은 실업률, 소비의 감소, 불황의 심화, 파업과 폭동의 확대 등으로 이어졌다. 이에 루스벨트 대통령[4)]은 뉴딜정책[5)]의 일환으로 1933년 노동진흥 프로그램을 실시했고, 연방긴급구호법(FERA)과 전국산업재개발법(국가산업회복법, NIRA)을 1933년 통과시켰고, 이는 다시 1935년 사회보장법으로 대체되었다.

노동진흥 프로그램을 통해 도로 · 다리 · 도서관 건설, 벽화 칠하기, 실직 예술가 · 배우 · 작가 · 음악가를 위한 문화 프로젝트 등 25만여 개의 프로젝트에 실직 노동자들을 임시 고용하여 빈곤구호보다 높은 임금을 주게 되었다. 연방긴급구호법은 각 주들로 하여금 긴급구호국을 설치하여 자산조사와 욕구평가의 기반 위에서 연방정부의 자금을 받아 직접적인 구호를 제공하도록 했고, 국가산업회복법에서는 경쟁중단, 생산제한, 합리적인 임금제공 등의 내용이 포함되었다. 특히 연방긴급구호법의 가장 큰 영향은 연방정부의 재원배분을 전문직이 책임지도록 한 것이었다. 자산조사 외에 구호를 위한 어떤 가이드라인도 없었기 때문에 사회사업가의 판단으로 그 적격성, 수혜의 양, 작업 명칭 등이 결정되었다. 그들은 빈곤 상태를 조사하고, 사업을 시행했으며, 보고서를 제출했다.[6)]

---

4) 1933년 대통령에 취임한 프랭크린 D. 루스벨트 대통령은 정부가 사회문제에 책임이 있다고 생각했고, 정부가 경제에 직접 개입하여 생산을 통제하고 소비를 끌어올리기 위한 각종 정책을 추진하였고, 직접적인 구호보다는 땅을 팠다가 다시 메우는 일일지라도 어떤 형태로든 일을 갖고 있게 하는 것이 바람직하다는 견해를 가지고 있었다. 또한 케인즈식 경제학, 즉 소비자에게 돈이 있으면 구매가 증가되어 경제가 상승구조를 타게 될 것이라는 견해를 신뢰했다. 그는 농업 생산품을 줄이고 실직자들을 공공작업에 고용하고 제조업을 지원하여 실직자를 고용하도록 함으로써 이를 실현하고자 했다.

5) 뉴딜정책은 루스벨트 대통령 지도 아래 대공황 극복을 위해 추진한 제반정책을 의미. 뉴딜정책의 기본정신은 이른바 3R이라 불리는 구제(relief), 회복(recovery), 개혁(reform)으로 우선 당장 먹고 살기 힘든 사람들을 도와주고, 경제 전체를 공황 이전의 수준으로 회복한 다음, 이후 이러한 일이 발생하지 않도록 제도적 개혁을 추진하자는 입장. 대공황 당시 미국은 경제에 대한 국가의 개입을 최소화하는 자유방임주의 원칙을 취하고 있었다. 뉴딜정책은 자유방임주의의 포기를 의미하는 것이었다.

6) 따라서 사회사업가의 수가 대폭 늘어나게 되었다. 1930년대에 31만 명에서 70만 명으로 늘어났다. 전문가 조직 역시 증가하여 1930년까지 미국의료사회사업가협회, 전국학교사회사업가협회, 미국사회사업가협회 등이 생겼다. 1939년에 전국학교사회사업가협회는 회원자격으로서 2년간의 석사과정을 요구하게 되었고, 1946년에는 전국사회사업교육협회가 조직되었다(김성이, 2002 : 230).

사회보장법은 미국 역사상 가장 중요한 사회입법으로서 연방정부가 빈곤문제에 개입하게 됨에 따라서 사회복지체계는 사적·공적 두 가지 양상으로 나뉘게 되었다. 사적 영역은 정신분석학이나 사회발달론의 전문가들에 의해 심리적 문제를 지닌 중산층에 대한 치료 중심의 양상을 띠게 되었고, 공공 영역은 빈민에 대해 수입보조를 지급하는 것에 역점을 두는 양상을 띠게 되었다(김성이, 2002 : 210-217).

(2) 개별사회사업적 접근의 새로운 변화

뉴딜시기를 겪으면서 미국의 사회복지는 기존의 개인 초점의 사회복지실천에서 사회개혁을 강조하는 측면의 사회복지실천을 충분히 고려하게 되었다. 이에 따라 사회복지실천방법에 있어서도 개별사회사업적 전통을 그대로 유지하는 진단주의 학파와 인간의 성장 가능성과 인간과 환경 간의 관계를 중점적으로 접근하는 기능주의 학파 간의 논쟁이 이루어지게 되었고, 1950년대까지 논쟁은 계속되었다.

진단주의 학파는 리치몬드(Richmond)의 『사회진단』의 흐름을 이어받으면서 프로이트의 정신분석이론의 개념과 방법을 적극 도입했다. 클라이언트의 문제를 개인 내적인 정신과정(심리-마음의 이치)의 산물로 보고, 개인의 인격발달에 초점을 맞추는 입장이었다. 이후 뉴욕 사회사업대학 교수인 해밀턴(G. Hamilton)의 『개별사회사업의 이론과 실제』(1940)에서 이론적으로 정립되었고, 이어 홀리스(F. Hollis)에 의해 '심리사회적 모델'로 체계화되었다.

기능주의 학파는 신프로이트 학파인 오토 랭크(Otto Rank, 1939)가 주축이고, 이후 태프트(Jessie Taft)와 로빈슨(Virginia Robinson)이 기능주의 사회복지실천을 탄생시켰고, 기능주의 사회복지실천의 대표적인 학자인 스몰리(Ruth Smalley)가 발전시켰다. 기능주의에서는 프로이트의 결정론적인 관점과 개인의 의사를 무시하고, 인간을 병리적으로 보는 의학적 질병모델(의료-질병모델[7])에 지나치게 의존하고 있다고 비판하고, 인간과 환경 간의 관계에 집중하고, 과거보다는 현재에 초점을 두고 클라이언트의 보다 나은 기능 회복을 위해 구체적인 서비스를 제공하고, 클라이언트의 환경적 자원을 촉진하고 클라이언트의 문제해결을 구체적으로 돕는 것을 강조했다. 클라이언트의 기능적 또는 일상적 생활 욕구에 기반을 둔 시간제한적이고 과제(구체적 문제) 중심적인 개입을 강조했다. 클라이언트가 도움을 받는 기관은 제한된 기능을 가지고 있고, 시간적으로도 제한되어 있으므로 클라이언트는 자신의 긴박한 문제만 해결하면 되지 자신의 과거에 대한 설명, 해석, 치료목표 설정은 중요치 않으며, 최대한으로 기관의 기능과 서비스를 활용하여 자신의 문제만 해결하면 되고, 기관 또한 제한된 기능과 시간적 한계 내에서 가장 적절한 관계와 구체적인 개입을 통해 원조하면 된다는 입장이다.

기능주의에서는 기본적으로 인간을 프로이트에서와 같이 수동적이고 결정론적으로 보지 않고, 보다 창의적이고 성장 가능성이 있는 의지적인 존재, 개체적인 존재이며 자신의 창조적인 잠재능력을 실현하려고 애쓰는 존재로 보았다. 개인은 그 안에 건설적인 방향으로 나가고자 하는 힘(인간 성장의 본질과 인간의 자아 가정)을 가지고 있고, 그 힘은 건전한 성장을 위한 자기의지(self-will)를 형성하여 자신의 능력 안에서 건강을 찾고 자신과 환경을 변화시킬 수 있는 존재인 것이다. 개인은 더 이상 과거의 노예가 아니며, 심지어는 전문가와의 관계를 통해 심리적 원조를 주고받는 방법을 익히며 이를 이용하여 생의 목적을 향해 나아갈 수 있는 존재인 것이다. 그렇기 때문에 사회복지기관에서의 기능만 제대로 이루어진다면 '능력맨'으로서의 클라이언트들은 자신의 문제를 해결해 갈 수 있다는 것이다.

따라서 기능주의에서는 '치료' 대신 '원조과정(helping-process)'이라는 용어를 사용했고, 어디까지나 변화의 중심은 클라이언트에게 있으며(사회복지사는 클라이언트가 창조력과 의지력을 잘 발휘할 수 있도록 돕는 매개체) 사회복지사와 클라이언트와의

7) 환자의 '문제원인에 대한 규명'과 '진단'을 서비스 제공자의 가장 우선적인 과업으로 삼고, 원인 제거에 치료의 초점을 맞춘다. 클라이언트의 정서, 사고, 행동의 문제에 대해 정신질환으로 규정하고 진단명을 붙여 기준에 미달하는 경우를 질병이 있는 개인으로 취급한다.

관계는 원조과정으로만 보았다. 기능주의의 핵심은 클라이언트 개인의 기능 회복과 원조과정이 전개되는 기관의 기능과 중요한 관계가 있다(시간과 장소와 원조과정의 구조화를 통해 기관의 기능을 제공).

기능주의는 사회복지실천방법에 있어 과거에 얽매이지 않는, 현재의 경험과 그 주변 여건(환경)에 대한 이해가 개인문제를 이해하는 데 중요하다는 입장에서 개인의 성장 가능성과 개인의 동기와 의지에 초점을 두고, 치료자의 권위적 위치와 태도보다는 원조과정을 통해 클라이언트 스스로 선택하고, 자신의 내부의 힘(self-will)을 사용하여 성장을 가져올 수 있도록 하는 원조적 관계를 중시한다. 과거의 경험은 현재를 이해하는 데만 그 의미가 있지 현재를 지배할 수는 없다는 점을 클라이언트로 하여금 이해하게 하고, 문제 상황에 대한 심리적 분리(문제 상황과 자신감 하락은 별개)를 촉진하고, 그 과정에서의 두려움 · 저항을 최대한 줄여 주고, 개인의 창조적 의지와 충동을 고무시키고, 활용 가능한 주변 환경에 대한 이해를 촉진시키는 원조적 관계형성과 원조과정이 중요하다는 입장이다.

스몰리(Smally, 1970; 엄명용 외, 2000 재인용)는 클라이언트가 스스로 문제에 대해 이해할 수 있도록 도와주어야 한다는 점, 원조과정의 단계별 특성[8]이 충분히 활용되어야 한다는 점, 기관 기능과 전문직으로서의 기능을 활용하는 데 있어 클라이언트의 개별성과 한계, 구체성 등을 고려해야 한다는 점, 기관구조를 이해 · 활용해야 한다는 점, 클라이언트 스스로 자신의 목적을 선택하고 행동에 옮겨갈 수 있도록 관계형성을 해야 한다는 점 등을 사회복지실천의 원칙으로 설명하고 있다.

기능주의는 진단주의학파로 하여금 개인의 내적 진단을 중시한 프로이트의 영향에서 벗어나 환경 속의 인간을 이해하는 방향으로의 전환을 가져오게 했고, 진단주의의 옹호자였던 해밀튼(Hamilton)과 홀리스(Hollis)의 심리사회 이론(기능주의에 영향을 받아 진단주의 학파 변화의 결과)을 개발하도록 했다.

8) 초기의 관계형성, 중간단계의 개입의 구체성, 종결단계의 정확한 평가 등을 의미한다.

(3) 집단사회사업과 지역사회조직의 분화

현대적 의미의 집단사회사업은 노동운동, 인보관운동, 사회복지관, 청소년단체 등을 포함한 사회기관의 역사와 궤를 같이하고 있다. 미국의 집단사회사업의 초기 발달은 역시 산업화, 도시화 및 인구의 도시집중, 이민 등으로 인한 인구밀집, 주택문제, 연소자 및 부녀자 노동문제, 비행, 범죄의 증가 등 유해한 환경 속에서 생활하는 결과가 초래되고, 진보적인 사회개혁 및 개량에 대한 욕구가 증대되면서 비롯되었다. YMCA, YWCA의 활동, 인보관운동 등이 확대됨으로써 집단사회사업 발전의 초기 모습을 보이게 되었지만 당시는 집단사회사업가들조차도 정체감이 없었다.

그렇지만 경제대공황을 겪으면서 사회사업가들이 정부 공공기관으로 진출이 확대되었고,[9] 각 기관들은 유급직원 채용에 대한 경제적 부담과 실업과 빈곤에 대한 사회적 요구에 부응하기 위해 정부의 지원을 필요로 하게 되었다. 따라서 전문직으로의 체계화를 시도하게 되었다. 1935년에는 미국사회사업회의(NCSW)에서 집단사회사업분과를 제도화하기로 합의했고, 1936년에는 집단사회사업연구협회(NASGW)를 결성하기에 이르렀고, 1937년까지 10개 대학에서 집단사회사업 교과목을 개설하였다. 1940~1950년대에는 정신분석 개념이 집단사회사업에 도입되어 개별사회사업가들과 공동으로 활동했으며, 치료집단이 강조되었고, 이런 영향으로 집단사회사업의 개념이 넓어지게 되었다.[10] 집단사회사업의 목적 역시 교정, 예방, 정상적인 사회적 성장, 개인적 성장, 시민으로서의 책임성과 참여 등으로 확대되었다.

또한 경제 대공황을 겪으면서 사회사업가들은 현재 사회질서에 인간을 적응하

9) 공황과 실업, 빈곤에 대한 사회적 서비스에 대한 정부의 참여가 증가함으로써 사회사업가들의 공공기관 진출이 확대되었다.

10) 제2차 세계대전이 끝나면서 지역사회로 돌아온 참전용사들을 대상으로 정신의학적 집단사회사업이 실시되었다.

게 하는 것이 타당한지에 대한 의문을 가지면서 사회개혁에 대한 관심이 고조되었고, 1935년 사회보장법이 제정되어 미국에서도 공적 사회복지기관이 더욱 발달하게 되면서 사회복지사는 뉴딜정책의 추진과 공적 기관에서의 사회복지계획 등의 지역사회조직사업에도 개입하게 되었다. 1946년 전미사회사업회의에서 지역사회조직연구협회가 한 분야로 설립되었고, 1950년에는 16개 사회사업대학에서 지역사회조직과정을 개설했다.

(4) 1945년 제2차 세계대전 이후의 상황

미국은 1940년대에 접어들면서 세계경제의 호황 속에서 지속적인 경제 번영과 안정이 이루어져 풍요로운 사회를 이룩했다. 이러한 상황에서 제2차 세계대전으로 군 관계 노동자와 군인의 수가 급격히 증가하게 되자 이들을 위한 복지서비스 수요가 늘어나게 되었다. 특히 전쟁으로 인해 많은 사람들이 개인별로 다양한 경험을 하게 됨에 따라 전쟁으로 인한 여러 형태의 상실, 가족의 붕괴, 산업화 및 도시화로 인한 가족의 분리와 기능 약화 등은 심각한 청소년문제를 야기했고, 도움이 필요한 클라이언트들도 다양하고 복합적인 문제를 가져오게 되었다. 따라서 가족치료가 발전하게 되었고, 치료적 개입을 위한 개업사회복지사가 출현하기에 이르렀고, 개인을 강조하는 치료적 접근방법으로의 재전환이 이루어지게 되었다. 1946년에는 퇴역군인들의 정신건강요구에 부응하기 위해 정신보건법이 제정되어 조사, 훈련을 위한 기금 제공과 서비스센터 건립이 이루어지기도 했다.

3) 1960년대 이후 통합적 접근

1940년부터 1960년대에는 세계경제의 호황 속에서 미국은 지속적인 경제 번영과 안정이 이루어져 '풍요로운 사회'를 이룩하였다. 따라서 빈곤문제에는 관심이 적었다. 경제적 호황으로 인한 수입 증가, 제2차 세계대전 동안 성 및 시민의 권리에 대한 욕구 향상, 중산층 형성, 전후 전역군인들의 복귀와 강제적인 여성 노동력 감소, 가정으로의 복귀로 인한 결혼과 베이비붐의 증가, 아동비행의 증가, 정신질환에 대한 두려움의 확산 그리고 지역정신건강센터 및 클리닉의 증가, 약물남용의 증가 등의 사회적 상황 변화가 있었다. 따라서 사회복지의 전문성도 빈곤층의 수입 보장을 위한 급부로부터 정신건강의 강조로 바뀌었고, 개혁을 부르짖기보다는 전문화되어 갔다.[11] 빈곤뿐 아니라 비행, 장애, 보건, 정신건강 등 다양한 영역에서 전문직으로의 정착화 과정이 본격화되었다.

그러나 1962년 해링톤(Harrington)은 저서 『또 다른 미국(*The Other America*)』에서 '풍요 속의 빈곤' 현상에 대한 사회적 비판을 제기하였다. 즉, 미국은 두 개의 미국으로 구성되어 있는데 하나는 풍요로운 사람들이 사는 미국이고, 다른 하나는 적절한 교육, 주택, 고용 및 의료보호를 받지 못해 박탈감과 굴욕감으로 고통 받고 있는 사람들이 사는 미국이라고 주장했다. 또한 흑인인권운동(말콤 엑스, 마르틴 루터 킹 목사), 반전운동, 학생운동 등 사회개혁에 대한 요구도 급증하면서 빈곤문제를 다루기 시작했다. 1960년에 케네디 대통령(나라가 여러분을 위해 무엇을 할 수 있는지를 묻지 말고 여러분이 여러분 나라를 위해 무엇을 할 수 있는지를 물으시오)은 흑인인권운동과 실업문제에 관심을 가지고 개혁정책을 추구했고, 1964년 존슨 대통령은 '빈곤과의 전쟁'을 선포하고 각종 사회개혁 입법과 정책 조치를 취했다.

급격한 사회변동에 따른 여러 복합적인 사회문제에 적절히 대응하고, 복합적인 문제에 직면한 클라이언트에 개입하기 위한 새로운 형태의 통합적 접근방법에 대한 필요성이 높아지게 되었다. 1960년대에서 1970년대는 NASW 설립 이래 사회

11) 현재의 사회복지실천은 사회개혁과 인간 개인의 변화 모두에 초점을 둔 접근을 하고 있다. 그러나 사회·경제 여건의 변화에 따라 실천의 초점에 약간씩의 변화가 있었다. 경제가 호황인 시기에는 개인에 대한 초점이 보다 강조되다가 경제상황이 나빠지면서 주변 환경의 구조적 문제에 보다 많은 초점이 주어지는 식으로 변해 왔다. 1960년대 전까지는 개인에 초점이 맞춰졌던 것이 1960년대 접어들면서 다시 사회변화로 그 초점이 변화되기 시작했다.

복지방법론의 통합화에 가장 많은 관심을 기울이게 되었고, 이 과정에서 '사회복지실천'이라는 통합론적인 용어가 등장하게 되었다. 1920년대 이전과 1930년대, 1945년 이후 1960년대를 거치면서 사회복지실천의 초점이 개인, 사회로 이동을 계속하면서 클라이언트에 대한 기본관점의 변화가 자연스럽게 일어나게 되었다. 클라이언트의 문제는 개인에게도, 사회에도 문제가 있기 때문이고, 개인과 사회환경 간의 상호작용이 원만하게 이루어지지 못한 점에 기인한다는 통합론적 접근을 추구하게 되었다.

또한 대빈곤전쟁의 와중에서 사회복지사들의 수가 급격하게 늘어나게 되었다. 이러한 사실은 사회복지실천 이론의 전문성에 대한 반성과 더불어 사회복지실천의 위상을 크게 떨어지게 하는 결과를 가져오는 것으로 보았다. 이에 전문성을 보다 중시해야 한다고 판단하게 되었고, 이론의 정립 및 모델 개발에 주력하기에 이르렀고, 1971년에는 전국임상사회사업연맹이 설립되면서 임상사회사업 분야로의 새로운 변화가 이루어지기도 했다(김기태 외, 2002 : 71).

1970년대 후반(1973년 석유파동 이후)부터 경제불황, 높은 실업률, 사회보장의 적자재정 확대로 국가는 재정적자 문제를 해결하기 위한 개혁 조치가 필요하게 되었다. 연방정부가 사회복지비를 삭감함에 따라 빈곤자, 노인, 각종 장애인, 알코올중독자, 실업자 등을 위한 각종 서비스가 줄었고, 식품권, 의료보호, 요부양아동가족부조와 같은 재정적 급여도 삭감되었다. 이후 레이거노믹스가 이어지고, 계속해서 보수주의적 접근 기조를 유지하게 되었고, 자유주의 시장경제 이념에 기초한 정책을 지속적으로 유지하고 있다고 볼 수 있다(신자유주의). 1970년대 이후 사회복지 분야에서도 사회복지실천 이론의 체계화 및 사회복지실천모델에 대한 연구가 본격적으로 이루어졌다.

key point

사회복지실천은 사회환경적 여건에 따라 개인을 강조하기도 하고 사회를 강조하기도 하면서 발전해 왔다. 지식사회학적 입장(관점)에서 사회복지실천지식, 기술, 이념 등은 이전부터 배태되어 온 사회적 배경(환경)의 탐색을 요한다.

〈표 2-1〉 미국의 사회복지실천 발달과정

1920년 이전	1. 미국 남북전쟁(1861~1865) → 산업화와 함께 다양한 사회문제 직면(남부 흑인을 비롯한 시민들이 자유의 몸이 되어 북부도시 공장지역으로 이동) 2. 1863년 사회복지 관련 유급 직원 등장 3. 1873년 전국자선회의 시작 → 전국자선 및 교정회의로 발전 4. 1877년 뉴욕 주 버펄로 시 자선조직협회 결성(Samuel H. Gurteen) → 자선조직운동으로 발전 "시여가 아니라 우정을", "자선이 아니고 친절을" 5. 1917년 『사회진단』(Richmond) 출간 → 진단에 있어 원인 분석과 인과관계 중시, 상황에 대한 정확한 파악, 조사 중시 6. 인보관운동 : 1889년 헐 하우스(Hull house) "자선도, 친구도 아닌 참된 이웃을"(J. Adams)	개인 강조 (환경 요소 인식)
1920~1930	프로이트의 정신분석적 관점 실천 영역에서 채택 → 사회복지전문직에 대한 성찰 → 이론 개발과 교육에 관심(Flexner -『사회복지는 전문직인가』)	개인 강조
1931~1945	1. 대공황(1929) 발생 → 사회적 혼란, 실업률 25%, 빈부격차 갈등 심화 → 1935년 사회보장법 제정 → 사회개혁, 사회정책에 관심(진단주의에 대한 비판) → 사회복지사 수 급증 2. 사회복지실천에 정신분석이론 결합 → 진단주의 발전(G. Hamilton)의 『케이스워크 이론과 실천』, 1940) · 개인과 환경 연결 노력 · 상황에 대한 개인의 주관적 해석 중시 · '상황 속의 개인' 개념으로 발전시킴 · F. Hollis에 의해 '심리사회적 모델'로 체계화 3. 기능주의(Otto Rank) 4. 집단사회사업의 발달, 지역사회조직에 대한 인식 확대	환경 강조

1946~1960	1. 1940년대 제2차 세계대전 이후 다원화된 이론적 패러다임 발전 → 경제적 풍요와 빈곤퇴치에 대한 믿음 확대 2. Hamilton의 케이스워크 이론과 실천 개정판(1951) → 진단주의에 대한 관심부각 3. F. Biestek의 『케이스워크관계』(1957), 사회복지 원조의 일곱 가지 원칙 4. Perlman 『케이스워크 : 문제해결과정』 → 진단주의와 기능주의 논쟁 종결 · 다차원적 관점의 상호작용 요인 파악 · ego 중시 · 대처(coping) · 인간능력에 대한 가정 → 인간능력 개발에 주안점	개인 강조
1961~1975	1. Johnson 대통령의 대빈곤 전쟁(빈곤의 보편화에 대한 인식) → 1964년 경제기회법 제정 · 직업훈련 프로그램 · Food Stamp 프로그램 · 사회복지사 수 급증 → 전문성 반성, 실천의 위상 하락 → 1971년 전국임상사회사업연맹(시카고) → 사회복지사 자격제도 확립과 전문적 교육 수준 제고 2. 새로운 클라이언트 집단 등장(예 : 히피 등) → 새로운 접근 모색 3. 진단주의는 심리사회적 접근법으로 불리게 됨 → 사정, 상황 속의 개인, 과정, 관계, 개입 등의 실천개념 정립 4. 사회체계이론, 의사소통 이론 활용 → 통합화된 사회복지전문 영역 추구 이론 개발 5. 임상사회복지실천의 출현	환경 강조
1976~1990	인플레이션, 실업, 냉전시대 방위 구축, 노숙자, AIDS, 약물남용 관심 → 개인발달 및 행동에 있어서 문화적 요소, 성역할이 사정에서 중요한 요소로 고려 → 임파워먼트 강조 → 생태체계적 접근 → 개인의 지지망 파악, 개발, 강화(다양한 형태의 환경적 원조 발견, 강화)	개인 · 환경 강조
1991~2000	1. 빈곤에 대해 개인의 책임성 강조(보수적 관점) → 공공부문에서 사회복지 예산 삭감 → 사례관리기관 활동 중시(레이거노믹스 cf. 대처리즘) 2. 강점관점 3. 페미니즘적 관점(비슷한 사안을 가진 사람들과 클라이언트 연대, 지지망 구축) → 사회적 부조리를 겪고 있거나 위험에 취약한 사람들을 위한 활동에 적용	개인 · 환경 강조

3. 우리나라 사회복지실천의 발달

우리나라 사회복지는 전통사회에서 왕가의 인정에 의한 민생구휼이나 상부상조의 전통에서 그 유래를 찾을 수 있고, 근대적인 사회복지(국가나 사회의 책임) 발달이라는 면에서 본다면 그 역사는 그리 오래되지 않았다. 또한 근대 사회복지의 발달에 있어서 우리나라는 미국의 사회사업적 전통의 영향을 크게 받아 빈곤의 원인을 다분히 개인적인 결함으로 인식하였고, 접근방법도 개인의 문제나 결함 해결에 초점을 맞추게 되었다. 개별사회사업적 전통을 가지고 있었다.

그리고 해방과 한국전쟁 이후 혼란 상황과 1960년대 이후 경제성장 드라이브에 의한 압축 성장 · 발전을 중시하면서 도덕 · 윤리 · 공동체의식이 성장하지 못한 과도기적인 상황에서, 국가 차원보다는 민간 차원의 발전이라는 한계가 있었다. 시급한 문제 상황 해결에 초점을 맞추는 서비스 제공 또는 사회복지시설(생활시설)서비스에 기반함으로써 그나마도 개인의 문제나 결함 해결이라는 개별사회사업적 전통도 제대로 갖추지 못하는 역사를 보여주었다. 따라서 사회복지실천의 발달과정을 일관된 기준(예 : 문제의 초점을 개인/사회에 두는가)에 의해 살펴보는 것은 다소 무리가 따른다.

1) 전문사회사업의 도입기(1960년대 이전)

전문사회사업이 우리나라에 도입된 시기에 대해서는 분명하지 않다. 일제강점기 우리나라에 소개된 사회사업이 영어의 social work의 번역어인지는 정확치 않으나 일제강점기 이전에도 서구의 사회사업이나 사회정책에 대한 관심이 있었다는 증거는 적지 않다(한국사회복지학회, 2007). 그렇지만 일제강점기 이전까지의 사실들은 직접적인 사회복지실천의 역사로 보기는 힘들다(김기태 외, 2007).

한편 일제강점기에는 사회사업이 널리 통용되는 용어로 자리 잡았다. 한 예로 조선총독부는 1921년에 사회과를 신설하고, 관리들을 중심으로 조선사회사업연구회를 조직하였다. 또한 1927년부터 방면위원제도를 실시하기도 했다. 방면위원제도는 빈민조사를 통한 빈민구호 목적으로 실시했고, 빈민의 생활 상태 조사, 상담지도, 호적정리, 직업알선, 보건구호 등의 활동을 통해 미비하지만 개별실천(casework)적인 의미를 담아낼 수 있었다. 방면위원은 오늘날의 사회복지전담공무원과 유사한 기능을 수행했다고 볼 수도 있을 것이다. 그렇지만 방면위원제도는 빈민의 동태 파악 · 통제, 식민통치의 합리화에 궁극적인 목적이 있었다. 한편 전문사회사업을 어떻게 규정짓는가에 따라서 다르겠지만, 민간사회복지시설 서비스를 전문사회사업의 범주에 포함한다면, 조선시대 말엽 민간사회복지시설이 설립되기 시작한 것에 주목할 필요도 있다. 1888년 프랑스교회 신부에 의해 천주교회고아원이 설립되었고, 이어서 종교단체의 육아, 구료사업이 소규모지만 확산되었다. 1888년 천주교회고아원이 우리나라에서 근대적인 성격을 띤 사회복지사업 내지 육아사업의 시초라고도 볼 수 있을 것이다(구자헌, 1991). 또한 1921년 우리나라 최초의 사회복지관인 태화여자관이 복음전도, 여성교육, 사회사업을 목적으로 설치되었다. 태화여자관은 미국인 선교사들에 의해서 사회사업이 소개되고 프로그램이 마련되었는데 1963년까지 약 43년간 외국인 선교사들에 의해서 운영되었다(김기태 외, 2007).

해방 후의 사회적 혼란기(1945년 해방 후 3년간 시행된 미군정 시기에 몇 명의 미국 사회사업가들 활동)에 전재민[12] 구호를 중심으로 한 응급구호사업이 전개되던 와중에 사회사업 대학교육이 시작되었다(한국사회복지학회, 2007). 1947년 이화여자대학교에 기독교사회사업학과가 창설되었고, 이후 중앙신학교(현 강남대학교), 서울신학대

12) 해방으로 귀국한 귀환동포들과 분단으로 월남한 월남동포들은 대부분 응급구호가 필요한 전재난민들이었다. 이들 외에도 식민지배의 여파로 궁핍한 생을 이어가던 많은 토착 빈궁민들이 있었다(한국사회복지학회, 2007)

학, 서울대학교 등에 사회사업학과가 설치되면서 전문사회사업가가 배출되어, 이 중 상당수가 사회복지현장에 참여하게 되었다.

한국전쟁 이후는 특히 전쟁고아들, 전쟁난민들을 비롯한 구호대상자가 급증하였고, 정부의 재정이 부족함에 따라 이들을 구호하기 위한 외국원조단체들의 활동이 활발하게 전개되었다. 이들의 활동은 전쟁고아를 원조하기 위한 시설구호(보호)사업에 주력했고, 그럼으로써 고아원, 모자원, 양로원 등 수용시설이 증가하는 모습을 보이기도 했다. 외원단체들의 시설보호와 물자구호, 민간 차원의 자선적 활동이 우리나라 근대적 사회복지사업의 초기 모습으로 볼 수 있다. 한국전쟁은 우리나라에서 사회사업이 응급구호사업 내지는 시설구호사업으로 발전하도록 하는 데 결정적인 영향을 미쳤다(한국사회복지학회, 2007).

이후 한국전쟁을 전후하여 설립된 기독교 아동복리재단, 홀트아동복리회(현 홀트아동복지회), 선명회(현 월드비전) 등 외원사회사업기관과 KAVA(Korea Association Voluntary Agencies: 외국민간원조기관 한국연합회, 한국전쟁 중이던 1952년 부산에서 결성)를 중심으로 개별사회사업에 기반한 전문사회사업을 실시하였다(이준우 외, 2004). 외국 민간원조기관들은 원조사업의 내용, 활동 및 전문성 면에서 우리나라의 사회복지사업에 중요한 역할을 했고, 미국식 전문사회사업의 실천방법과 관련된 이론들을 국내에 전파하는 데 결정적인 역할을 하였다. 1952년에는 한국사회사업연합회가 창립되었고, 1961년에는 사단법인 한국사회복지사업연합회로 개칭되어 이때부터 사회복지라는 용어가 공식적으로 우리나라에 등장하게 되었다(박종삼, 2002 : 45). 또한 1957년 한국사회사업학회가 창설되기에 이르렀다.

2) 전문사회사업의 정체성 확보 추진기(1960~1970년대)

1960년대에 들어오면서 우리나라는 경제개발 5개년 계획의 적극적인 추진으로 산업화, 공업화, 도시화의 현상이 급속하게 나타났다. 그러한 산업화의 과정에서 가장 핵심적인 부분은 경제성장정책이었다. 절대적인 부의 축적은 절대적인 가치로 받아들여졌으며 분배정책이나 복지는 뒷전으로 밀려나 있었다. 소위 말하는 선성장 후분배 정책이 큰 흐름을 형성하여 사회복지나 사회복지실천은 제대로 발전할 수 없었다. 1970년대 이전까지 사회복지정책은 자활지도 위주로 이루어졌고, 시설보호사업은 외국 민간원조기관의 후원으로 유지되었다. 그렇지만 1970년에는 사회복지실천과 관련된 「사회복지사업법」이 제정되어 사회복지사업에 대한 국가 지원의 근거를 제공했고, 사회복지사업의 실천현장을 다양화하고 전문인력의 참여를 강조하는 등의 효과를 낳았다.

1970년대에는 1960년대에 입법화된 각종 제도들이 본격적으로 시행됨으로써 경제개발 우선 정책에 밀려 괄목할 만한 사회복지정책의 성장은 다소 어려웠지만, 과거 빈민구호 중심의 사회사업실천에서 사회개발의 개념이 확산되어 사회복지의 중요성이 인식되었다. 미국을 중심으로 한 외국의 원조기관들이 철수하게 됨(1970년대 중반에는 거의 우리나라 사회복지기관으로 대체)에 따라 사회복지에 대한 한국 정부의 책임이 증대되었으며, 사회사업의 전문성이 점차 인식되어 가는 조짐들이 나타났다(한국사회복지학회, 2007 : 61; 최일섭, 2008). 이와 아울러 1957년 창립된 한국사회사업학회가 4 · 19와 5 · 16 등으로 중단되어 오다가 1973년에는 한국사회사업학회[13]가 공식적으로 재건되기에 이르렀다. 1973년에는 개정된 「의료법 시행령」에 의해 종합병원 단위의 의료기관에 사회복지사의 의무고용이 이루어지게 되었다(홍선미, 1999).

1979년부터 서울대학교, 중앙대학교, 부산대학교를 중심으로 학과의 명칭이 '사회사업학과'에서 '사회복지학과'로 변경되는 모습을 보였고[14], 교과과정의 내용이

13) 1985년에는 한국사회사업학회로부터 한국사회복지학회 명칭 변경 및 창립
14) 학과 명칭 변경은 당시의 대학입시제도(계열별 모집)와 무관하지 않았다. 20여 년간의 대학교육에도 불구하고 일반 사회 분위기는 사회사업을 전문직으로 받아들이지 않았고, 사회사업학과가 비인기학과로 전락, 당시 사회복지, 복지사회, 복지국가 등의 용어와 개념이 정부와 사회에서 대두, 특히 1980년 집권한 전두환 군사정부는 '복지사회 건설'을 국정지표로 정했다(최일섭, 2008).

기존의 사회사업학 중심에서 벗어나 사회사업학과 사회복지정책(거시적 방법 도입)을 조화시키는 모습을 보였다(최일섭, 2008).

3) 사회복지실천의 전문성 구축기(1980~1990년대)

1980년대에 들어서서 우리나라 사회복지실천현장은 상대적으로 큰 변화와 발전이 이루어졌다. 우선, 1980년 새로운 정권의 '정의사회 구현과 복지국가 건설'의 국정지표에 따라 사회복지 관련 법들이 제 · 개정되면서 일반국민들에게 복지 개념이 광범위하게 확산되는 분위기였고, 이러한 시대적 흐름을 '사회사업'이란 틀만으로는 포괄하기 어렵다는 판단으로 '사회복지'로의 변경이 시도되었다. 1985년에는 한국사회사업학회에서 한국사회복지학회로 명칭이 변경되고 새로 창립되었다. 전국적으로 사회복지학과 및 관련 학과가 대폭 설치되어 사회복지사를 대량으로 배출하게 되는 모습을 보였다. 대학에서의 교육도 1970년대까지는 개별사회사업, 집단사회사업, 지역사회조직의 3대 방법론을 중심으로 교육하였으나, 80년대는 통합방법론을 개설하여 교육하기 시작했고, 1980년대 후반에는 노인복지, 아동복지, 가족복지 등 분야론 과목들이 증가하기 시작했다. 그리고 1980년대 후반까지도 개별사회사업, 집단사회사업, 지역사회조직, 사회사업, 임상사회사업 등의 용어로 사용되었지만, 1998년 사회복지사업법 시행령 및 시행규칙 개정 당시 한국사회복지협의회가 사회복지 교육의 필수과목으로 '사회복지실천론'을 채택하면서 사회복지실천이 공식적인 용어로 채택되기에 이르렀다(정순둘, 2005).

또한 「사회복지사업법」에 근거한 사회복지사업 종사자의 명칭이 1983년 사회복지사로 전환되었고 1~3급으로 등급을 구분하게 되었다. 이후 등급 구분에 따른 직무 분담의 필요성이 꾸준히 제기됨에 따라 1998년 논란 끝에 사회복지사 국가시험제도가 도입되었고, 2003년부터는 사회복지사 1급 자격증을 국가시험에 합격한 자에 한하여 주도록 되었다.

1980년대 한국 사회복지현장에서 가장 큰 변화는 1987년부터 시행되기 시작한 사회복지전문요원의 채용, 배치라고 할 수 있다(2000년부터는 사회복지전담공무원으로 개명). 이로 인해 사회복지 공공 영역의 큰 변화와 발전을 가져오게 되었고, 사회복지사의 활동 영역이 다양화되었다. 이와 더불어 1990년대 이후 새로운 사회복지 영역들이 속속 등장하게 되었다. 북한이주민(새터민), 결혼이주여성가정, 이주노동자 등을 포함한 다문화사회복지 영역, 정신보건 영역, 의료 영역, 학교사회복지 영역, 군사회복지 영역, 자원봉사관리 영역 등 활동 영역이 확대되는 추세에 있다.

또한 1980년대는 우리나라에서 지역사회복지가 정착되는 모습을 보였다. 1983년 「사회복지사업법」의 개정으로 사회복지관에 대해 공식적으로 국고보조금을 지급하게 되었고, 이에 따라 80년대에는 민간단체에 의한 사회복지관의 설립이 증가하여 1990년 당시 58개의 사회복지관이 설치·운영되기에 이르렀다. 1989년에 「주택건설촉진법」 등에 의해 저소득층 영구임대아파트 건립 시 일정 규모의 사회복지관 건립을 의무화함으로써 급격하게 증가하였다. 또한 1980년대에는 노인과 장애인에 대한 재가복지서비스가 도입되었고, 1980년대 후반부터는 사회운동적 성격의 지역사회복지운동이 폭발적으로 증가하게 되었다(지은구·조성숙, 2010).

4) 사회복지실천의 전문성 확대기(2000년대)

우리나라 사회복지에 있어서 큰 변화를 가져온 사건이 1997년 말 IMF 외환 위기였고, 이 시기를 기점으로 한국사회의 사회복지가 전환기를 맞이했다. 외환 위기 이후 폭발적인 실업과 가족해체, 결식아동이 급증함에 따라 사회안전망에 대한 인식과 논의가 활발하게 전개되었고, 김대중 정부는 고용보험과 실업 및 빈곤대책을 확대하였고, 국민연금을 전 국민으로 확대·실시하였고, 국민기초생활보장법 제정, 의료보험급여를 365일로 확대하는 등 사회안전망 구축을 위한 노력을 전개했다. 김대중 정부는 사회복지에 있어서 생산적 복지 개념을 제시했고, 이후 자립·

자활에 대해 특히 강조하는 모습을 보였다.

외환 위기 이후 민간사회복지기관과 시설복지에 있어서도 많은 변화가 있었다. 양적 확대는 물론이고 질적으로 더욱 전문화하는 계기가 되었다. 특히 1998년부터 「사회복지공동모금회법」을 기초로 한 사회복지공동모금제도가 실시되고, 민간기업 사회복지재단들의 사회복지시설에 대한 지원과 사회복지사업을 전개함에 따라 전문적인 사회복지 프로그램에 대해 관심을 기울이게 되었다.

참여정부(노무현 정권)에서는 2003년 7월 「사회복지사업법」을 개정하여 우리나라 사회복지서비스의 개념과 위상, 전달체계 및 서비스 제공구조 등에 일대 변혁을 가져왔다. 2003년 「사회복지사업법」 개정 내용을 포함한 이후 변화의 흐름은 신자유주의적 경향성을 확연히 드러냈다. 장기화된 경기불황, 장기실업과 가족해체 및 위기가정의 증가, 급진적인 노령화 등 복지 수요의 다양화와 질적 측면의 수요 변화 등에 대응하기 위해 지역 혁신, 지방의 자율성과 책임성 강화를 통한 지역사회복지 확대 및 지역사회복지자원들 간의 연계 · 협력(네트워크 시스템) 강화 등이 그 흐름이다. 구체적으로 사회복지서비스와 보건의료서비스의 연계, 지역사회복지계획 수립, 지역사회복지협의체 구성, 사회복지사업의 지방 이양(2005년부터 추진) 등의 형태로 추진되었다. 민간의 사회복지참여를 활성화하고, 시장적 전략(자유경쟁)을 기반으로 사회복지를 확대하는 모습을 보이고 있다(도광조, 2008).

CHAPTER 03

사회복지실천의 가치와 윤리, 윤리적 딜레마

가치는 믿음, 신념을 의미하고, 일반적으로 사회구성원 다수가 바람직하다고 여기는 믿음이나 신념을 사회적 가치로 볼 수 있다. 또한 가치는 개인에게 있어서 개인의 선호를 포함할 수 있는데, 개인이 일반적으로 바람직하고, 옳다고 생각하는 믿음이나 신념을 개인적 가치로 볼 수 있다. 전문적 가치는 전문직 종사자의 전문적 행위과정에서 지향하는 믿음, 신념을 의미한다. 모든 전문직은 실천가에게 목적과 의미 그리고 방향을 설정해 주는 전문직 가치를 가지고 있으며 그 가치는 사회의 가치와 크게 다르지 않다.

윤리는 어떤 행동에 대해 도덕적으로 옳고 그름을 나타내는 판단 기준으로 인간이면 마땅히 지켜야 할 도리, 도덕, 관습 등과 같은 맥락에서 볼 수 있다. 가치와의 관계에서 윤리는 가치를 구체적으로 실현하는 행동지침을 의미한다. 사회복지사의 윤리(강령)는 사회복지사가 지켜야 할 행동원칙이나 지침을 말한다.

1. 사회복지실천의 가치와 윤리

사회복지실천이 지향하는 궁극적 가치는 인간의 존엄성(존엄한 인간)이다. 사회복지실천은 모든 인간을 자신에게 주어진 지위, 신체적 장애의 유무, 사회적 역할 혹은 경제적 부에 상관없이 인간으로서의 권리와 잠재능력을 갖고 있는 존엄한 존재라고 믿는 가치에서 출발한다(이영분 외, 2001 : 26).

사회복지실천에서 여러 학자들이 설명한 핵심적 가치는 다양하지만 공통된 토대를 갖는다. 개인의 가치와 존엄, 인간존중, 변화를 위한 개인의 능력평가, 클라이언트의 자기결정, 비밀보장과 사생활 보장, 개인에게 잠재력을 깨달을 수 있는 기회제공, 개인이 갖는 공통된 인간의 욕구를 충족시킬 적당한 서비스와 자원을 제공하려고 하는 것, 클라이언트의 역량강화, 평등한 기회, 무차별, 다양성의 존중,

전문지식과 기술을 다른 사람에게 전달하는 것이 자주 언급되는 가치이다(F. G. Reamer, 사회복지대백과사전, 1999 : 946).

자스트로우(Zastrow, 1995; 양정남 · 최선령, 2002 : 22-23 재인용)는 개인의 독특성 존중(개별성 가치), 즉 모든 인간은 가치체계, 성격, 삶의 목표, 경제적 자원, 정서적 · 신체적 능력, 자아개념, 가족관계 등 다양한 측면에서 독특한 존재라 하였다. 그리고 클라이언트의 자기결정권 존중, 비밀보장, 사회적 · 경제적 정의 추구(배분적 사회정의), 서비스의 사회적 책임성 지향[1] 등을 중요하게 다루고 있다.

레비(Levy, 1973; F. G. Reamer, 1999 : 946 재인용)는 사회사업의 가치 그룹을 세 가지로 분류하고 있다. 첫째 그룹은 인간에 관해 선호되는 개념으로 개인의 고유한 가치와 존엄, 건설적인 변화를 향한 능력과 욕구, 상호 책임감, 소속되고자 하는 욕구, 독특함, 그리고 일반적인 인간의 욕구에 관한 신념을 포함한다. 둘째 그룹은 인간에게 유리한 결과를 가져다주는 개념으로 개인의 성장과 발전을 위한 기회제공, 기아, 부적절한 교육과 주거, 질병, 차별과 같은 문제를 피하고, 사람들의 욕구충족을 돕는 서비스를 제공해야 하며, 사회형성에 참여하는 동등한 기회를 제공해야 하는 사회의 책임에 관한 신념을 포함한다. 셋째 그룹은 존엄한 인간을 취급하는 데 선호되는 도구성의 개념으로 인간은 가치와 존엄성을 가진 존재로 다루어져야 하며, 자기결정권이 있고, 사회변혁에 참여하도록 장려되며, 고유한 개인으로 인정받아야 한다는 신념 같은 것을 포함한다.

사회복지실천의 가치는 인간이 존엄한 존재이기 때문에 그 자체로 인정해야 한다는 측면(인간으로서의 가치와 능력과 욕구, 권리를 가진 존재 - 스스로 결정할 수 있는 능력과 새로운 행동을 학습할 수 있는 능력)과 존엄한 존재를 실현하기 위한 하위가치로 분류해 볼 수 있다. 개인의 가치와 존엄성, 개인에 대한 존중(클라이언트의 개별화), 개인의 변화 가능성, 클라이언트의 자기결정권, 비밀보장, 사생활보장, 적절한

1) 헵워스와 라슨(Hapworth & Larsen, 1990)은 클라이언트의 문제들은 사적이고 개인적인 인간관계에서 기인한 문제라기보다는 사회적이고 체계적인 문제라고 인식하는 것이라고 보고 있다.

자원과 서비스 제공, 역량강화, 동등한 기회보장, 비차별성, 다양성 존중, 최소한의 삶을 영위하기 위한 사회적 자원 지원, 자원의 공평한 분배(사회정의) 등이다. 인간존엄성에 대한 가치를 기반으로 하는 수단적 가치와 직업적인 윤리를 발전시키는 가치들이라 볼 수 있다.

사회복지사의 실천윤리는 사회복지사가 사회복지실천행동을 하는 데 지침이 되도록 고안된 것이다. 한국사회복지사협회에서도 사회복지사 윤리강령을 윤리강령 전문, 사회복지사의 기본적 윤리기준, 클라이언트에 대한 윤리기준, 동료에 대한 윤리기준, 사회에 대한 윤리기준, 기관에 대한 윤리기준, 사회복지윤리위원회의 구성과 운영, 사회복지사 선서 등으로 기술하고 있다(한국사회복지사협회 홈페이지 참고).

key point

사회복지실천의 본질적 가치 : 인간존엄, 배분적정의 실현
- 개인 독특함 인정
- 자기결정권 존중
- 비밀보장

2. 가치갈등과 윤리적 딜레마, 그 해결방향

사회복지실천현장에서는 사회복지사의 개인적 가치가 전문적 가치와 기관의 가치 또는 클라이언트의 가치와 일치하지 않을 수도 있다. 이런 경우 사회복지사는 가치갈등을 경험하게 되며, 윤리적 딜레마에 빠지게 된다. 특히 실천현장에서 클라이언트의 자기결정권에 대한 가치갈등 상황은 빈번하게 발생한다. 사회복지사로서의 경험으로 볼 때 분명 A라는 방향이 적절한데, 클라이언트는 B의 방향을 고집할 때 과연 자기결정권을 그대로 인정할 것인가 하는 문제는 전문가의 고집이라는

면도 제기될 수 있고, 가치갈등적인 윤리적 딜레마 상황으로 논의될 수 있을 것이다. 또한 사회복지사의 개인적 가치 면에서 볼 때 타당하지 않은 것을 클라이언트가 고집할 경우도 마찬가지의 상황이 될 수 있다. 예를 들어 사회복지사가 천주교 신자임으로 해서 인공유산에 반대하는데, 클라이언트는 인공유산을 고집할 경우가 전형적일 것이다.

비밀보장이라는 면에 있어서도 클라이언트의 비밀을 어디까지 보장할 것인가? 모든 부분의 동의를 필요로 하는 것인지에 대한 갈등적 상황은 자주 일어난다. 예를 들어 클라이언트를 경제적으로 원조하고, 정서적 서비스를 제공하기 위해 클라이언트의 개인적이고 비밀스런 사항들을 어느 정도까지 외부에 밝혀야만 하는가라는 면은 자주 제기되는 문제일 것이다.

이러한 가치갈등으로 인한 윤리적 딜레마는 실천현장에서 다양하게 나타날 수 있다. 그러면 그 해결책은 없는가? 로웬버그와 돌고프(Loewenberg & Dolgoff, 1996; 서미경 외, 2000 재인용)는 "윤리적 원칙 스크린(Ethnical Principles Screen, EPS)"으로 일정 순서에 기초한 윤리원칙을 서열화하여 제시하였다. 윤리원칙 1은 윤리원칙 2~7보다 우선하고, 윤리원칙 2는 윤리원칙 3~7보다 우선하는 위계서열에 있다.

윤리원칙 1. 생명보호의 원칙

생명에 관한 권리는 모든 권리 중에서 가장 기본적이다.

윤리원칙 2. 평등과 불평등의 원칙

능력이나 권력이 같은 사람들은 똑같이 취급받을 권리가 있고, 능력이나 권력이 다른 사람들은 다르게 취급받아야 한다는 것이다. 어른과 아동은 능력과 권력이 다른 사람들이므로 다르게 취급받아야 하고, 아동의 보호에 우선해야 한다.

윤리원칙 3. 자율성과 자유의 원칙

개인의 자율성, 독립성, 자유를 신장시키는 것, 자기결정의 원칙과 관련된다. 그렇지만, 자신이나 타인에게 위해를 가할 가능성이 있는 경우 이 원칙은 무시될 수 있다.

윤리원칙 4. 최소한 손실의 원칙

개인의 피해나 위해(危害)를 최소한도로 겪거나 혹은 겪지 않을 권리가 있다. 모든 선택 가능한 대안이 모두 유해할 때, 가장 최소한으로 유해한 것을 선택해야 한다.

윤리원칙 5. 삶의 질의 원칙

클라이언트의 적정한 수준으로의 삶의 질을 향상시키도록 클라이언트와 함께 활동해야 한다.

윤리원칙 6. 사생활 보호와 비밀보장의 원칙

사회복지사는 모든 사람들의 사생활 보호의 권리를 신장시키는 윤리적 결정을 해야 한다.

윤리원칙 7. 진실성과 정보개방의 원칙

사회복지사는 클라이언트와 다른 사람들에게 진실을 말하고 모든 관련 정보를 충분히 개방하는 것을 허용하는 윤리적 결정을 해야 한다.

이러한 원칙에도 불구하고 학자에 따라 윤리적 딜레마 상황에서 어떠한 면이 우선되어야 한다는 점을 다르게 설명하고 있기도 하다. 다만, 생명우선의 원칙은 제일의 원칙임에 분명하다. 그 외의 경우에는 케이스에 따라 해결 방향이 모두 달라질 수 있다. 어떠한 면이 우선되어야 한다는 것은 사회복지실천 가치들 중 어떠한 면이 우선되는가를 가늠해 보아야 하기 때문에 대단히 철학적이고, 많은 논의를 필요로 한다. 일률적인 공식에 의한 것보다는 클라이언트에 대한 기본적인 가치 또는 사회복지실천의 본질적 가치에 비추어서 설득과 조정이 있어야 할 것이다. 사회복지사는 다양한 가치 선호에 따라 도덕적 · 정치적 이슈에 대해 융통성을 가져야 할 것이고, 자신과 다른 가치관을 가진 클라이언트와 사회복지사들에 대해서도 조화를 이룰 수 있도록 하기 위해 상호 존경과 개방성을 가져야 할 것이다.

1. 사회복지실천현장

2. 사회복지사의 역할

3. 사회복지사에게 기대되는 10가지 역할과 40가지 기능

CHAPTER 04

사회복지실천현장에 대한 이해

1. 사회복지실천현장

사회복지실천현장은 사회복지실천이 이루어지는 장(場)이고, 좁게는 장소의 의미이고, 넓게는 분야와 영역을 일컫는다. 즉, 좁은 의미에서는 '클라이언트에게 사회복지서비스를 직·간접적으로 제공하는 사회복지기관'을 의미하며, 이는 물리적인 장소의 개념으로서 사회복지사가 활동하는 장소, 사회복지기관을 말한다. 그러나 넓은 의미에서 사회복지실천현장은 '사회복지실천이 이루어지는 전문 분야(fields), 전문 영역'을 의미한다. 예를 들면, 아동, 노인, 청소년, 여성, 장애인, 가족 등의 서비스 대상별 분야, 약물남용, 치매, 중독, 의료/정신보건 등의 문제 영역별 분야, 지역사회복지관, 병원, 학교, 산업체, 군대, 교정기관, 종교기관 등의 실천현장별(서비스가 이루어지는 기관, 장소에 따른 구분) 분야 등으로 구분될 수 있다.

사회복지실천현장은 기관의 주된 기능과 목적에 따라 일차 현장(primary setting)과 이차 현장(secondary setting)으로 구분된다. 일차 현장은 기관의 우선적인 목적과 기능이 사회복지서비스 제공인 곳으로서 사회복지사가 중심이 되어 활동하는 실천현장을 말한다. 예를 들면, 종합사회복지관, 사회복지이용시설 및 생활시설, 사회복지재단 등이 포함된다. 이차 현장은 기관 본래의·일차적인 기능은 별도로 있지만, 필요에 따라 부분적·보조적으로 사회복지서비스를 제공하는 실천현장을 말한다. 기관 운영과 일차적인 기관 기능의 효과에 도움을 주기 때문에 사회복지서비스를 제공하는 실천현장이다. 예를 들면, 학교, 병원, 군부대, 기업체, 교정시설 등이 포함된다.

사회복지실천현장은 주거서비스를 제공하느냐 여부에 따라 생활시설과 이용시설로 구분하기도 한다. 주거서비스를 포함한 사회복지서비스를 제공하는 시설을 생활시설이라 하고, 장애인생활시설, 노인생활시설(주거복지시설, 의료복지시설), 그룹홈, 보육원, 주간·단기보호시설, 쉼터, 요양센터 등이다. 이용시설은 주거서비스를 제공하지 않고, 집에 거주하는 클라이언트를 대상으로 이들의 필요에 따라 이용할 수 있는 시설을 말한다. 지역사회복지관, 노인복지관, 장애인복지관, 아동복지관, 각종 센터, 재가복지센터 등이다. 일반적으로 생활시설을 '시설'로 일컫고, 이용시설과 공공기관 등을 포함해 '기관'으로 부르기도 한다.

현대사회에서 사회문제가 다양해지고, 사회복지실천이 발전하면서 특정 서비스 대상이나 사회문제에 초점을 두는 사회복지기관과 시설이 증가하고 있고, 실천현장은 더욱 다양화, 세분화되는 경향이다. 한편으로는 서비스의 통합성과 효율성을 위하여 지역사회 내지는 사회 차원에서 서비스의 조정과 통합을 강조하는 움직임도 커지고 있다(장수미 외, 2010).

2. 사회복지사의 역할

사회복지실천현장에서 사회복지사는 클라이언트(개인, 집단, 지역사회 포함)의 사회적 기능 수행의 문제를 해결하는 데 도움을 줄 뿐 아니라, 사회적 기능 수행을 향상시키기 위해 자원들을 사용하는 그들의 능력을 촉진시키는 활동을 한다. 직접적으로 서비스를 제공하기도 하고, 다른 자원들을 연결하기도 한다. 클라이언트의 사회적 기능 수행의 회복 및 향상을 도모하기 위해 다양한 활동을 수행한다. 사회복지사의 다양한 활동들을 헵워스 등(Hapworth, Rooney & Larsen)은 리스트(Lister, 1987)의 분류에 기반하여 크게 다섯 가지 역할로 설명했다. 직접서비스 제공자 역할, 체계와 연결하는 역할, 체계개발 역할, 체계유지 및 강화 역할, 연구자 · 조사활용자 역할 등이다(그림 4-1 참조, 양옥경 외, 2000; Hepworth, Rooney & Larson, 허남순 외 역, 2004).

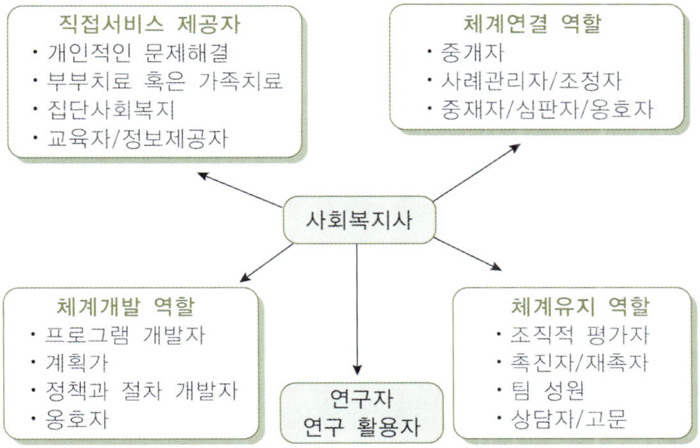

[그림 4-1] 사회복지사의 역할

1) 직접서비스 제공자 역할

사회복지사는 실천현장에서 변화를 가져오기 위해 클라이언트에게 직접적 서비스를 제공한다. 자존감을 회복시키기 위해 지지와 격려를 제공한다든지, 가치나 태도를 변화시키기 위해 교육한다든지, 정보를 제공한다든지, TV 프로그램이나 영화 등의 매체를 활용한다든지, 집단 프로그램을 계획하고 진행한다든지, 가족치료나 집단과정에서 참여자들 간에 의견을 중재한다든지 다양한 역할을 수행한다. **상담자**로서의 역할, **촉진자**(facilitator)로서의 역할, **정보제공자**로서의 역할, **교육자**로서의 역할, **프로그램 진행자**로서의 역할 등이 직접서비스 제공자의 역할에 포함될 수 있다. 부모기술훈련, 사회기술훈련, 사회적응훈련 등에서 교육자로서의 역할과 프로그램 진행자로서의 역할이 수행된다. 또한 문제해결을 위한 변화가 얼마나, 어떤 상태로 이루어지고 있는지를 **모니터링**하는 것도 클라이언트의 변화를 위해 필수적인 기능이다.

2) 체계와 연결하는 역할

사회복지사가 실천현장에서 변화를 가져오기 위해 클라이언트에게 그의 주변 환경과의 관계와 관련하여 서비스를 제공한다. 클라이언트는 종종 기존의 사회복지기관이 제공하지 못하는 자원들을 필요로 한다. 그리고 다른 유용한 자원들에 대한 정보가 부족하거나 그것을 이용할 능력이 부족하다. 사회복지사는 사람들을 다른 자원들과 연결하는 역할을 수행한다. 체계와 연결하는 역할과 관련해 사회복지사는 중개자(연결자, broker), 조정자(사례관리자, case manager, coordinator), 중재자(mediator)/심판자(arbitrator), 옹호자(advocator)로서의 역할을 수행할 수 있다.

중개자로서 지역사회자원에 대한 정보를 철저히 파악하고, 지역사회 자원체계와 좋은 관계를 유지함으로써 적절한 자원을 클라이언트에게 연결할 수 있다. 때로 클라이언트와 서비스 제공자 사이에 서비스 단절이 발생해서 클라이언트가 받아야 할 서비스를 제공받지 못하는 경우가 있다. 여러 가지 이유로 서비스 제공자가 임의로 서비스를 거절하는 경우라든지, 클라이언트와 서비스제공자 사이에 긴장이 발생한 경우가 포함될 수 있다. 이때 사회복지사는 **중재자·심판자**로서 클라이언트와 서비스 제공기관 간의 의견을 조율하고, 서비스 전달과정에서의 장애물들을 제거하는 작업들을 하게 된다.

사회복지사는 클라이언트의 욕구를 사정하고, 다른 자원에 의해 제공된 재화와 서비스의 필요를 살펴, 기존의 서비스를 조정해야 하는 경우도 있다. 불필요한 서비스, 중복적인 서비스, 누락된 서비스 등을 적절하게 재배치함으로써 **조정자 또는 사례관리자**로서의 역할을 수행하게 된다. 또한 지역사회 내에서 다양한 클라이언트들이 필요한 서비스나 프로그램을 모두 갖추고 있을 수 없고, 사회복지사가 포함된 기관에서도 모든 서비스를 갖추지 못한다. 이럴 경우 사회복지사는 클라이언트를 대신해서 필요한 자원이나 서비스를 획득하기 위해 활동해야 할 것이다. 클라이언트에 대한 **옹호자**로서의 역할을 수행하는 것이다.

3) 체계유지 및 강화역할

사회복지사가 실천현장에서 변화를 가져오기 위해 사회복지기관의 직원으로서 서비스 전달의 효율성을 떨어뜨리는 기관 내의 구조, 정책, 기능적 관계를 평가할 책임이 있다. 이는 클라이언트에 대한 간접적 서비스를 제공하는 기능이다. 이런 책임을 수행하는 것과 관련된 사회복지사의 역할은 조직분석가(organizational analyst), 촉진자(facilitator/expediter), 팀원으로서의 역할, 컨설턴트(consultant) 등이다.

조직분석가로서의 역할은 기관구조와 정책, 그리고 절차들 내에서 서비스 전달에 부정적인 영향을 미치는 요인들을 정확하게 지적하는 것이다. 조직 이론과 행정 이론에 관한 지식은 이 역할을 효과적으로 수행하는 데 필수적이다. 서비스 전달을 방해하는 요인들을 정확하게 지적한 후에 사회복지사는 서비스 전달체계를 강화하는 방법을 계획하고 실행할 책임이 있다. 기관행정가들에게 정확한 관련 정보데이터를 제공하고, 다른 직원들과 합동으로 작업하고, 필수적인 내부서비스교육에 참가하는 등의 활동을 통해 **촉진자**로서의 역할을 수행할 수 있다. **팀원**으로서의 역할은 클라이언트의 문제와 전달체계를 사정할 때 협동하는 치료팀의 일원으로서 적극적이고 관여적으로 활동함으로써 확보될 수 있다. **컨설턴트**로서의 역할은 전문적인 사회복지사로서 다른 사회복지사나 서비스 제공자가 클라이언트에 대한 지식, 기술, 태도, 문제를 존중하는 태도를 증가시키고, 발전 · 수정함으로써 클라이언트에게 더 효과적으로 서비스를 전달할 수 있게 하는 과정이다. 컨설턴트로서의 역할은 개인, 기관, 조직에게 정보와 충고를 제공하는 자문자로서의 역할을 의미한다.

4) 체계개발 역할(system development)

사회복지사가 실천현장에서 변화를 가져오기 위해 클라이언트의 욕구 불충족, 예방적인 서비스에 대한 욕구, 서비스 간의 괴리 혹은 현재 활용되고 있는 것과는 다른 개입방법에 의한 연구결과에 근거하여 사회복지기관의 서비스를 확대하거나 개선하는 것과 관련된 역할을 수행할 수도 있다. 이러한 역할과 관련된 역할들은 프로그램 개발자, 기획가, 정책과 절차 개발자, 옹호자로서의 역할 등이다.

사회복지사는 클라이언트의 욕구 발생에 대응하여 서비스를 개발해야 한다. 다양한 교육 프로그램, 지지집단, 기술개발 프로그램들(예 : 스트레스 관리기술, 양육기술, 자기표현기술 등)을 지속적으로 개발해야 할 것이다(**프로그램 개발자**로서의 역할). 또한 사회복지사는 지역사회 지도자나 영향력이 있는 사람들과 함께 지역사회의 욕구에 기반한 프로그램들을 계획하는 등의 **지역사회기획가**로서의 역할을 수행해야 한다. 그리고 기관이나 지역사회의 정책과 절차들을 제정하는 의사결정과정에 적극적으로 참여함으로써 **정책과 절차 개발자**로서의 역할을 수행해야 한다. 왜냐하면 사회복지사가 현장의 클라이언트에 대한 정보와 욕구에 가장 가까이 있기 때문이다.

체계개발과 관련된 **옹호자**로서의 역할은 불이익을 받는 클라이언트 집단을 위한 새로운 사회정책과 법령의 형성, 수정을 위해 클라이언트 집단과 다른 사회복지사, 그리고 결연을 맺은 전문가 집단들과 함께 하는 활동과 관련된다.

5) 연구자 · 조사활용자(researcher/research consumer)

사회복지사는 평가 가능한 개입방법을 선택하여 그들의 개입방법에 대한 효과성을 평가하고, 체계적으로 클라이언트의 발전을 모니터하기 위해 공적 · 사적 세팅 모두에서 평가할 책임이 있다. 이러한 과정을 위해 사회복지사는 연구를 수행하고 또한 조사연구들을 활용해야 한다.

6) 기타 중요한 역할

헵워스 등(Hapworth, Rooney & Larsen)의 역할구분에는 포함되지 않지만 사회복지사가 현장에서 수행해야 할 중요한 역할로서 협상자(negotiator)로서의 역할, 조성자(enabler)로서의 역할, 능력고취자(empowerer)로서의 역할, 집단촉진자(group facilitator)로서의 역할 등이 있다.

협상자로서의 역할은 중재자와 마찬가지로 갈등상황에 개입해 상호 만족할 만한 합의점에 도달하도록 원조하지만, 중재자는 어느 한쪽과 편을 이루지 않고 중립을 지키는 반면, 협상자는 대개 어느 한쪽에 연계된다. **조성자**로서의 역할은 클라이언트에게 변화가 일어날 수 있는 조건과 환경을 조성할 수 있도록 원조하는 것을 말한다. 클라이언트가 자신들의 욕구와 문제를 규정하고 해결책을 모색하고 적용하는 과정을 보다 효과적으로 다루도록 원조하고, 환경의 변화를 위해 직·간접으로 지원한다. 또한 **능력고취자**로서 사회복지사는 클라이언트의 개인적, 대인적, 사회경제적 혹은 정치적 능력을 강화하는 역할을 수행한다. 능력고취자는 클라이언트의 개인적 능력은 물론 대인적 능력을 획득하도록 원조한다. 나아가 상호원조 집단, 정치적 활동에의 관여 등을 통해 클라이언트의 사회경제적 혹은 정치적 능력을 획득하도록 도와준다(Gutiérrez, 1998). 그리고 사회복지사는 집단에 개입해 집단의 사회적 기능 향상을 원조하게 되는데, **집단촉진자**로서 집단성원들의 참여를 촉진하고, 의사소통의 초점을 유지시키고, 성원들 간의 의사소통을 연계하고, 집단 안팎의 갈등을 해결하기 위해 조정, 협상, 중재기술을 사용한다(김상균 외, 2007).

3. 사회복지사에게 기대되는 10가지 역할과 40가지 기능

사회복지사의 직무기능들은 구체적인 역할 내에서 수행하는 과제나 활동으로 가장 잘 설명할 수 있다. 사회복지사는 여러 역할 중 한 가지 역할을 수행하기도 하지만, 여러 역할을 수행할 가능성이 많다. 셰퍼 등(Sheafor, Horejsi & Horejsi, 김혜란 감수, 1999)은 사회복지사에게 기대되는 10가지 역할과 40가지 기능을 제시했다(표 4-1 참조).

〈표 4-1〉 사회복지사의 10가지 역할과 40가지 기능

역할	역할기대	기능
중개인	ct를 적절한 인간서비스와 자원에 연결한다.	클라이언트 상황사정 / 자원사정 / 서비스체계 연결 / 정보 제공
옹호자	ct가 자원과 서비스를 받을 권리를 유지하도록 돕거나 ct나 ct집단에게 부정적 효과를 주는 프로그램과 정책을 변화시키는 운동을 적극 지지한다.	ct나 사례옹호 / 계층옹호
교사	ct가 문제를 예방하거나 사회적 기능을 향상시키는 데 필요한 지식, 기술을 교육한다.	사회생활 · 일상생활 기술 가르치기 / 행동변화 촉진하기 / 일차 예방[1]
상담가 · 임상가	ct가 자기 감정을 잘 이해하고, 행동을 수정하며, 문제 상황에 대처하기 위해 학습하도록 도와 그들의 사회적 기능 수행 능력을 향상시키도록 돕는다.	심리사회적 사정진단 / 지속적 · 안정적 보호 / 사회치료[2] / 실천연구
사례 관리자	ct를 적합한 서비스에 연결하고 그런 서비스를 활용하도록 조정하는 과정에서 개인과 가족에게 서비스를 지속적으로 제공한다.	ct 확인과 방향 설정 / ct 사정 / 서비스 / 치료계획 / 연결과 서비스 조정 / 사후조치와 서비스 전달 점검 / ct 지지
업무량 관리자	ct에게 가장 효율적으로 서비스를 제공하고, 고용된 조직에 책임을 지기 위해 업무량을 관리한다.	업무계획 / 시간관리 / 품질보증 점검 / 정보처리과정 활동
직원 개발자	훈련, 슈퍼비전, 그리고 인사관리를 통해 기관 직원의 전문적 개발을 촉진한다.	직원 OT와 훈련 / 인사관리 / 슈퍼비전 / 자문
행정가	인간서비스 조직에서 정책 · 서비스 · 프로그램을 계획, 개발하며 수행한다.	관리 / 내 · 외부적 조정 / 정책과 프로그램 개발 / 프로그램 평가
사회변화 대행자	지역사회프로그램과 삶의 질을 향상시키는 영역을 확인하고, 변화나 새로운 자원 획득을 옹호하기 위해 이익집단을 동원하는 데 참여한다.	사회프로그램이나 정책분석 / 지역사회관심 고취 / 사회적 자원 개발
전문가	유능하고 윤리적인 사회복지실천에 참여하고 사회복지전문직의 발전에 기여한다.	자기사정 / 개인적 · 전문적 개발 / 사회복지전문직의 향상

1) 일차 예방(primary prevention)은 질병이나 사회문제를 야기하는 조건이나 상황이 발생하지 않도록 취하는 조치(문제가 발생하기 전 문제 발생에 대비하여 조치)로서 지역 내 위생시설, 공원 건립 등. 이차 예방은 문제의 조기 진단, 사례 발견, 격리 등의 방법으로 문제가 다른 사람들이나 환경에 미치는 영향을 최소화하는 노력(문제의 진행을 막는 것), 삼차 예방은 문제를 이미 경험한 ct가 문제의 재발을 막을 수 있는 능력을 가질 수 있도록 하기 위한 노력(새로운 문제 발생에 대비능력 개발).

2) 사회치료는 클라이언트로 하여금 관련된 사람들이나 사회집단 사이의 관계를 이해하도록 돕고, 클라이언트의 사회적 관계 수정 노력을 지지하며, 문제해결이나 대인적 변화 노력에 클라이언트를 참여시키며, 개인과 개인, 개인과 사회제도 사이의 갈등이나 차이점을 중재하도록 돕는 활동을 말한다.

CHAPTER 05

사회복지실천의 통합적 접근

– 사회복지실천의 기본관점

1. 통합적 접근의 개념 및 등장 배경

통합적 접근은 이전에 사회적 상황에 따라 개인에 초점을 맞추는 경우와 사회에 초점을 맞추는 사회복지실천에서 벗어나 클라이언트의 문제는 개인 내에서의 문제에 기인하는 부분도 있고, 사회의 자원분배의 불균등과 같은 사회문제에 기인하는 부분도 있고, 나아가 사회환경과 개인 간의 상호작용이 균형 있게 이루어지지 못함으로써 야기될 수도 있다는 입장이다.

클라이언트를 다양한 개인 · 가족 · 집단 · 지역사회와 관련을 맺고 살아가는 '환경 속의 인간 내지는 상황 속의 인간(person-in environment/situation)'으로 보고, 클라이언트의 문제를 클라이언트 개인과 환경과의 관련성 속에서 일어나는 삶의 문제(problem-in-living)로 이해하고, 다양한 수준에서 체계적 · 복합적 · 총체적으로 접근 · 개입하는 것이다. 개별적 접근(인간의 변화)의 한계를 넘어 다양한 인간체계(환경, 다양한 관계체계의 변화)에 대한 개입이 이루어져야 한다는 것이다. 클라이언트의 문제는 클라이언트 개인과 환경의 관련성 내에서 발생했기 때문에 문제해결도 개인과 환경의 관련성 내에서 이루어져야 한다는 것이다. 개인과 환경의 상호작용에 초점을 둠으로써 개인, 개인환경의 고유 영역 및 사회적 기능 수행 영역까지의 개입이 이루어짐으로써 총체적인 문제해결이 가능하다는 것이다. 다양한 인간 시스템, 즉 사회, 공동체, 이웃, 복합적인 조직, 집단, 가족, 개인 등을 변화시켜 사회적 기능을 최대화한다는 것이다.

따라서 방법론에서도 개별사회사업, 집단사회사업, 지역사회조직사업 등으로 분리된 종전의 방법론에서 통합방법론 또는 방법의 통합화(개인, 집단, 지역사회에 제기되는 문제에 대처하는 데 활용할 수 있는 공통된 하나의 원리나 개념을 제공할 수 있는 방법의 통합)를 추구한다는 것이다. 개인의 문제도 개인이 가족을 포함한 집단, 지역사회와 상호작용과정에서 나타난 결과이기 때문에 개인의 사회적 기능 향상뿐 아니라 집단과 지역사회의 기능 향상을 도모해야 한다는 것이다. 특별히 개별사회사업, 집단사회사업, 지역사회조직사업으로 구분해서 접근할 것이 아니라 세 가지 방법론을 함께 활용해야 한다는 것을 의미한다. 또한 방법의 통합화나 일원적인 통합방법론은 클라이언트의 문제에 대한 접근에 있어서도 공통적이거나 일반적인 원칙과 기술, 과정 등이 제공되어야 한다는 것을 의미한다. 사회복지실천의 본질적인 개념, 활동, 기술, 과업 등에 어떤 공통적인 기반이 있음을 전제로 한다(어떠한 대상이라 하더라도 공통의 접근원칙 · 원리, 기술, 과정이 있다는 의미).

그러면 사회복지실천의 공통적인 기반은 무엇인가? 모든 방법론, 접근법에 적용될 수 있으며 다양한 문헌으로부터 도출한, 현장에 적용될 수 있는 6단계 실천과정은 다음과 같다. ① 계약 성립, ② 문제의 사정과 정의, ③ 목표의 정의 및 클라이언트와의 계약에 맞는 서비스 계획, ④ 서비스 제공 ⑤ 집단 및 단일체계기술로부터의 결과평가, ⑥ 이의 결과를 다음의 실천에 적용하기 위해 피드백 제공 등이다(사회복지대백과사전, 1999 : 2608). 또한 통합방법론에서는 인간문제와 삶의 조건, 사회적 조건 등의 환경과의 상호 관계성을 인정하고 있고, 다양한 이론적 방법을 적용한다. 다양한 문제의 맥락과 상황에 따라 그 접근방법을 달리 적용하고 있고, 어떤 특정한 이론에 국한되지 않는 개방적인 사정을 한다. 맥마흔(Maria O'Neil McMahon, 오창순 외 역, 2001)은 통합적 사회복지실천을 특징짓는 요소로 ① 문제에 대한 초점, ② 다차원적 접근[1], ③ 문제해결과정[2], ④ 이론과 개입의 개방적 선택, ⑤ 생태체계적 관점 등을 들고 있다.

1920년대 이후 사회복지실천은 사회적 상황에 따라서 개인 변화를 강조하기도 했고, 사회 및 사회환경의 개혁을 강조하기도 했고, 진단주의와 기능주의 간의 경

1) 실천의 수준에 따라 미시(micro, 일대일의 수준, 개인적 수준), 중범위(mezzo, 집단), 거시(macro, 지역사회, 조직, 제도나 사회 수준의 대규모 실천)를 포함한다.

2) Perlman은 문제해결과정의 기본적 구성요소로 문제확인, 클라이언트의 감정확인, 문제의 원인과 결과에 대한 조사, 해결방법과 대안의 모색, 계획이나 행동에 관한 선택이나 결정 또는 변경 등으로 포함하면서 자신의 문제해결과정이 실제로 '정상적인 생활과정'에서 나타나는 어떠한 문제의 해결에건 적용될 수 있다고 말한다(McMahon, 오창순 외 역, 2001).

쟁이 계속되어 왔지만, 프로이트의 정신분석이론의 절대적인 영향을 받아 왔다. 의료모델(의료 - 질병모델)에서는 클라이언트를 치료받아야 할 질병이 있는 병리적 인간으로 취급했고, 과거 경험을 중시하였고, 단선적인 인과관계를 설정하여 클라이언트 문제의 원인은 개인의 정신내적인 요인에 있다고 믿었고, 문제를 세밀하게 분석하여 원인을 규명하고 제거함으로써 문제를 해결하고자 했다. 환경적 요인에 대한 관심이 낮았다.

그렇지만 1960년대 이후부터는 전문가들이 의료모델의 효율성에 대해 의문을 가지게 되었고, 제한된 특정 문제 중심의 개입을 해 온 전통적 방법이 현대사회의 복잡한 문제상황에 대해 적절히 개입하기 어렵다고 판단하게 되었다. 현대사회의 급속한 변화, 다양성과 복잡성의 증가 등으로 클라이언트의 문제도 단순한 원인을 가지지 않고, 다양한 관계체계 내에서 일어난다는 것이다. 따라서 개인과 환경을 함께 고려하고, 개인과 환경에 대한 동시적인 접근은 물론이고 개인과 환경의 상호작용이 원만하게 이루어져야 함을 강조하기에 이르렀다. 스텀프(Stump, 1973)는 전통적 접근방법의 사회복지사는 클라이언트의 생활상의 문제에 대해 전체적으로 개입하기보다는 사회복지사의 입장에서 적절히 처리할 수 있는 문제만을 부분적으로 잘라내어 원조(제한된 특정 문제 중심의 개입)하는 형식을 취해 왔다고 주장했다(전재일, 1981 재인용).

2. 사회복지실천의 주요관점

1) 일반체계론적 관점

일반적으로 체계[3]는 상호의존적이며 상호작용하는 부분들로 구성된 전체이다. 일반체계론에서는 체계를 '살아 있는 생명체로서의 유기체'로 본다. 살아 있는 생명체로서의 유기체는 다음과 같은 성질을 가지고 있다(우리 몸을 생각해 보자).

첫째, 전체는 부분으로 이루어졌지만 단순한 부분의 총합 이상의 성질을 가지고 있다. 상호작용을 통해 부분의 합 이상의 그 무엇을 만들어 낸다는 의미이다. 총체적 성질을 가지고 있다.

둘째, 부분과 부분은 전체적으로 연결되어 있다. 따라서 한 부분에서의 변화와 긴장은 다른 부분 또는 전체의 변화와 긴장을 가져올 수 있다. 체계는 그 구성부분들 간의 연결성과 상호교류기능을 가진다.

셋째, 체계는 항상 내·외적인 균형 상태를 유지한다. 체계에 대해 일시적인 긴장이나 불균형 상태가 있다 하더라도 체계는 자동조절적 메커니즘으로 인해 균형 상태를 찾아간다(역동적인 균형·평형 상태, dynamic equilibrium). 새로운 균형 상태는 처음 원래의 균형 상태와는 다른, 변화된 균형 상태인 것이다. 체계를 구성하는 부분들은 부분들 나름대로 부분들의 관계를 유지시키고 쇠퇴, 붕괴하지 않으려고 에너지(항상성, homeostasis[4])를 계속 사용해서 안정 상태(steady state)를 가져가려고 하지만, 또한 체계는 생존을 위해 외부환경과의 관계에서 끊임없이 변화와 운동의 과정 내에 있어야 한다. 체계의 경계를 넘어서 수용된 외적 자극을 적절히 융화시켜 외부와의 관계에서도 역동적인 균형 상태를 유지해 간다. 체계는 변화와 안정성이 공존하는 역동적인 균형 체계인 것이다.

'체계가 균형 상태를 유지한다'는 것은 '부분의 총체는 어느 정도의 지속성과 경계를 가진 전체'라는 말과 상통한다(내외적 균형 → 나름의 정체성). 체계는 항상 외부에 대해 지속적인 어떤 모습을 보이려하고, 보이게 된다. 외부에 대해 구별되는 독특한 정체성을 가진다. 이는 체계의 경계(boundary)를 말한다. 체계는 어느 정도 지속적인 자신의 독특한 경계를 가지면서 균형을 유지하여 외부에 대해 정체성을

3) 사전적 의미는 일정한 원리에 따라서 낱낱의 부분이 짜임새 있게 조직되어 통일된 전체

4) 항상성(homeostasis)은 외부환경과 생물체 내의 변화에 대응하여 생물체 내의 환경을 일정하게 유지하려는 현상(에너지)을 말한다. 추운 겨울날 체온이 정상 이하로 떨어지면 체내에서는 체열을 외부로부터 빼앗기지 않기 위해 땀구멍을 닫고 몸을 움츠리게 하여 체온을 보호하는 것을 예로 들 수 있다.

가지려 한다는 것이다. 외부물질이나 에너지에 의한 변화의 과정에서도 체계는 경계와 새로운 균형을 유지하려 한다.

넷째, 체계의 부분들은 여러 방식으로 상호 연결되어 있고, 각 부분들은 전체 체계의 하위체계를 형성하고, 각 부분들(하위체계)은 활동이나 에너지 기능들에 있어서 상위체계에 의존한다. 상위체계는 하위체계에 방향을 제시해 준다(위계의 개념, hierarchy). 한 개인은 심리적 · 생물적 · 육체적 체계로 구성된 상위체계이면서 사회체계(집단, 조직 또는 지역사회) 내의 한 구성요소로서 간주될 수 있다.

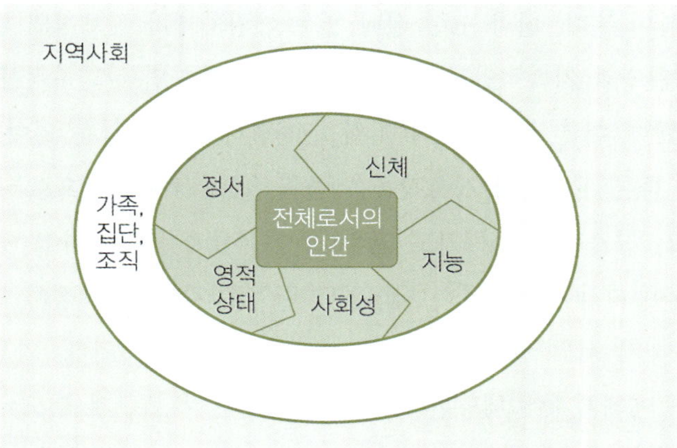

[그림 5-1] 전체로서의 인간(Brill, 1985 : 27) 참고 변형

(1) 체계의 구조적 특성

살아 있는 체계는 정보와 에너지 교환을 통하여 조직되고 기능하는, 물질과 에너지로 구성되는 체계로 간주된다. 이 체계는 시간과 공간 속에 존재하며 외부환경으로부터 구별 짓는 독특한 정체성을 제공하는 경계를 가진다(장인협, 1996(上) : 69). 경계는 선택된 구성요소를 둘러싸고 있는 관념적 구분선이고, 이 선을 기준으로 에

너지나 정보의 교류가 이루어진다. 경계는 명확성(clarity), 투과성(permeability), 유연성(flexibility) 등의 성격을 가지고 있다(엄명용 외, 2000 : 90).

개방체계는 어느 정도 외부의 에너지와 정보의 투과성이 높은 경계를 가진, 유연성이 높은 체계이다. 발전에 필요한 정보나 에너지를 충분히 받아들임으로써 성장이 왕성할 수 있고, 다양성을 가질 수 있어 각 부분 요소들의 잠재적 능력이 최대한 발휘될 수 있다. 체계이론에서는 체계의 환경과의 상호교환 및 교류를 가정하고 있기 때문에 체계를 개방체계로 본다. 개방체계는 환경으로부터 투입을 받아들이며, 산출을 생산하여 환경으로 보낸다. 환경 및 그 환경과의 상호교류가 체계의 존립에 기본이 된다. 만약 어떤 살아 있는 개방체계가 진보적인 발전을 위하여 다른 체계 및 환경과 지속적인 상호교류를 필요로 한다면 사회복지사의 주요한 기능은 모든 사람에 대한 상호교환의 기회를 제공하고 유지하는 일이 될 것이다.

폐쇄체계는 다른 체계들과 상호작용을 하지 않고, 외부환경으로부터 투입을 받아들이지 않고, 산출을 생산하지도 않는다. 폐쇄체계를 구성하고 있는 부분들은 시간이 지나감에 따라 구성원들 사이의 구별이 없어지게 되며 점차 동일성을 띠게 된다. 따라서 체계 내의 조직구성 및 그 기능이 쇠퇴하게 된다. 외부와의 접촉이 단절된 가족이 폐쇄체계에 해당된다. 이러한 가정은 부부관계 부모－자녀관계, 또는 자녀들 간의 관계상황에 대해 외부로부터의 충고나 간섭, 도움 등이 차단되어 있기 때문에 내부의 기능이 쇠퇴하게 되고 역기능이 일어날 경우 회복될 가능성이 매우 희박하다.

전체체계와 부분체계는 상대적인 개념이다. 특정체계는 그 체계를 구성하고 있는 보다 작은 체계의 입장에서 보면 전체 체계인 동시에 그보다 큰 체계의 입장에서 보면 그 큰 체계의 부분 또는 구성분자가 되는 현상을 홀론(holon[5])현상(체계의 이중적 성격)이라고 한다. 이러한 속성들로 인해 작은 체계들은 그들 속에 보다 큰

5) holon=holos(그리스어, 전체)+on(개개의 존재), 생물체는 개개 세포가 자주적으로 활동하면서 독자적인 기능을 발휘하는 한편 그러한 개개 세포가 조화를 이루어 전체를 구성한다는 의미

체계의 특성을 편입시키기도 하고 큰 체계에 동화되기도 한다. 즉, 개인 속에서 개인을 둘러싼 환경의 특성이 발견된다는 것이다(각 부분 속에 전체의 속성이 발견된다). 그리고 개인 주변 환경은 개인들의 속성의 일정 부분을 포함한다는 것이다. 따라서 초점체계를 중심으로 그 체계를 구성하고 있는 하위체계들의 기능 및 속성, 그 초점체계를 포함하고 있는 상위체계들의 기능 및 속성들을 파악해야 할 것이다(엄명용 외, 2000 : 91-92).

(2) 체계의 변화 특성

모든 체계들은 생존하기 위해서 안정성, 질서 그리고 일관성을 필요로 한다. 현재의 상태를 유지하기 위해서 애쓰는 것을 '항상성(homeostasis)'이라고 한다(Collins · Jordan · Coleman, 이화여자대학교 사회복지연구회 역, 2001). 체계는 체계의 목표와 통합성을 유지하기 위해 부분들의 관계를 유지하고, 쇠퇴해서 붕괴하지 않게 하려고 에너지를 계속 사용한다(항상성). 내적인 에너지를 사용하여 내적인 질서를 유지하는 이 같은 상태를 체계의 안정 상태(steady state)라고 한다.

그렇지만 체계는 주변 환경에 적응해 생존해 가기 위해서 끊임없는 변화와 운동의 과정 속에 있다. 체계의 이러한 움직임(행동, 운동)은 목표지향적이다. 개방체계로서 외부환경의 변화에 따라 그 정체성과 움직임 등을 끊임없이 변화시켜 역동적인 균형 · 평형상태(dynamic equilibrium)를 유지시키려고 노력한다. 체계는 효과적인 활동에 필요한 질서와 구조를 유지하면서도(안정 상태) 그 가운데서 끊임없이 변화하고 움직여 간다.

체계는 한편으로 현재의 상태를 유지하기 위해 노력하지만, 다른 한편으로는 계속해서 성장하도록 압력을 경험하고 변화하는 외부환경과 부분 요소들의 성장욕구(예를 들어 가족원들의 성장 욕구, evolving needs)에 반응하여 변화 · 발전한다. 그 과정에서 안정과 변화라는 서로 상반된 욕구 사이에서 균형점을 찾기 위해 노력하고, 안정성을 유지하기 위해 필요한 행동이 무엇인지, 그리고 발전을 위해서 필요한 행동이 무엇인지에 따라 변화해 간다는 것이다(Collins · Jordan · Coleman, 이화여자대학교 사회복지연구회 역, 2001). 그럼으로써 새로운 항상성에 이르게 되고, 또 변화하게 되는 것이다. 사회복지사는 모든 체계들이 안정과 변화 사이에서 균형을 유지하려고 노력하고 있다는 것을 알아야 하고, 체계들이 새로운 항상성을 성취하고, 유지해 갈 수 있도록 돕는 노력이 필요하다. 내적인 질서가 흐트러진 상태에서 내적 질서를 찾을 수 있도록, 외부변화에 적응할 수 있도록 해서 균형을 유지할 수 있도록 도와주어야 할 것이다.

(3) 체계의 행동적 특성

체계는 외부로부터 에너지, 사물, 정보를 투입(input) - 전환(throughout) - 산출(output) 과정을 통해 받아들이고, 내보낸다. 투입체는 일단 체계 내부로 들어오면 체계의 기능 수행을 위해 활용되는데 이 단계를 전환이라 한다. 체계는 환경에 적극적으로 반응해 어떤 결과를 만들어 낸다(산출). 이 결과물은 다시 환경에 직접적으로 영향을 미칠 수 있으며, 다른 체계에 대해 투입으로 작용하는 동시에 그 자체에 대해 피드백을 통해 다시 투입으로 작용하게 된다. 체계는 산출을 평가해서 더욱 강화하거나 수정할 수도 있다. 피드백을 통해 새로운 행위를 산출하거나 기존의 행위를 수정하는 자기조절적 행위를 통해 자신의 목적을 달성하게 된다.

체계는 시간이 경과함에 따라 체계 내 · 외부와의 관계에 있어 반복적인 상호작용 패턴을 발달시키게 되는데 이러한 반복적 상호작용 패턴을 행동규칙이라고 한다. 체계를 구성하고 있는 하위체계들 간의 반복적 · 일상적 상호작용 행위를 말하는데 모든 사람이 인식하고 이해하는 명시적인 규칙이기보다는 암묵적인 규칙이다. 체계의 구성원들이 어떻게 행동해야 할 것인지에 대한 암묵적 합의사항이다. 규칙은 유연성 또는 경직성을 가질 수 있다. 체계가 가지고 있는 상호작용 패턴이 유연해야 다양한 환경이나 상황 속에서도 체계가 잘 적응하여 생존할 수 있을 것이다. 따라서 사회복지사는 체계의 규칙을 찾아내어 그것의 기능(순기능과 역기능)

을 분석해 보아야 한다. 많은 경우 체계의 변화는 체계 내에 존재하는 행동 패턴의 변화를 통해 이루어질 수 있다(엄명용 외, 2000 : 95-96).

(4) 체계론적 관점의 유용성

체계론적 관점은 인간과 환경 즉 생물이나 무생물이거나 모든 형태의 물체들이나 현상들을 체계(상호의존적이고 상호작용하는 부분들로 이루어진 전체)로 본다는 것이다. 이 체계의 전체는 단순한 부분들의 합 이상의 총체적 성질을 가진다. 따라서 인간과 환경에 대해 총체적인 사정과 개입이 이루어져야 한다는 것이다. 총체성은 전체(the whole)를 구성하는 부분들이나 수준들의 전부 all(예: 욕구의 전체)에 대한, 그리고 그것들의 상호의존 및 관계에 대한 인식에 기반한(예: 욕구의 상호의존성) 균형적 입장에서의 완전성(totality, total entity)을 의미한다. 따라서 인간과 환경에 대한 사정과 개입에 있어 부분들 전체(all)에 대한 접근과 부분체계들 간의 관계, 부분체계들과 전체체계와의 상호작용 및 관계의 복합적인 상황을 분석해야 한다는 것이다.

체계이론은 그 자체가 지식의 실체는 아니며 사회복지사들이 취할 수 있는 행동에 관한 처방도 갖고 있지 않다. 단지 우리에게 분석도구를 제시해 줄 뿐이다. 자료를 검토하고 조직하는 방법을 제시하고 있다. 자료의 조직을 위한 준거틀로서 문제해결에 도움이 되는 질문과 접근방법을 제시하고 있다. 이는 원인에 대한 단선적인 접근을 포기할 것과 그 분야의 모든 부문 간 상호관계의 이해와 상호작용의 초점을 요구하고 있다.

의료모델에서는 클라이언트를 치료받아야 할 질병이 있는 개인으로 취급하고, 클라이언트의 문제 원인이 개인의 정신내적 요인에 있다고 믿었으며 인간의 정서, 사고, 행동의 문제를 정신질환으로 규정한다. 개인의 여러 영역의 내적인 기능을 정상적인 기능과 비교해 클라이언트의 기능을 병리적인 것으로 간주한다.

이에 비해 체계론적 관점에서는 체계와 관련된 체계의 본질과 상호관계내용, 분리된 부분으로보다는 총체적 인식을 가능하게 해 준다. 따라서 개인에 대한 인과관계 설정에서 개인과 사회환경 간의 관계에 초점을 맞출 수 있도록 한다. 체계요소들 간의 상호작용과 다른 체계들 간의 상호교류내용 및 형태를 살필 수 있음으로써 병리의 일차적인 초점 또는 변화의 일차적인 표적으로서 개인이나 사회에 초점을 두는 경향을 피할 수 있게 한다.

체계론적 관점은 자료 수집과 사정의 방법에 영향을 줄 뿐 아니라 개입을 위한 다양한 가능성을 제시해 준다. 체계의 한 구성요소에 영향을 주는 것은 다른 모든 구성요소에 영향을 준다는 사실을 이해하면, 개입의 가능성도 크게 증대한다.

체계는 다양한 하위체계를 포함하고, 상위체계에 관련되어 있다는 점을 감안할 때 사회복지사는 우선 클라이언트체계(도움을 요청)의 확인이 있어야 할 것이다. 다음으로 클라이언트의 하위체계뿐 아니라 다른 체계 내지는 상위체계들과의 관계의 양과 질적인 부분의 확인을 통해 변화되어야 할 체계(표적체계, 목적달성을 위해 변화시킬 대상체계)의 확인이 있어야 할 것이다. 그리고 변화 노력에 포함되어야 할 행위체계(변화에 공동으로 노력할 수 있는 모든 체계)를 찾아내고 행위체계의 요소 및 하위체계의 결정 등이 이루어져야 할 것이다.

(5) 사회복지실천과 관련된 체계

사회복지사는 실천현장에서 만나는 클라이언트체계들이 자신들의 문제를 해결해 가도록 도움을 제공하는 과정에서 클라이언트체계들과만 활동하는 것이 아니라 클라이언트체계의 문제에 영향을 미치는 주변의 많은 체계들 그리고 그 주변체계들과 클라이언트체계들 간의 상호작용 양상에 관여하게 된다. 예를 들어 비행청소년의 경우, 클라이언트체계는 비행청소년이 될 수도 있고, 그의 부모가 될 수도 있는데, 이 비행문제를 해결하기 위해서는 청소년 개인체계 자체에 대한 개입뿐 아니라 그 부모체계, 학교체계, 동료체계, 청소년쉼터나 청소년상담실 등의 타 기관체계, 검 · 경찰체계, 보호관찰체계 등에 대한 개입 그리고 이 모든 체계들과 청소년체계와의 교류 양상에 대한 개입이 있어야 한다.

핀쿠스와 미나한(Pincus & Minahan, 1973)은 1970년대 초반 통합적 방법을 직접적으로 활용할 수 있는 **4체계모델**을 제안했고, 사회복지사가 실천현장에서 함께 활동하게 되는 복잡하고 다양한 체계들을 네 종류의 체계로 분류하여 제시했다. 변화매개체계, 클라이언트체계, 표적체계, 행동체계이고, 콤프톤과 갤러웨이(Compton & Gallaway, 1999)는 여기에 전문가체계를 추가하였다(엄명용 외, 2000 : 97-100).

핀쿠스와 미나한(Pincus & Minahan)에 따르면 '인간은 환경 속의 인간'으로 만족한 삶을 위해서는 주변 환경의 다양한 자원체계(도움체계)와 적절하고도 원만한 균형을 유지해야 하고, 이 관계가 존재하지 않거나, 이 관계가 원만하지 못하거나, 이 관계를 충분히 활용하지 못하는 경우 문제를 가지게 된다는 것이다. 따라서 사회복지사는 이러한 주변 자원체계와 클라이언트와의 상호작용을 향상시킴으로써 문제를 해결하도록 도와야 한다. 주변 자원체계는 가족이나 친구, 동료와 같은 비공식 자원체계와 지역사회집단이나 협회와 같은 공식적 자원체계, 병원과 학교와 같은 사회적으로 별도의 다른 기능을 수행하면서도 도움을 제공하는 사회적 자원체계를 포함하고, 사회복지사는 이러한 자원체계들과의 상호작용을 원만하게 하기 위해 4가지 체계(클라이언트체계, 표적체계, 변화매개체계, 행동체계 - 클라이언트의 자원체계와의 관계를 적절하게 유지할 수 있도록 원조하는 데 관여하는 체계)를 명확히 할 필요가 있다는 것이다.

4체계모델은 사회복지실천에 있어 공통적인 개념, 기술, 과업이 있다는 전제를 가지고, 포괄적이고 전체적인 관점에서 클라이언트체계를 사정할 수 있는 기초를 제공하고, 사회복지사로 하여금 인간과 그의 (비)공식적 자원체계 간의 연결에 초점을 두게 한다(양옥경 외, 2000). **4체계모델**은 기존의 이분법적인 사고(미시 대 거시 등)를 뛰어넘어 사회복지사는 여러 수준의 다양한 체계들과 연결되어 일해야 한다는 점을 강조하고, 클라이언트 주변 체계를 끌어들여 클라이언트의 문제해결능력과 대처능력을 조성할 수 있어야 한다는 의미를 담고 있다.

① 클라이언트체계

클라이언트체계(the client system)는 서비스나 도움이 필요해 사회복지사에게 도움을 청하거나 묵시적·명시적 계약을 맺은 체계를 말한다. 때로 클라이언트체계가 누구인지 분명하지 않은 경우가 있다. 추운 겨울에 난방 보일러를 켜지 않은 채 겨울을 나려고 하는 열악한 주거 상황에 처한 노인을 보호하기 위해 정기적으로 그 노인을 방문하여 노인에게 밑반찬을 제공하거나 난방서비스를 제공하는 사회복지관의 사회복지사, 또는 가정도우미 활동의 경우 클라이언트체계는 막연한 국가나 사회가 될 수 있다. 특히 노인이 도움을 직접 요청하지 않았을 경우는 더욱 그렇다.

② 행동체계

행동체계(the action system)는 사회복지사의 변화 노력(활동 목적)을 달성하기 위해 상호작용하면서 공동으로 노력하는 모든 체계들이다. 이웃, 가족, 학교, 동료, 전문가, 청소년단체 등이 포함된다.

③ 표적체계

표적체계(the target system)는 사회복지사가 그 활동 목적을 달성하기 위해 변화시킬 대상이다. 클라이언트체계가 변화의 대상인 경우는 클라이언트체계가 곧 표적체계가 된다. 하지만 클라이언트의 가족체계가 변화 대상인 경우는 가족이 표적체계가 된다.

④ 변화매개체계

변화매개체계(the change agent system)는 클라이언트의 문제 상황에 변화를 가져오기 위해 그 문제와 관련된 여러 가지 체계를 확인해 내고, 그 체계들과 함께 노력하기 위한 계획을 수립하며, 그 계획을 실천에 옮기기 위해 노력하는 체계를 말한다. 사회복지사가 변화매개체계일 수 있고, 사회복지사가 속해 있는 사회복지관, 상담실, 각종 쉼터, 치료기관 등도 변화촉매체계일 수 있다.

⑤ 전문가체계

전문가체계(the professional system)는 사회복지사의 전문성을 강화하거나 위상을 높이기 위해 노력하는 사회복지사협회나 사회복지교육협의회, 사회복지기관들의 연합으로 구성된 체계인 한국사회복지협회와 같은 체계가 해당된다.

사회복지사의 활동은 지금까지 살펴본 체계들 중 어느 한 체계와 활동하는 경우보다는 여러 가지 체계들과 동시에 활동하는 경우가 더 많다. 이렇게 서로 다른 체계들과 동시에 활동하게 될 때 사회복지사들은 다음의 네 가지 중요사항을 살펴야 한다.

첫째, 클라이언트체계를 확인한다. 둘째, 클라이언트체계에 영향을 미치는 하위 또는 상위체계를 찾아서 활동의 주요 초점이 되는 체계, 즉 표적체계를 확인한다. 셋째, 변화 노력에 참여하게 될 행위체계를 확인한다. 넷째, 사회복지사의 활동에 직·간접으로 도움을 제공하고 후원할 적절한 전문가체계를 확보한다.

key point

- 체계의 성질 : 총체성, 부분 간의 연결성, 균형 상태 유지, 체계 간 위계 형성
- 구조와 작용 : 개방체계 · 폐쇄체계, 끊임없는 변화와 운동 추구, 반복적 상호작용 패턴 발달
- 구성 : 클라이언트체계, 행동체계, 표적체계, 변화매개체계, 전문가체계

2) 생태체계론적 관점

생태체계적 관점(eco-system perspectives)은 생태학의 개념과 일반체계이론을 기반으로 하여 파생된 개념이다. 생태학으로부터 개인과 환경 사이에 존재하는 상호적응(mutual adaptation, 상호교류)의 개념을 가져왔고, 일반체계이론으로부터 체계와 관련된 다양한 개념들을 가져왔다. 생태체계적 관점에서 '체계들'과 '생태학'이 통합되는 것은 사람들을 '체계로', 그 사람의 환경들도 '체계로', 그리고 사람과 환경 사이의 순응과 상호작용(상호교류)을 '생태학적으로' 간주하기 때문이다(McMahon, 오창순 외 역, 2001). 생태계에서 유기체와 자연환경 간에 적절한 교류와 조화로움이 있듯이 환경 속의 인간들의 삶도 생태계에서와 같이 인간과 환경 간에 상호 조화로움과 상호적응·교류가 이루어져야 한다는 것이다. 생태체계적 관점에서는 인간과 환경적 힘들이 상호 적응하는 방법이나 내용에 초점을 맞춘다.

생태체계적 관점에서는 자연환경에서 생물들과 무생물적인 환경(빛·공기·토양·온도·물 등)이 밀접한 관계를 맺으며 서로 영향을 주고받는 하나의 계(체계)를 생태계라고 하듯이 인간과 환경 간의 상호교류체계를 생태체계로 본다. 생태체계는 모든 생물의 단위와 무생물적 요인들을 포함하며, 사람들과 그 사람들이 상호작용하는 모든 체계, 그리고 그 사람들과 체계 간의 교류와 함께 더 큰 환경을 포함한다. 따라서 생태체계적 관점에서는 인간의 삶이 이루어지는 생태환경 내에서의 모든 부분들 간의 상호교류와 적응양상을 포함해야 한다.

특히 생태체계적 관점은 여러 가지 부분들 간, 인간(유기체)과 환경(들) 간의 접촉면의 경계에서 발생하는 상호작용과 교류를 강조하고, 대부분의 스트레스나 문제는 이 접촉면에서 비롯된다고 본다. 따라서 개입 시 인간과 환경만을 보는 것만으로는 충분하지 않고 접촉면에서의 교류양상을 보아야 하고, 사회복지실천도 이 공유 영역에서 이루어져야 한다는 점을 강조한다(McMahon, 오창순 외 역, 2001).

생태체계론적 관점은 사람과 환경을 이루는 여러 체계들 사이의 복잡성과 다양성을 반영하고 있고, 일반체계이론의 주요 개념들을 그대로 받아들이고 있지만 일반체계이론보다는 구체적이고(일반체계이론은 추상성이 높은 것으로 평가), 인간주의적(실제 생활 속에서 살아가는 인간의 문제에 관심을 가짐), 실천적인 차원을 더하여 사회복지실천을 위한 이론 틀로서 보다 유용성을 갖는다. 생태체계론적 관점은 환경 속의 인간이라는 관점을 강화시켜 주고 명확화시켜 준다.

(1) 생태학의 기본개념

생태학(ecology)은 생명체의 행태 즉 유기체와 환경 간의 상호관계를 이해 · 연구하는 생물과학이다. 유기체들의 환경과 적응적인 과정, 역동적 평형과 상호성을 이루는 방식에 관심을 갖는 과학이고(Germain, 1973; McMahon, 오창순 외 역, 2001 재인용), 중심개념은 적응(adaptation)과 상호성(reciprocity)이다. 환경과 유기체가 역동적인 평형 상태를 유지하면서 성장하는 과정에 관심을 둔다. 즉 종(種)들이 어떻게 환경에 적응해가며, 종(種)들이 어떻게 환경을 활용하며 그것을 파괴하지 않고 자신의 요구에 맞게 변형시킴으로써 자신을 유지하는가, 그리고 그러한 적응과정이 환경의 다양성을 어떻게 증진시키며, 생명을 지지하는 환경의 속성을 어떻게 향상시키는가를 이해코자 하는 것이다(장인협, 1996: 82).

생태학은 살아 있는 유기체 간의 관계들 - 여기서는 인간과 그를 둘러싼 환경의 모든 요소들 - 에 관심을 갖는 과학이다. 그것은 유기체와 환경이 어떻게 최적 상태나 적응적인 균형을 획득하는가에 관심을 가지며, 또한 왜, 어떻게 하여 그 일이 실패하는가에 대해서도 마찬가지의 관심을 갖는다(Germain & Gitterman, 1979, McMahon, 오창순 외 역, 2001 재인용).

인간과 환경 간의 상호관계에 관심을 두는 생태학에서 기본개념은 첫째, 인간과 환경 간에 일어나는 상호교류(transaction)에 관한 것으로서 적응, 호혜성, 상호 관련성, 적응적 적합성, 스트레스, 대처 등이다. 둘째, 인간의 특별한 속성(인성 변수들 personality variables, 환경에의 적응능력)에 관한 것으로서, 연관성, 능력, 자존감

(정체감)과 자기조절(자율성, 자기규제 능력) 등이다. 셋째, 환경의 특징(인간의 환경에 대한 적응을 위한 자양분 제공 능력·속성)에 관한 것으로 인간의 성장발달을 촉진하는 자극과 자산 같은, 인간에게 적응을 위해 자양분을 제공하는 환경들이다.

① 적 응

적응(adaptation)은 개인 대 환경의 적절한 결합을 의미한다. 개인은 환경에 적절하게 적응해 가기 위해서는 환경의 요구에 따라 개인의 변화 및 개인 요구의 변화가 있어야 한다. 개인의 요구와 사회환경적 요구가 균형을 이룰 때 그 적합도(적응적 적합성, a goodness of fit)는 높아질 수 있다. 상호적합이 잘 이루어진 상태에서는 인간과 환경이 상호 긍정적인 영향을 주고받으면서 상호적응적 기능이 향상되는 반면 적응이 잘되지 않은 상태에서는 개인 건강의 파괴와 사회적 기능의 위축 등으로 개인의 성장과 발전이 지체되며, 환경도 손상을 입게 된다.

때로 적합성은 다른 유기체를 희생하여 얻어지기도 하는데 그럼으로써 갈등과 차별적인 힘의 문제가 생기기도 한다. 적응은 인간이 환경과의 조화수준의 유지와 증대를 위해 사용하는 지속적·변화지향적·인지적·감각적·지각적·행동적 과정이다. 적응은 환경을 변화시키기 위한 노력, 개인 자신을 변화시키기 위한 노력, 환경과 개인 모두를 변화시키기 위한 노력, 이러한 노력의 결과로 발생한 변화에 적응하기 위한 노력들 모두를 포함한다.

② 호혜성

유기체는 발달과 생존을 위해 필요한 자극과 자원을 환경으로부터 받으며, 호혜(reciprocity)적으로 환경은 생명체의 산물을 통해 보다 분화되고, 보다 많이 그리고 보다 다양하게 생명체를 지원할 수 있게 된다(장인협, 1996 : 83).

③ 스트레스

인간과 환경 간의 복잡한 상호작용 속에서 일상적인 적응적 균형 또는 적응적 적합성상에 혼란(균형의 혼란 상태)이 일어나는 것을 생활 속의 스트레스라고 한다. **생활모델**(Germain & Gitterman)에서는 스트레스를 욕구 또는 능력과 환경적 자원(특성) 간의 불일치로 생기는 심리사회적 긴장 상태로 본다. 생활 스트레스 요인에 대한 내적 반응이며, 감정적 · 생리적 불안 상태가 그 특징이다. 스트레스 요인과 연관된 부정적인 감정에는 불안, 죄의식, 분노, 공포, 우울, 무력감, 절망이 있으며 이러한 부정적인 감정은 일반적으로 연관성, 능력, 자존감과 자기조절 수준이 낮은 데서 비롯된다. 더 나아가 생리적 · 감정적 · 사회적 기능장애를 유발할 수도 있다. 긴장이나 스트레스는 생활의 변천(발달상 변화, 지위와 역할에서 변화, 위기에 의해서 일어나는 변화), 환경의 압박, 대인관계과정의 문제 등의 생활 영역에서 일어난다.

모든 생활의 변천은 자아상, 세상을 바라보는 방식, 인지지각 및 감정에서 나온 정보의 처리, 타인들과의 관계양식, 환경자원의 활용 그리고 목표의 변화를 요구한다. 이들 모두가 생활공간의 재구조화를 요구하는데 이러한 과정 속에서 긴장이 발생한다(Germain & Gitterman, 1980 : 77-99, 장인협, 1996(下) 재인용). 환경의 압박 예를 들어 사회의 기회구조(인종, 계급, 성, 연령 등에 의해 특정집단에 폐쇄적) 또는 관료적 조직의 냉혹한 절차구조 등은 개인에게 긴장을 가져다줄 수 있다. 친구나 이웃이 없거나, 비반응적이면 고립이나 갈등이 초래된다. 또한 적절하지 못한 물리적 환경은 위험으로부터의 불충분한 보호, 시설의 결핍 등으로 개인에게 긴장을 가져다줄 수 있다. 그리고 가족이나 집단 내에서 대인관계나 의사소통양식이 적절하지 못해 가족이나 집단이 제대로 환경의 변화에 적응하지 못할 경우 개인은 긴장을 가질 수 있다.

생활모델은 1970년대 초 저메인과 지터맨(Germain & Gitteerman)이 생태체계론적 관점에 기반하여 개발한 사회복지실천모델이다. 이 모델에서는 문제를 개인의 성격 때문에 발생하는 것이 아니라 생활의 맥락 안에서 파악하여, 생태체계 요소들 간의 상호작용의 결과로 본다. 생활 영역에서 긴장과 스트레스가 여러 가지 문제를 야기한다는 것이다. 따라서 생활과정(life course) 안에서 환경과 개인의 상호작용을 조화롭게 함으로써 문제를 해결해 가도록 해야 한다는 점을 강조한다.

이 모델에서는 스트레스를 강조하는데, 모든 스트레스 상황이 실제 스트레스를 유발하는 것은 아니라고 본다. 개인적으로 환경적 상황에 대해 어떻게 인식하는가 또는 외부세계에 대한 인지능력에 따라 좌우된다. 사회복지실천의 목적은 환경과 개인의 상호교류가 적응적이도록 하기 위해 개인의 적응능력을 강화하고 환경에 영향을 주는 것으로 보고 있다(조휘일 · 이윤로, 1999). 따라서 생활모델은 생활의 성장과 발달 및 문제해결의 힘을 강화하는 측면의 접근을 한다. 인간의 욕구와 환경자원 간 적응 및 조화수준의 향상을 개입목표로 해서 생활과정에서 강점, 건강지향, 선천적인 지향, 지속적인 성장잠재력 발견과 환경의 수정, 개인 · 가족 · 집단 · 지역사회에서의 인간과 환경과의 조화수준 증대에 초점을 둔다.

④ 대 처

대처방안은 생활스트레스 요인에 의해 발생된 요구를 다루기 위해 고안된 특별한 행동이다. 대처방안은 부동성, 부정적 감정을 조절하려는 노력과 특별한 생활스트레스 요인에 의해 요구된 효과적인 문제해결 방법을 획득하고자 하는 노력을 포함한다. 성공적인 대처는 다양한 환경적 · 개인적 자원에 달려 있다. 흔히 개인과 환경과의 변화의 질을 발전시키고 연관성, 능력, 자존감, 자기조절의 수준을 높이면 개인과 환경의 조화 수준은 상승한다(사회복지대백과사전, 1999 : 850).

⑤ 연관성, 능력, 자존감, 자기조절

연관성(human relatedness)은 관계형성과 관련된 것으로 애정, 우정, 긍정적 친척관계, 지지적인 사회적 네트워크를 형성하고자 하는 감정과 관련된다.

능력(competence)은 White(1959)에 의하면 '환경 속에서의 인간의 성공적인 경험들의 총합'이다. 자기효능감으로 해석해 볼 수 있을 것이다. 자기효능감은 개인이 어떤 결과를 얻는 데 필요한 행동을 성공적으로 수행할 수 있다는 신념이고, 스스로 할 수 있다는 자신감을 가지게 하며 성취할 수 있는 동기를 부여하고 도전감을 갖게 한다. 생활 속에서 자기환경에 효과적인 영향을 끼쳐 좋은 결과를 가져온 경험이 많을수록 능력을 가지게 된다. 모든 유기체는 선천적으로 생존을 위해 환경에 영향을 끼치도록 동기화된다고 전제한다(사회복지대백과사전, 1999 : 850 재인용).

자존감과 자기정체성은 자아개념에서 가장 중요한 부분이다. 자신이 능력 있고, 존경받고 있고, 가치 있다고 느끼는 정도이고, '나는 누구인가'에 대한 확실한 인식을 말한다. 높은 수준의 자존감은 본질적으로 만족과 즐거움을 준다. 낮은 자존감은 자신에 대한 존경의 부족 및 부적합, 열등, 결핍된 애정, 무가치의 느낌을 반영하며 간혹 우울한 감정을 느끼게 한다.

자기조절(자율성, autonomy)은 자기 자신을 통제할 수 있는 수준, 자신의 결정에 대한 책임감, 타인의 요구와 권리를 존중하는 행동에 대한 능력이다. 내면적인 요구에 대한 구속으로부터 상대적으로 자유롭고, 외면적 세계의 요구들에 대한 구속으로부터 상대적으로 자유로운 상태를 말한다. 자율성의 두 영역은 호혜적이다. 방어가 너무 강해 내면적 욕구에 더 이상 접할 수 없게 되면, 그 사람은 환경에 대한 자율성을 잃게 되어 환경적 요구에 수동적으로 적응하게 되고, 어떤 이유로 환경과의 유대를 적절하게 유지하지 못하게 되면 그 사람은 내면세계에 대한 자율성을 상실하는 위험에 놓여 자폐증적 상태에 놓이게 된다(장인협, 1996(上) : 87).

생태학의 기본개념을 간략히 요약하면, 생물학적 종들은 생존을 위해 환경에 적응해야 한다는 점 그리고 환경에 적응한다는 것은 환경과의 상호교류가 조화롭게 이루어져 적응적 적합성을 이루어 간다는 것이다. 환경과 적응적 균형을 이루어가기 위해서 생물학적 종들은(사회복지실천의 장에서 개인) 자신을 변화시키기도 하고, 환경을 의도적으로 변화시키기도 한다. 이 과정에서 적응적 균형을 잃게 되는 스트레스 상황이 나타날 수 있다는 것이고, 이 스트레스 상황에서 생물학적 종은 대처해 가야 한다는 것이다. 이 스트레스의 상황과 개인과 환경변화에 대한 요구는 사회복지실천과정에서의 실천대상인 것이다.

스트레스 상황과 개인과 환경변화에 대한 요구에 대처하는 과정에서 효과적인 대처가 이루어질 수 있도록 사회복지사는 개인과 환경 면에서의 원조가 있어야 한다. 때로 개인의 독특한 특성인 연관성, 능력, 자율성, 자존감 등의 부분에 개입이 있어야 할 것이고, 사회환경과 물리적인 환경이 개인의 요구에 적합할 수 있도록 개입해야 할 것이다.

(2) 생태학의 사회복지실천에 대한 기여

생태학적 사실들, 즉 생물학적 종(種)은 생존을 위해 환경체계와 상호작용하게 되고, 그 과정에서 최대한 적응적 적합성을 이끌어 내고자 노력하고, 사회복지실천현장에서도 이러한 생물학적 종(種)들의 생존활동이 클라이언트들의 삶에서 구체적으로 적용되기 때문에 클라이언트의 삶을 분석하고, 사정하는 데 개인과 환경의 상호작용(상호교류) 측면 또는 체계 간 공유 영역에 대한 고려가 전제되어야 한다는 것이다. 생태학은 생물학적 종들이 환경에 적응해 가는 과정 또는 상호 교류하는 과정에서 긴장이나 스트레스가 유발되고, 이에 대처해 가는 모습을 통해 사회복지실천의 방향 및 다양한 개입의 가능성을 확보해야 한다는 점을 부각하고 있다.

또한 생태학은 사회복지실천에 있어서 단선적인 사고에서 벗어나 생태학적 사고[6]를 할 수 있도록 해 주었다. 사회복지실천이 발전을 거듭하는 동안 두 가지 역사적 전통, 즉 개인의 변화에 영향을 미치는 지식, 기술의 강조와 환경의 변화에 영향을 미치는 지식, 기술의 강조를 통합하는 어려움을 겪어 왔다. 이러한 어려움을 극복하고자 사회복지실천에 대한 공식과 기술적 개입을 재검토하기에 이르렀고, 사회복지실천의 공통적인 지식기반을 확보하기 위해 노력해 왔다(통합적 접근).

6) 생태학적 사고는 조직화된 체계에서 한 구성요소의 행위가 다른 구성요소의 행위에 영향을 주고, 이것이 다시 최초 행위에 영향을 미치는 과정이 되풀이되는 순환적 양상(유기체와 환경의 상호작용)에 기반해 있는 사고 경향이다.

이러한 역사적 상황에서 도입한 생태학은 사회복지실천에 대해 단선적이고, 일대일적인 세계관에서 도출된 과거의 의료-질병모델보다 훨씬 유용하고, 두 가지 경향의 지식, 기술을 통합하는 데 더 유리한 관점을 제시했다고 볼 수 있다. 의료-질병모델은 인간의 문제와 요구를 인간 내부에 두어 그 인간이 속해 있는 사회적 과정을 모호하게 하는 경향을 가져왔었다.

생태학적 사고는 사회복지사가 고통의 원인을 단지 심리적인 과정이나 외부환경에만 돌리는 극단적인 사고를 배제시킨다. 저메인과 지터맨(Germain & Gitterman, 1987)은 생태학적 관점으로부터 "인간의 욕구와 문제 등은 인간 혹은 환경 자체의 산물이 아니라 상호교환의 산물로서 보는 것"을 강조한다(이영분 외, 2001 : 89).

(3) 생태체계론적 관점의 유용성

생태체계론적 관점은 사회복지실천에 있어서 일반적으로 적용될 수 있는 관점을 제공해 주고, 문제현상을 사정, 평가하기 위한 이론적 준거틀을 제공해 준다. 일반체계론적 관점처럼 역시 생태체계론적 관점도 특정 개입방법이나 기술을 제시해 주지는 않는다. 그렇지만 일반체계론적 관점보다는 구체적이고, 인간주의적이고, 더욱 실천적이라고 볼 수 있다.

생태체계론적 관점은 문제에 대한 총체적인 이해를 가능하게 해 준다. 문제사정 시 문제와 관련된 거의 모든 체계들과 접촉하여 정보를 얻어내므로 깊이 있는 사정과 평가를 가능케 한다. 그리고 생태체계론적 관점은 일반체계론적 관점이 체계 간의 상호 연관성과 교류 작용을 매우 중요시하면서도 사회복지실천의 장이 되는 체계 간의 공유 영역에 대해 충분한 설명이 없는 데 비해 체계 간의 공유 영역[7](예 : 개

7) 개인과 환경의 상호작용에 대한 사회복지사의 개입활동이 이루어지는 지점을 개인-환경의 공유 면, 접촉 면 또는 교류 면이라 할 수 있다. 공유 면은 개인과 환경 간의 상호작용 영역이고, 이 교류의 공간에서 개인 욕구와 사회환경 요구 사이의 조합이 이루어진다. 사회복지사의 활동은 개인만을 또는 환경만을 분리해서 접근하는 것이 아니라 개인-사회환경의 공유 면에서 일어나는 욕구들 사이의 조합이 원만히 이루어질 수 있도록 돕는 데 그 초점이 맞춰져야 한다(Gordon, 1969). 이러한 활동은 한편으로는 개인의 성격, 역기능, 능력 및 기술부족 등에 대해 개입하는 개인 변화 촉매인 역할이 될 수 있고 다른 한편으로

인의 요구와 가족의 개인에 대한 요구가 이루어지는 지점에서 궁극적으로 사회복지실천이 이루어진다)에 대해 적응과 상호교류라는 개념으로 그 중요성을 강조하고 있다. 특정체계의 속성과 체계 간의 상호 연관성 및 총체성의 틀 내에서 사정이 이루어지기 때문에 개입할 때도 어느 한 부분만이 아니라 전체 관련 체계에 개입하여 체계적인 변화를 가져올 수 있는 가능성을 담보하고 있다.

3. 사회복지실천의 구성요소

사회복지실천에서 기본적인 요소는 무엇인가? 우선 사회복지사가 있어야 하고, 클라이언트가 있고, 클라이언트에 대한 서비스 제공과정이 있어야 한다. 그리고 서비스 제공이 적절하게 이루어졌는지를 평가하는 과정이 있어야 할 것이다.

펄만(Perlman)은 **문제해결모델**을 보다 명확하게 설명하기 위해 사회복지실천에 포함되는 구성요소로서 4P의 개념을 제시했다. 즉, '문제(problem)'를 가진 '사람(person)'은 어떠한 '장소(place)'로부터 그 문제를 해결하기 위한 도움을 구하며, 이러한 도움은 '과정(process)'을 통해 제공된다는 것이다. 여기서 과정이란 그 사람 본래의 문제해결기능을 활용하면서 동시에 이를 향상시키고 또한 그 사람이 가지고 있던 문제해결자원들을 보완함에 초점을 둔 것이다.

4P 개념은 개입을 위한 사정과정에서 어떠한 문제를 가졌는가, 어떤 사람인가, 어떠한 도움(원조)기관이 있을 수 있는가, 어떠한 과정을 통해 도움을 줄 것인가를 분명히 할 필요가 있다는 실천적 의미를 갖는다. 이후 펄만은 사람, 문제, 장소, 과정의 네 가지 요소에 덧붙여 클라이언트와 함께 과정을 진행하는 '전문가(professional person)'의 개념과 물질적 재화, 기회, 관계, 사회적 지지 등을 지칭하는 '제공물

는 사회의 자원과 기회가 공정하게 배분되도록 힘쓰며 개인의 기본 욕구충족을 위한 각종 사회복지정책 및 행정의 변화 및 개혁을 시도하는 사회변화 촉매인 역할이 될 수도 있다(엄명용 외, 2000 : 78).

(provision)'의 개념을 추가해서 6P의 개념으로 확장시켰다(Perlman, 1986 : 254).

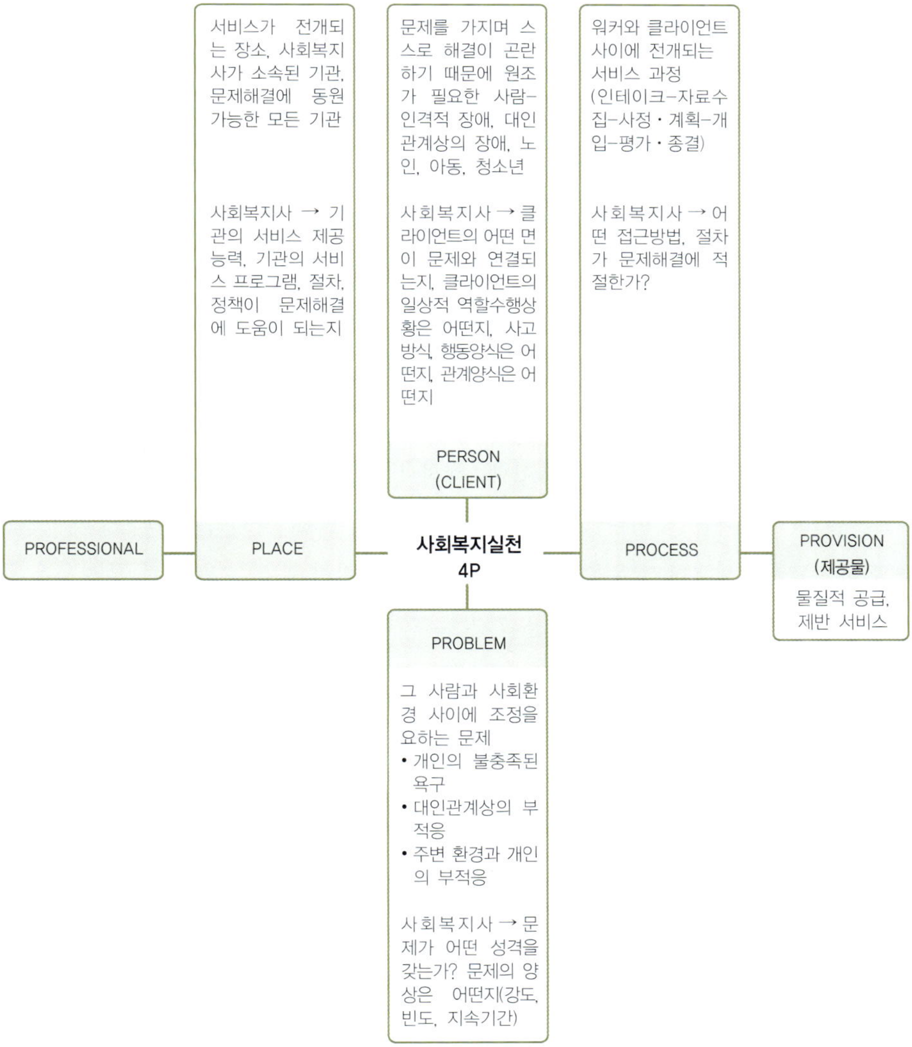

[그림 5-2] Perlman의 사회복지실천의 구성요소

문제해결모델은 1950년대 펄만(Perlman)에 의해 개발된 모델로서 인간의 삶에서 문제발생은 당연한 것이고, 삶 자체가 끊임없는 문제해결 과정이고, 클라이언트 또한 문제해결자로서 문제해결능력을 가지고 있음을 전제로 하고 있다(자아개념 중시). 그렇지만 클라이언트의 평소 문제해결능력이나 자원이 쓸모없게 되었거나 손상되었거나 부적응적인 경우(일상적인 문제해결수단이 부적절) 문제해결과정이 방해받을 수 있다는 것이다. 따라서 사회복지실천은 클라이언트의 문제해결능력을 회복 · 강화시키는 데 초점을 맞추어야 한다는 것이다.

이를 위해 사회복지사는 실천의 전 과정(문제해결과정 : 문제 확인, 클라이언트의 감정 확인, 문제의 원인과 결과에 대한 조사, 해결방법과 대안의 모색, 계획이나 행동에 관한 선택이나 결정, 또는 변경)을 통해 클라이언트의 문제해결 동기를 사정하고, 동기를 기회(문제의 완화와 해결에 필요한 원조와 자원을 이용할 수 있는 기회)와 연결하고, 클라이언트의 능력(클라이언트의 정신적 · 정서적 · 행동적 능력, 자기효능감 등)을 명확히 할 필요가 있다는 것이다(양옥경 외, 2000). 다시 말해 사회복지사와 클라이언트가 함께 문제를 해결하기 위해, 첫째, 인간을 무능력하게 하는 불안과 두려움을 줄이고, 건설적인 방어가 약화된 것을 격려로 지지하고, 보상기대를 높이며, 당면 과업에 투여할 자아의 에너지를 동원 · 활용하도록 한다(완화하는 것, 에너지 동원, 클라이언트의 변화를 위한 동기방향 제시). 둘째, 클라이언트의 정신적 · 정서적 · 행동적 능력을 반복해서 발휘하도록 훈련한다(문제를 처리하는 데 필요한 인지, 감정, 선택, 판단, 활동 등에 대한 반복 훈련). 셋째, 문제를 완화하거나 해결하는 데 필요한 도움 및 자원과 접근하도록 하는 데(Perlman, 1972) 실천노력이 집중되어야 한다는 것이다.

또한 클라이언트의 문제해결능력을 회복 · 향상시키고자 하는 실천의 목적을 위해 사회복지사는 클라이언트와 그의 상황, 사회복지개입의 기관맥락 등에 대한 사고를 조직화해야 하고, 자료를 검토하고 조직하고 개입계획을 형성하는 것을 도와주는 개념적 도구로서 4P에 대한 충분한 고려가 있어야 한다는 것이고, 클라이언트로부터 사정자료를 수집하고, 조직화하여 사정하는 데 있어 4P에 기반해야 한다는 것이다.

나아가 이 모델에서는 클라이언트에게 동기를 부여하기 위한 전문적 관계를 활용한다. 즉 클라이언트는 문제해결자로서 기능하고, 사회복지사는 클라이언트를 위해서(for)가 아니라 클라이언트와 함께(with)함으로써 클라이언트와의 지지적 관계형성해야 한다는 점(클라이언트와 사회복지사의 관계는 문제해결과정에서의 창의적 사고와 격려의 원천이 된다)을 강조한다. 분명하고 세밀한 계획과 즉각적 · 구체적인 문제에 대한 확실한 해결책을 강조하는 문제해결 접근법은 사회복지실천에서 매우 익숙하게 사용되고 있다. 사회복지사고 및 과정의 많은 부분에 완전하게 흡수되어 수많은 사회복지실천을 뒷받침하는 기초방법으로서 자리 잡게 되었다(김기태 외, 2007).

Theories of Social Work Practice

CHAPTER 06

사회복지실천의 이론적 기반

1. 행동심리이론

행동심리이론은 별도의 이론을 의미하지는 않고, 인간행동의 궁극적 추동체로 인간 내적인 심리를 가정하는 이론들을 말한다. 대표적인 이론으로 프로이트의 정신분석이론과 행동주의 이론, 인지이론, 자아심리학 이론 등이 있다.

1) 정신분석이론

프로이트[1)]의 정신분석이론(psychoanalytic theory)은 인간정신을 분석해 보면 인간의 행동을 이해할 수 있다는 입장이다. 프로이트의 정신분석이론은 ① 인간의 정신구조(정신, 마음)는 무의식, 전의식, 의식의 세 부분으로 구성된다는 것, ② 이러한 정신활동을 추동하는 에너지가 본능 또는 리비도(libido)라는 것이다. ③ 결과적으로 나타나는 퍼스낼리티 구조로서 id-ego-superego, ④ 퍼스낼리티의 발달은 유아기부터 청소년기까지 다섯 단계를 걸쳐 이루어지는데, 이 단계들 중 앞의 세 단계가 성격형성에 결정적인 역할을 하게 된다는 것이다.

프로이트는 인간의 기본적 성격구조는 초기 아동기 특히 만 5세 이전에 어떠한 경험을 하였는지에 따라 결정되며, 이러한 기본적 성격구조는 성인기가 되어서도 변하지 않고 지속된다고 보고 있어 현재보다는 과거를 중시한다. 따라서 프로이트는 '현재는 과거의 축적물에 불과하므로, 현재를 바꾸기 위해서는 과거를 변화시켜야 한다'는 가정하에 정신치료에서 개인의 기본적 성격구조를 변화시키고자 하며, 그중에서도 초기 아동기의 경험을 재구성하는 것이 필수적이라고 보고 있다(김동배 · 권중돈, 1999 : 176).

1) 지그문트 프로이트(Sigmunt Freud, 1856-1939)는 오스트리아 신경과 의사, 정신분석의 창시자. id는 영어의 it에 해당하는 'es'라는 독일어를 라틴어로 바꾼 것. ego는 독일어 'ich(나)'에서 따왔고 super-ego는 독일어 über-ich(내 위에 있는)를 번역한 것

(1) 인간정신의 구성－의식, 전의식, 무의식

프로이트는 인간의 정신을 의식, 전의식, 무의식으로 구성된다고 보고, 인간의 정신생활, 즉 사고나 공상, 느낌, 기억, 지각과 같은 정신적 사건을 의식하는 수준이 서로 다르다고 설명한다(Hjelle & Ziegler, 이훈구 역, 1998 : 54-55).

첫째, 의식은 현재 느끼고 이해하고 알 수 있는 모든 경험과 감각을 포함한다. 인간의 정신생활의 극히 일부분만이 의식의 범주 안에 포함되고, 어떤 한순간에 경험하는 의식 내용은 잠시 동안 의식될 뿐 우리가 주의를 다른 곳으로 바꾸면 재빠르게 전의식이나 무의식으로 사라져 버린다. 의식은 성격의 아주 적고 제한된 면만을 나타낸다.

둘째, 전의식은 흔히 '이용 가능한 기억'이라고 불리고, 어느 순간에 있어서는 의식되지 않지만 조금만 노력하면 곧 의식될 수 있는 경험을 말한다. 즉, 당신이 지난주에 행한 것에 대한 기억, 당신의 주민등록번호, 당신이 살았던 도시, 당신이 좋아하는 음식, 기타 많은 과거 경험을 말한다. 프로이트가 생각한 전의식은 마음속에서 무의식과 의식 영역을 연결해 주는데, 예컨대 어떤 치료기법에 의해서 무의식 내용이 전의식으로 나오고 또 그 다음에 의식이 될 수 있다고 생각했다(무의식의 내용을 의식수준으로 끌어올려 치료 및 재구성할 수 있다는 의미).

셋째, 인간정신의 가장 깊고 중요한 부분은 무의식이다. 무의식은 정신구조 대부분을 구성하고, 인간행동을 주로 결정한다. 인간이 느끼는 공포, 충동, 억압된 기억, 소망 등이 저장되어 있는 무의식에 의해 행동이 결정된다는 것이다. 무의식의 내용들은 상황이 되면 의식적 수준으로 툭툭 튀어 올라와 분노나 갈등, 폭력의 형태로 나타날 수 있다는 것이다. 무의식의 내용은 언어화되기 어렵고, 무의식이 있다는 증거는 다만 최면에 걸렸을 때의 암시, 꿈, 의식 없이 튀어나온 말이나 행동, 불쾌한 사건의 망각 등과 같은 것들뿐이다(엄명용 외, 2000 : 114).

(2) 인간정신활동의 에너지—성적 본능과 공격적 본능

프로이트는 모든 인간행동은 본능에 의해 결정되고, 본능은 모든 행동의 궁극적인 원인이 된다고 보았다. 그리고 인간의 정신적 활동에 작용하는 에너지를 크게 삶의 본능과 죽음의 본능으로 나누었다. 삶의 본능은 생동적인 삶을 가능하게 해주고 종족번식을 책임지는 각종의 힘을 포함한다(영원한 결합을 찾는 본능으로 자기보존 본능과 성적 본능을 포함). 삶의 본능에는 성욕, 배고픔, 갈증 등의 본능이 해당된다. 삶의 본능인 성적 본능(eros)은 개체의 정신구조에서 상당히 중요한 역할을 하므로 프로이트는 이것이 성격발달에 가장 영향력이 큰 삶의 본능이라고 간주했다. 성적 본능에 내재하는 에너지의 힘은 리비도(libido, 라틴어의 소망, 욕구에서 유래)라고 부르고, 리비도는 순전히 성적 행동을 통해서 만족을 얻고자 하는 정신에너지의 일부분이라는 것이다.

죽음의 본능(thanatos, 삶을 파괴하려는 본능)은 잔인성, 공격, 자살, 그리고 살인과 같은 것을 나타내는 것이다. 프로이트(1920)는 쇼펜하우어의 말을 인용하면서 "모든 삶의 목표는 죽음이다."라고 주장했다. 인간의 삶은 결국 죽음을 향해 가고 있는 것이고, 모든 유기체는 그가 생성되어 나온, 즉 무생물의 상태로 다시 되돌아가려는 충동이 있고, 모든 사람은 전부 죽으려고 하는 무의식적인 소망이 있다는 것이다. 이러한 죽음의 본능에 따라 인간은 종종 공격적·파괴적 성향을 나타낸다는 것이다.

프로이트는 수많은 사회심리학적 현상은 두 가지 근본적인 본능, 즉 성과 공격성의 전위(전치, displacement[2]) 개념으로 설명할 수 있다고 주장하였다. 전위는 본능이 추구하는 본래의 대상(본능을 만족시켜 주는 환경 내의 사람이나 사물, 개체의 신체 내부에 있는 것) 선택이 불가능할 때 일어나는 행동상의 전환을 일컫는다. 예를 들어 아동의 사회화는 부분적으로는 부모와 사회가 부과하는 요구에 따라서

2) 만족되지 않은 충동에너지를 타인(대리물)에 돌리는 방어기제

성적 충동을 한 대상으로부터 다른 대상으로 전위한 결과로 이루어진다고 설명한다.

전위된 공격행동(displaced aggression)

어떤 행동 때문에 처벌을 받게 되면 일단 처벌자에 대한 적대감과 증오심을 가지게 되고, 그것으로 인해 처벌자를 향해 직접적인 공격행동으로 나타날 수 있지만, 주변의 만만한 대상을 찾아 해소하는 경우도 많다. 처벌을 가한 자에게 공격행동을 하기보다는 다른 대상을 찾아 분노감을 해소하는 것을 전위된 공격행동이라 한다. 아버지에게 혼난 아이가 문을 쾅 닫거나 동생을 쥐어박는 것도 일종의 전위된 공격행동이다.

– 이민규(2003)

이와 비슷하게 인종편견이나 전쟁은 공격충동의 전위로 볼 수 있다. 모든 현대문명은 성적 그리고 공격적인 에너지가 전위되어 나타난 산물이라는 것이다. 인간은 직접적이고 즉각적인 만족을 얻지 못할 때는 이러한 본능적인 에너지를 전위시켜서 다른 가능한 사람, 사물 그리고 행동에로 방출하는 것을 배우게 된다. 이렇게 하여 종교, 정치, 경제 그리고 기타의 사회적 구조가 발생된다는 것이다(Hjelle & Ziegler, 이훈구 역, 1998 : 61-63).

(3) 인간의 성격구조 – 원초아, 자아, 초자아

원초아(id)는 완전히 무의식이며, 본능과 충동의 원천으로 마음의 에너지 저장고이다. 본능은 유전된 것, 출생 시에 나타난 것, 성적인 그리고 개인 속에 고정되어 있는 공격적 본능과 같은 것 등을 포함하는 정신적 대리인이다. id는 본능에 따라 움직이기 때문에 억압을 무시한다. id는 노골적이고, 동물적이며, 조직되지 않은 것으로서 법도 모르고 규칙도 따르지 않으며 전 생애 동안 개인의 기초가 된다. id

는 쾌락의 원칙에 따르며 충동적이고 불합리한 방법으로 표현되며, 이런 행동이 다른 사람이나 자신의 보전에 미치는 영향을 전혀 도외시한다.

자아(ego)는 외부 현실과 초자아의 제한을 고려하여 id의 욕구를 표현하고 만족시키는 정신기제의 일부이다. ego는 현실원칙을 따르며, 이러한 현실원칙의 목적은 욕구를 만족시키는 적당한 대상이나 환경 조건이 성숙될 수 있을 때까지 본능적 만족을 지연시켜 개체의 안전을 보존시키는 것이다(자기보존과 안전 확보). 자아의 과업은 적응적인 전략을 통해서 달성되며 이것은 id로 하여금 사회세계의 윤리와 도덕에 맞추어 본능적인 욕구를 표현할 수 있게 해 준다. 현실원칙에 따르면 성적인 욕구는 적당한 대상과 적절한 조건이 성숙될 때까지 지연된다. 그러나 대상과 조건이 갖추어지면 그때는 쾌락원칙이 적용된다는 것이다(Hjelle & Ziegler, 이훈구 역, 1998 : 58). 인간은 사회화 과정에 있어서 자아를 발전시키는데, 이것은 합리적 · 사고적 · 타산적 부분으로서 원초아의 기본 충동을 통제하며 방향짓는다. 특히 자아는 성적 · 공격적 충동이나 욕구좌절감 등에서 오는 갈등, 긴장, 불안에 대처하기 위해 심리적 기제를 동원하는데, 이것이 자아방어기제(ego defense mechanism)이다. 프로이트가 특별히 관심을 가졌던 방어기제는 퇴행, 억압, 반동형성, 투사, 합리화 등이다(김동배 · 권중돈, 1999 : 188).

자아는 방어기제를 관장하는 곳이다. 방어기제는 불안을 감소시킬 뿐 아니라 긍정적인 사회적 결과를 가져오기도 하므로 정상인들도 자주 사용하게 되며, 자아방어기제의 사용이 적응을 도모하고 정신건강을 향상시키기도 한다. 따라서 정신분석적 치료는 방어기제의 재배치과정으로도 볼 수 있다. 그렇지만 자아방어기제는 과다하게 사용하게 되면 심각한 정신증상을 야기할 수도 있다. 한두 가지 방어기제만 편중적이고 고착적으로 과다하게 사용하는 경우 현실생활에 잘 적응하기 힘들 수도 있기 때문이다. 예를 들어 억압을 너무 많이 사용하게 되면 분노적 · 파괴적 성향이 심해질 수 있는 가능성이 있다.

초자아(superego)는 성격에서 마지막으로 발달되는 체계로서 사회규범과 행동기준이 내면화한 형태를 말한다. 아이들은 부모나 선생님들, 다른 사람들과의 상호작용을 통해서 초자아를 자기 내부에 내면화하게 되고, 초자아는 아동이 옳고 그름을, 선과 악을, 도덕과 비도덕을 분별할 수 있게 될 때 비로소 공식적으로 등장한다. 초자아는 사회적 산물인 것이다. 부모들의 기대, 집단이 인정하는 적절한 행동(아동의 사회적 세계가 확대됨에 따라 아동이 포함된 사회의 집단적 양심을 자기 속에 반영한 것) 등을 포함한다(Hjelle & Ziegler, 이훈구 역, 1998 : 59). 초자아는 양심(conscience)으로 작용하며 선과 악을 판단함으로써 원초아와 자아를 모두 조정한다. 프로이트는 초자아의 사회적 양심이 사람들을 억압적·적대적으로 위협하여 그들이 자유롭게 행동하는 것을, 자신의 원초적 욕구를 충족시키는 것을 통제한다고 본 것이다.

(4) 성격발달의 단계

발달에 관한 정신분석학 이론은 두 가지 조건을 전제로 하고 있다. 첫째는 유전학적인 접근(genetic viewpoint)으로, 성인의 성격은 유아기의 여러 가지 경험에 의해 형성된다는 것이다. 둘째는 성 에너지(libido)의 상당량은 출생 시에 이미 나타나며, 그 후 일련의 심리성적 단계(psychosexual stages)를 거쳐서 발달해 가는데, 이 단계는 유기체의 본능적 과정에 그 뿌리를 두고 있다는 것이다.

프로이트는 네 가지 보편적인 심리성적 발달단계가 있고 이것이 성격형성에 결정적 영향을 준다고 가정(생후 5~6세 동안에 성격 형성에 중요한, 역동적으로 구분되는 단계 경험－남근기까지)하였는데, 즉 구강기, 항문기, 남근기, 생식기 등이다. 잠재기는 정상적으로 6~7세와 사춘기 초반 사이에 나타나며, 이 단계는 발달의 일반적 모형에 포함시키기는 하였지만, 기술적으로 말하면(technically speaking) 단계는 아니라고 프로이트는 말했다.

또한 심리성적 발달은 생물학적으로 결정된 발달단계이며, 그 발달순서와 특징은 문화유산이 어떻든 간에 모든 사람에게 공통적으로 나타나고, 각 단계에서 개인이 어떤 사회적 경험을 하느냐에 따라 각 단계에서 얻는 태도와 특성, 가치관의 형식으로 어떤 흔적을 남겨 놓는다고 보았다. 이것을 좌절과 방임의 개념으로 설명하고 있다.

좌절은 아동의 심리성적 욕구(젖을 빠는 것, 물어뜯는 것, 씹는 것 등)가 양육자에 의해 방해받아 즉시 만족되지 못하는 경우를 말하고, 방임은 부모가 아동에게 내적 기능을 이겨 나가도록 하는 훈련을 거의 시키지 않고 따라서 의존심과 열등감을 조장시키는 것을 말한다.

좌절을 갖는 아동이나 방임에 빠진 아동은 리비도의 과투여로 나타날 것이고, 과투여는 그 강도에 따라서 나중에 성인기에 이 경험이 발생한 심리성적 단계와 연관된 잔여행동의 형태로 나타난다는 것이다. 즉, 어떤 발달단계에 있었던 문제(심리성적인 갈등)가 잘 해결되지 못하게 되면 그 발달단계의 행동을 계속 유지하여 그 단계에 고착적인 성격과 태도를 보이게 된다. 따라서 이후에라도 정서적인 혹은 육체적인 긴장이 오면 고착(fixation, 초기 혹은 이전 심리성적 발달단계에 머무는 경우)된 행동(8세의 어린이가 계속 손가락을 물어뜯는 것은 구강기에 고착되어 있다는 것을 나타내며, 에너지는 그 초기 발달단계에 적합한 활동에 과투자된다)을 보이게 되는 퇴행(regression)현상을 나타낸다는 것이다. 퇴행(regression)은 심리성적 발달의 초기단계로 되돌아가는 것과 이 시기에 적합한 유아행동을 나타내는 것이다(Hjelle & Ziegler, 1981 : 38-40).

구강기(oral stage)는 출생부터 1세까지로 유아는 입에서 쾌락을 얻는다. 유아는 젖을 빪으로써 영양을 공급받으며, 배고픔의 충동을 만족시키며, 동시에 입을 움직여 기쁨을 얻는다. 생후 1년 동안은 입이 성적 · 공격적 욕구를 충족시키는 신체부위가 된다(긴장감소를 경험하는 신체부위가 구강). 구강기 고착행위는 껌을 씹는 행위, 손톱을 물어뜯는 행위, 키스, 과식, 과음, 수다 떨기 등으로 나타난다.

구강기는 젖을 빠는 시기와 이가 생기기 시작한 후반부로 구분된다. 젖을 빠는 시기에 너무 과도하거나 불충분한 양의 자극(욕구불만 : 젖을 많이, 오래 먹이거나, 제

때 수유하지 못하는 경우)이 주어지면 구강 수동적(oral-passive) 성격형태가 되는 경우가 많다. 이러한 성격의 소유자는 세상일에 낙관적이고, 타인과 신뢰의존적 관계를 가지며, 타인이 자신의 어머니가 되어 주기를 바라며, 과도하게 수동적이고, 과도한 의타심과 잘 속는 등의 특징을 갖게 된다. 유아에게 이가 생기기 시작하면 물어뜯거나 씹음으로써 어머니의 부재나 만족의 지연으로 생긴 불만을 표현한다. 구강 가학적 · 공격적(oral-aggressive) 단계이다. 구강 가학적 단계에의 고착은 논쟁적이고, 신랄하게 비꼬며, 주위의 사물들에 대해 비꼬는 양상으로 나타나며 또 이러한 성격을 가진 사람은 자신에게 필요할 때까지 타인을 이용하거나 지배한다.

항문기(anal stage)는 배변훈련이 시작되는 2세에서 3세까지의 시기이고, 리비도 에너지의 초점이 구강에서 항문으로 옮겨 간다. 유아는 대변의 배출과 보유에서 상당한 만족을 얻는다. 배변훈련이 시작되면서 유아는 자신의 욕구를 조절하고, 자기통제를 배우게 된다. 이것이 초자아발달의 시초가 된다. 배변훈련을 통해 부모-자녀 간의 문제가 제기되는데 이 문제가 잘 해결되면 유아(아동)는 권위에 대해 균형잡힌 존경을 표시하게 되며, 이 문제가 잘 해결되지 못해 이 단계에 고착되는 경우 자신에게 몰입하거나 타인을 배려하지 못하게 된다는 것이다.

부모의 대소변 가리기에서 욕구불만이 생기게 되면 과소비(지나치게 관대), 수전노(지나치게 엄격) 등의 고착적 행동이 나타나게 되고, 항문 보유적(anal-retentive) 성격과 항문 공격적(anal-aggressive) 성격을 나타내게 된다. 부모가 거칠거나 강압적이면 아이들은 배변을 참게 되어 억제, 소유적 경향을 보이고, 성인에게 이런 성격이 나타나면 고집이 세고, 인색하며 복종적이고, 시간을 엄수하며, 지나치게 청결하거나 지나치게 불결한 경향이 있다. 반대로 부모가 아이를 달래서 정기적으로 대장운동을 하게 하고 배변을 한 후 칭찬을 해 주며 목욕을 시키는 경우(배변에 대해 관대하거나 시간적으로 엄격), 아동은 이런 행동에 즐거움을 느끼고 후에 항문 공격적 성격을 갖게 된다. 이 단계에 고착되면, 잔인하고 파괴적이며, 난폭하고 적개심을 나타낸다. 애인과의 관계에서도 상대방을 근본적으로 소유의 대상으로 간주하는 경향이 있다(Hjelle & Ziegler, 이훈구 역, 1998 : 65-68).

남근기(phallic stage)는 4세에서 6세까지로 아동이 자신의 성기를 만지고 자극하는 데서 쾌감을 느끼는 시기이다. 남근기의 아동은 이성의 부모에게 성적 관심을 갖게 되면서 동성의 부모에게 성적 동일시를 하므로 남자아이는 남자답게, 여자아이는 여자답게 행동하도록 학습된다. 이때 남자아이는 어머니의 사랑을 갈망하는 오이디푸스 콤플렉스가, 여자아이에게는 아버지를 좋아하고 어머니를 싫어하는 경향을 보이는 엘렉트라 콤플렉스가 나타나게 된다. 이 같은 콤플렉스는 이성의 부모에 대한 사랑과 미움을 함께 경험하는 양가감정을 초래한다(엄명용, 2000 : 116).

남근기에 고착된 성인남자는 경솔하고, 과장되며, 야심적이다. 항상 강함과 남자다움을 나타내려 노력한다. 여성이 남근기에 고착된 경우 성관계에 있어서는 순진하고 결백해 보이지만, 난잡하고 유혹적이며 경박한 기질을 갖는다. 또한 어떤 여성들은 아주 자기주장적이어서 남성을 능가하고자 노력한다. 프로이트는 미해결된 오이디푸스 문제는 나중에 신경증의 근원이 된다고 보았고, 특히 남성의 성적 무기력과 여성의 불감증의 근원이 된다고 보았다.

잠복기 내지 잠재기는 6세부터 12세까지의 시기로 리비도는 승화되어 무성적 활동인 지적인 관심, 운동, 그리고 친구 간의 우정으로 전환된다.

생식기(genital stage)는 사춘기로부터 성적으로 성숙되는 성인기 이전까지의 시기로 심한 생리적 변화가 그 특징이다. 여러 가지 생리적 요인들로 인해 그동안 자유롭게 표출하지 못한 성적 감정들이 크게 강화되면서 잠복기 동안 억제되었던 성적·공격적 충동이 자아와 자아의 방어를 압도할 정도로 강해진다. 점차 성적 에너지의 대상이 이성으로 옮겨 가게 되고, 구애가 시작된다. 청년초기에는 홀딱 반하는 경향이 강해 쉽게 결혼 상대를 선택하게 되며 가정을 꾸미게 한다. 이성에 대한 성적 욕구는 독서, 운동, 자원봉사와 같은 다른 활동을 통해서 승화되기도 한다(엄명용, 2000 : 116-117).

(5) 사회복지실천적 의미

정신분석이론은 한마디로 인간의 정신구조와 과정을 분석해 봄으로써 현재행동의 원인을 추적할 수 있다는 의미를 가지고 있다. 정신분석이론에 기초한 치료는 퍼스낼리티 구조 내의 갈등을 찾아내고 그 갈등의 성격을 규명하며, 클라이언트의 현재 상황과 유아기 발달경험과의 관계를 탐색하여 현재와 과거와의 연관성을 구성하는 것이다(엄명용 외, 2000 : 117). 사회복지사는 심리 내적인 면에 문제의 초점을 맞추는 정신분석까지 실시하지는 않으나, 사회복지적 실천(예를 들어 방어기제를 재배치하기 위한 인식개선, 학습활동 등)을 통해 클라이언트로 하여금 자아를 발견하고 이해할 수 있도록 돕고(어린 시절 부모와의 관계에서 욕구충족되지 못한 상황을 충분히 받아들이도록 해서) 성숙한 퍼스낼리티를 가지고 사회적으로 잘 기능하도록 해야 할 것이다.

2) 자아심리학 이론

자아심리학은 정신분석학에 뿌리를 두지만 자아기능의 성장과 발달에 관심을 가지고 있다. 자아심리학에서 자아는 자율적인 자아로서 결코 id로부터 자라 나오지 않고 스스로의 성향을 가지고 나타나 계속 독립적으로 발달하는 자아이고, 자아기능의 어떤 부분도 단순히 id와 사회의 요구 사이의 갈등을 피하려는 시도에 의하여 결정되지 않는다고 본다(자아는 id나 superego와 상관없이 자율적인 기능 수행). 자아심리학은 에릭슨(Erikson)의 심리사회성격 이론(심리사회론)으로 대표될 수 있다.

프로이트가 인간행동은 무의식적인 본능적 힘에 의해 지배된다고 보는 비관적 시각을 가진 반면, 에릭슨은 인간을 합리적 존재, 창조적 존재로 보고 있다. 인간행동이 자아에 의해 동기화되고, 이러한 자아가 개인이 직면하는 갈등이나 문제에 대한 합리적인 해결방안을 탐색하고, 현실을 검증하고, 창조적으로 문제를 해결해 나가며, 실패하였을 경우에는 새로운 대안을 모색한다고 본다.

또한 에릭슨은 인간을 총체적 존재, 환경 속의 존재로 규정하고 있다. 인간은 생리 · 심리 · 사회적 총체로 보아야 한다는 것이다. 각 개인의 심리적 발달은 선천적인 유전적 요소와 부모의 양육방식, 학교에서의 경험, 또래집단과의 경험, 그 외 사회적 관계망의 관계들 간의 상호작용에 의해 결정된다는 것이다. 즉, 모든 인간이 유전적 요인을 기반으로 하여 환경적 요구에 적응하고 환경적 어려움에 도전하고 이를 극복하며, 생의 의미를 추구해 갈 수 있는 총체적인 존재로 보고 있다.

에릭슨은 인간을 가변성을 지닌 존재로 보고 있다. 프로이트는 인간의 성격은 생후 5년간의 경험이 성격의 기본구조를 형성하게 되고, 어렸을 때 형성된 성격은 성인기가 되어도 변화하지 않는다고 보고 있다. 이에 반해 에릭슨은 각 개인은 끊임없이 새로운 발달과업과 투쟁하고 인생의 전환점에 직면하여 새롭고 더 나은 자아를 획득하려 하고, 그런 가운데 성장과 변화를 하는 존재로 보고 있다(김동배 · 권중돈, 1999 : 222-223).

에릭슨은 ① 어떤 심리학적 현상이라도 생물학적 · 경험적 · 사회적 요인의 상호작용으로 이해해야 한다고 강조했고, ② 인간의 전 생애를 통한 발달변화를 강조했고, 인간발달의 여덟 단계에 대해 논의했다. ③ 병적인 것이 아닌 '정상' 혹은 '건강한' 것(정상인)에 초점을 두었고, ④ 자아정체감 확립의 중요성을 강조했다.

(1) 에릭슨의 심리사회적 발달 8단계

에릭슨은 『아동기와 사회(*Childhood and Society*)』(1963)에서 심리사회적 자아발달을 여덟 가지의 분리된 단계, 즉 흔히 인간발달의 여덟 단계라고 불리는 단계를 제시했다. 8단계는 유전적으로 결정된 순서(기본 도안)에 따라 전개되며, 발달순서는 점성적 개념(epigenetic conception, 점진적 분화, 인생주기의 각 단계는 이 단계가 우세하게 출현되는 최적의 시간, 즉 극적인 시간이 있고 그리고 모든 단계가 계획대로 전개될 때 완전한 기능을 하는 성격이 형성됨을 암시한다)에 의해 주도된다고 제시했다. 에릭슨은 각각의 정신사회적 단계는 생리적 성숙과 그 단계에 있는 개인에게 부과된 사회적 요구로부터 유발된 개인 생애의 전환기, 즉 위기를 수반한다고 가정했다.

〈표 6-1〉 에릭슨의 심리사회적 발달 8단계

단 계	시 기	긍정적 해결	부정적 해결
신뢰감 대 불신	구강기(출생~2세)	희망	공포
자율성 대 수치, 의심	항문기(2~4세)	의지력	자기회의
솔선성 대 죄책감	남근기(4~6세)	목표지향성	무가치감
근면성 대 열등감	잠복기(6~12세)	능력감	무능감
자아정체감 대 역할혼동	청년기(생식기, 12~22세)	충성심	불확실감
친밀감 대 고립감	성인초기(22~34세)	사랑	난잡
생산성 대 침체	중 · 장년기(34~60세)	배려, 보살핌	이기주의
자아통합[3] 대 절망	노년기(60세~사망)	지혜	의미상실, 절망

환언하면 인간 생활주기의 여덟 단계 각각은 발달과업(특정시기에 해결되어야 할 사회발달문제)이 있고, 이러한 발달과업이나 위기가 어떤 식으로 해결되는지에 따라 각 개인의 성격의 차이를 보인다는 것이다(성격은 각 단계의 위기를 해결한 결과이다). 위기나 갈등이 만족스럽게 해결되면 긍정적 요소가 점차 성장, 발달하게 되고, 갈등이 불만스런 양상으로 해결되면 자아발달은 손상되고 부정적 요소가 자아 속에 많이 통합된다는 것이다(Hjelle & Ziegler, 이훈구 역, 1998 : 147-148).

〈표 6-1〉에서 볼 수 있듯이, 유아기 어린이들은 보호자와의 관계가 성장에 결정적이다. 유아가 습득해야 할 과제는 신뢰하는 것, 특히 보호자가 지금 보이지 않

3) 자아통합(ego integrity)은 자신의 삶을 수용하고(자기 것으로 인정, 수용), 인생의 불가피성을 인정하고 책임지는 자세이며, 지나온 일생에 대해 의미를 부여하고, 과거의 모든 실수와 잘못을 긍정적으로 인정, 수용하는 태도를 말한다. 달성하지 못한 것에 매여 원망하거나 좌절하지 않고, 달성한 일과 행운에 감사하면서, 최선을 다해 인생을 살았다는 느낌을 포함한다.

아도 곧 돌아올 것이라는 믿음이다. 신뢰 혹은 불신은 이 단계의 잠재적인 해결책이다. 이러한 과업을 유아가 긍정적으로 해결하게 되면, 소원을 성취할 수 있다는 신념이나 확신감, 희망을 가지게 되고, 부정적으로 해결하게 되면, 공포감을 가지고 철회하는 경향을 가지게 된다는 것이다.

걷게 될 무렵에는 사회에서 필요한 정도로 동작을 통제하기, 의사소통하기, 정서와 행위를 통제하기 등을 습득해야 한다. 자율성 혹은 수치 · 의심(자기통제의 상실에서 비롯되는)이 이 단계의 양극단의 결과들이다. 이 단계에서 긍정적으로 해결하면 의지력을 가지게 되고, 부정적으로 해결하면 자기회의에 빠지는 경향을 가지게 된다는 것이다.

그 후 아동기에는 주도성 대 죄책감(사회적으로 부적절한 목표를 추구한 결과 생기는), 근면성 대 열등감 혹은 무능감 등의 과업이 이어진다. 청소년기에는 자아정체성 확립 대 정체성 혼란(역할혼돈), 성인 초기에는 사랑과 친밀감 경험 대 고립감 등과 관련된 도전이 계속된다. 성인기에는 가정과 직업을 가지고 그 각각에서 상당한 도전이 필요한 시민의 의무를 가지는데, 이때 직면하는 일차적인 사회심리적인 위기는 자손을 낳고 물질과 관념의 생산에 이바지해야 한다는 점이다. 여기서는 생산성 혹은 침체가 두 가지 잠재적인 결과다. 마지막으로 노년기에서는 심리적인 통합을 유지하느냐, 절망에 빠지느냐가 삶의 과제다(Caprara & Cervone, 이한규 · 김기민 역, 2005).

에릭슨은 생활단계에 동반되는 심리사회적 위기는 보편적인 것이며, 모든 문화에서 일어나지만, 각각의 문화에 따라 각 생활단계의 해결방안은 다르다고 가정했고, 생물학적 요인에 의해 발달이 추진되긴 하지만 개인적 정체감은 사회조직이나 사회제도, 보호자 등과 분리해서 볼 수 없다고 보았다.

(2) 자아심리학과 에릭슨 이론의 사회복지실천적 의미

자아심리학은 자아의 자율적 기능을 강조하고, 자아의 발달은 전 생애를 통해 이루어지며, 자아의 발달은 사회심리적 맥락과 개인의 생활사(life history)를 반영하여 사회의 역사와 밀접한 관련을 가진다는 점을 강조한다. 따라서 사회복지적 차원에서는 개인의 자아를 튼튼히 해야 하고, 자아정체감을 확실히 가질 수 있도록 인도해야 한다는 점, 각 발달단계에서 건전한 자아발달이 이루어지도록 지도해야 한다는 점, 자아발달의 각 단계에서 성취해야 하는 발달과제를 성취하고 있는지를 진단해서 성공적으로 성취할 수 있도록 지도해야 한다는 점, 사회환경을 적절하게 마련하여 발달단계의 발달과업을 적절히 수행할 수 있도록 지도해야 한다는 점 등의 의미를 전달받을 수 있다.

3) 행동주의 이론

행동주의 이론(behavioral theory)에서 인간행동의 대부분은 자극에 대해 반응하는 행동이며, 외부강화에 의해 학습된 행동이다. 행동은 학습에 의해 이루어진다는 기본전제를 가지고 있기 때문에 학습 이론이라고도 불린다. 행동주의 이론에서는 경험적 실증이 가능(자극-반응)하고 외부로 나타난 행동만이 연구대상이 되지, 무의식, 본능, 자아, 내면적 동기, 목적, 의도 등과 같은 경험적 실증이 어려운 것들로 인간행동을 설명하는 것을 거부한다.

모든 행동주의 이론에 동일하게 적용되는 기본가정을 제시하기는 어렵지만, 스키너(Skinner)의 행동주의 이론과 반듀라(Bandura)의 사회학습 이론에서 제시하는 기본가정을 중심으로 살펴본다.

스키너는 인간의 행동은 환경적 자극에 의해 동기화되며, 행동에 따르는 강화에 의해 전적으로 결정된다고 보았다. 즉, 환경적 자극에 수동적으로 반응하여 형성되는 행동인 반응적 행동(특정자극에 대해 자동적으로 반응을 보이는 것)과 환경적 자극에 능동적으로 반응하여 나타내는 조작적 행동(도구적 행동, 결과를 얻기 위한 행동)에 의해 인간행동을 설명하고 있다.

스키너의 행동주의 이론의 기본가정은 ① 인간의 행동은 환경적 자극에 의해 동기화되며, 그것에 따르는 강화에 의해 행동의 빈도와 강도가 결정된다. ② 인간은 자신의 행동을 통제할 수 있는 힘이 없다. ③ 외적강화가 없이는 어떠한 행동의 학습이나 수정도 이루어질 수 없다. 즉, 인간은 어떻게 행동하도록 강화되었느냐에 따라 행동하며, 인간행동의 차이는 강화 역사의 차이이다.

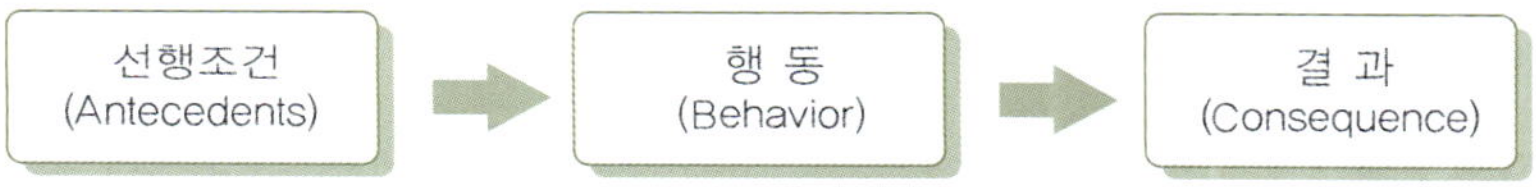

[그림 6-1] 행동주의 이론의 A-B-C

스키너는 이러한 기본가정을 가지고 인간행동에 대한 ABC 관계를 도식화하고 있다. 인간행동은 그 행동을 발현하게 하는 선행조건(Antecedents)과 행동(Behavior), 그리고 그 행동의 결과(Consequence)라는 ABC 관계로 분석할 수 있고, 특정한 행동은 그 행동의 결과에 영향을 받는다고 보기 때문에 선행조건과 결과에 조작을 가함으로써 표적행동 자체를 변화시킬 수 있다는 것이다.

떼쓰는 아이의 행동의 원인과 결과를 분석해 본 결과, 떼를 쓰는 행동 이전에 엄마가 텔레비전을 보고 있다거나 설거지를 함으로써 아이에게 신경을 쓰지 않고 있는 선행요인이 있고, 떼를 쓰게 되면(행동) 엄마는 재빨리 달려와 달래 주는 모습(결과)을 볼 수 있었다.

↓

떼쓰는 행동을 하더라도 전혀 신경을 쓰지 않는다거나(소거 : 강화를 해 주지 않음으로써 그 행동이 소멸되도록 하는 것, 무관심), 벌을 줌으로써 그 행동을 고쳐갈 수 있는 가능성이 있다.

[그림 6-2] A-B-C 관계에 기반을 둔 특정행동수정 예

반듀라(Bandura)는 대부분의 학습이 다른 사람의 행동을 관찰하고 모방한 결과 일어난다는 인식에 기반을 두고 있다. 반듀라는 외부자극이 인간행동을 결정한다는 스키너의 가정을 비판하면서 인간의 인지능력에 의한 사고의 결과 행동이 강화된다는 입장이다. 자극-반응의 관계가 없어도, 외적 강화가 없어도, 직접적으로 경험하지 않아도 행동은 학습될 수 있다는 것이다. 강화가 많은 인간행동을 통제하긴 하지만 절대적으로 통제하지는 못하며 강화의 효과는 행동과 그 결과 간의 관계에 대한 인간의 인식에 의해 좌우된다는 것이다.

반듀라의 사회학습 이론에서는 인간은 자기효율성을 성취하는 방향(자기효능감)으로 행동을 규제할 수 있다고 가정하고 있고, 새로운 행동의 학습은 외적강화 없이도 이루어질 수 있다고 본다. 즉, 모델링(본보기 행동)을 관찰하거나 대리적 강화(모방)를 통하여서도 새로운 행동의 학습은 물론 혁신적 행동도 창조해 낼 수 있다는 것이다(김동배 · 권중돈, 1999 : 335).

행동주의 이론에 의한 사회복지실천에서는 모든 행동은 학습된 행동이기 때문에 적절한 강화요인을 발견할 수 있다면 모든 행동과 태도의 변화는 가능하다는 입장에서 이론의 실천적 의미를 찾을 수 있을 것이다. 대부분의 행동은 외부자극(강화물 포함)에 의해 학습되었기 때문에 자극만 나타나면 자동으로 행위하게 된다는 것이고, 따라서 바람직하지 못한 행동을 유지시키는 외부자극으로서의 환경의 조건변화에 주력할 필요가 있다는 것이다. 행동의 선행요인과 결과를 수정하고, 클라이언트에게 도움이 되는 방식으로 환경적 조건을 변화시키는 데 행동주의 이론의 실천적 의미를 둘 수 있다. 상담현장에서뿐 아니라 사회복지실천현장에서 활용되는 반복학습, 역할극, 자기주장훈련, 분노조절훈련 등은 행동주의 이론에 그 기반을 두고 있다.

4) 인지이론

인지이론은 인간의 생각과 사고가 잘못되었기 때문에 각종 사회적 · 심리적 · 정신적 역기능 현상들이 나타난다는 것이다. 따라서 인지치료는 클라이언트의 잘못된 생각, 신념 등을 바꾸어 줌으로써 각종 역기능적 현상들을 치료할 수 있다는 것이다. 인지적 역기능과 왜곡은 사회적 수행과 적응을 방해하는 요인이 되며, 정서적 역기능과 증상을 일으키게 된다(Beck, 1976).

역기능적 행위는 잘못된 신념체계에 기반을 두고 있다는 것이고, 인간의 감정, 동기, 행동 등이 의식적인 사고과정의 결과라는 것이다. 인지이론에서 인지는 단순히 사고만을 의미하지는 않는다. 보다 넓게 사고, 지식, 개념, 의지, 목적, 의식, 상상, 계획과 전략, 신념 등 다양한 의미를 내포한다. 인지체계는 자아개념뿐만 아니라 인간의 내면에 저장된 인식의 틀, 지식, 기대, 희망, 의견 등으로 구성되어 있다(Reid, 1977).

엘리스(Albert Ellis)의 합리-정서적 치료(rational-emotive psychotherapy)에서 엘리스는 외부환경이나 자극으로부터 한 개인의 행동이나 반응에 이르는 과정에서 인지과정이 개입된다고 설명하고 있다. 소위 인지의 ABC 이론을 제시하였는데, A는 개인 앞에 놓인 어떤 사건(Activating events)이고, B는 사건에 대해 개인이 믿거나, 생각하거나, 자신에게 하는 말(Believe)이고, C(Consequence)는 감정적 결과나 정서적 반응 또는 행동인 것이다. 동일한 조건이나 자극이라 하더라도 각 사람이 나타내는 반응에는 차이가 있을 수 있는 것을 설명할 수 있는 부분이다. 예를 들어 선생님이 짓궂은 행동을 하는 것을 어떤 사람들은 사랑의 표현으로 생각하여 이후의 행동에 긍정적인 요소로 작용하고, 어떤 사람들은 미움의 표현으로 생각하여 이후의 행동에 부정적인 요소로 작용할 수 있는 것이다.

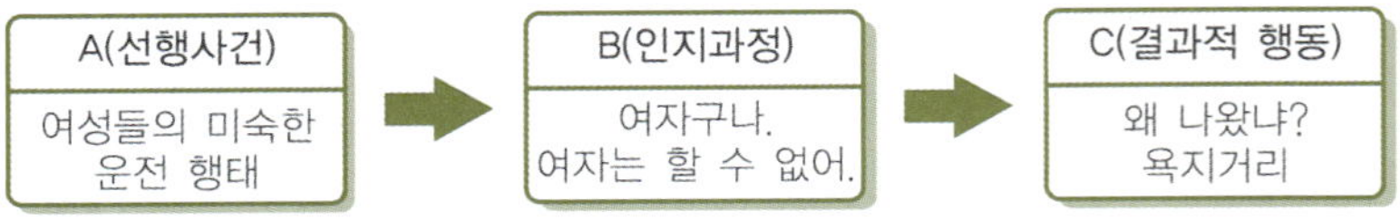

[그림 6-3] 인지이론에서의 A-B-C

그런데 인지과정에는 나름의 규칙이 존재하고, 또한 개인의 삶(과거의 영향)을 반영하는 부분일 수 있다. 이때 규칙은 각 개인들이 특정한 상황들에 어떻게 대응하여야 하는지를 지도, 안내하는 일련의 전반적인 행위노선이라 볼 수 있다(예 : 미래 · 과거지향적, 자기 탓 혹은 남의 탓 등). 이러한 규칙을 골드스타인(Goldstein, 1984 : 10)은 '사고 및 추리의 개인적 양식(personal modes)'으로, 벡(Beck, 1976 : 38)은 '내부적 신호체계(internal signals)'라고 명명했다. 사람들은 이러한 각자의 내부 신호체계에 따라서 자기 자신을 감시 또는 지시하기도 하고, 자기 자신을 칭찬하거나 비판하기도 하며, 사건을 해석하고 때로는 미래에 대한 예측을 한다(Beck, 1976).

인지이론에서는 인간을 주관적인 존재로 규정하고 있다. 인지이론에서는 객관적인 현실이란 존재하지 않으며 각 개인이 나름대로 의미를 부여한 주관적 현실만이 존재한다고 본다. 그러므로 인간본성에 대해서도 유전적 요인에 의해 결정되는 존재가 아니고, 환경적 영향을 받기는 하지만 이러한 환경적 자극을 능동적으로 재구성할 수 있는 능력을 가진 존재로 본다.

인지이론에 입각한 사회복지사는 클라이언트의 역기능적인 감정과 행동을 초래하는 비이성적인 인지체계, 믿음, 자신에게 하는 말 등을 클라이언트 스스로 변화시킬 수 있도록 도움을 제공하는 일이다. 인지재구성 전략을 통해 외부세계에 대한 잘못된 개념, 비현실적인 기대 등을 변화시키고, 자신에 대한 비합리적인 서술을 수정할 수 있도록 해야 할 것이다.

인식체계 수정 노력들은 문제를 표출하고 있는 개인의 일방적 측면에서 이루어지기보다는 그 개인과 상호작용하는 상대방이 보내는 정보의 내용을 현실적으로 검증하는 과정이 함께 이루어지면서 실시되는 것이 바람직하다. 예를 들어 가족치료과정에서 이야기치료가 이에 해당하는 부분이지만, 가족 간의 상호작용과정에서의 오해를 치료과정에서 풀어 가는 노력이 해당될 수 있을 것이다. 인지이론에 입각한 사회복지사는 역할극이나 과제 내주기, 강화, 보상, 교육 등의 행동주의적 접근법을 활용해서 인지체계를 변화시켜 갈 수도 있다(인지 · 행동모델).

2. 사회학 관련 이론

사회복지학은 "Why 학문인 사회학과 심리학"을 바탕으로 "How적 의미를 가진 학문"이다. 사회복지 대상자들의 삶의 질을 어떻게 향상시킬 것인가를 연구하는 사회복지학에서는 자체적인 발전의 가능성을 확보해야 하기도 하지만 사회학과 심리학의 이론과 연구 성과를 종합할 수 있어야 할 것이다.

사회에서 살아가고 있는 개인의 사회적 기능 향상을 통한 삶의 질 향상을 목적으로 하는 사회복지실천(론)에서도 메리 리치몬드(Mary Richmond) 이후 인간과 사회환경과의 상호작용 및 관계에 대한 논의를 계속해 왔고, 1960년대 이후 체계이론과 생태체계이론이 확대되면서 사회환경의 개인행동에 대한 영향과 개인과 환경 간의 상호작용은 각종 이론과 모델 연구에서 보편적으로 논의되기에 이르렀다. 사회구조와 사회과정에 대한 과학적 연구[4]라고 볼 수 있는 사회학의 연구업적과 사회복지실천에 대한 시사점과 의미를 충분히 모색해 볼 필요가 있다.

사회학은 인간의 사회적 삶과 사회에 대한 연구다. 사회학은 인간의 사회적 삶의 모든 부분에 관심을 가지는 아주 포괄적인 학문이다. 사회적 존재로서의 인간

4) 사람들이 어떻게 행동하고 그들 간에 어떠한 관계를 맺는가하는 데는 그 뒤에 내재하는 규칙성이나 경향성이 작용한다. 사회구조라는 개념은 이러한 규칙성을 지칭하는 것이다. 사회구조는 인간의 행위와 관계로 이루어진 것이다. 여기에 유형이 생겨나는 것은 그것이 시간적, 공간적으로 반복되기 때문이다.

의 사회적 행위와 그 총합체인 사회 간의 역동적인 상호관계를 연구하는 학문이다. 사회는 개개인의 사회적 행위의 단순한 합이 아닌 또 다른 하나의 실제(총합체)로서의 의미를 가지면서 사회 속의 개인에 대해 일정한 구속력을 가진다. 그리고 개인은 사회에 대해 일정한 영향력을 행사함으로써 사회의 변화를 가져오게 한다. 사회학은 개인과 사회와의 상호작용과 관계에 관심을 가지면서 사회의 본질이 무엇이고, 어떻게 구조가 이루어져 있는지, 어떠한 원리를 가지고 유지 · 변화되어 가는지를 연구한다. 이러한 구조와 과정 속에서 인간행위의 일반적 양식(행위 성향)과 사회구성체와의 일반적인 상호작용 유형, 일탈적 유형(불평등, 성차별, 인종차별 등) 등을 연구한다. 이러한 사회구조와 과정 내에서 클라이언트도 살고 있고, 클라이언트를 원조하는 것도 이러한 흐름 속에서 이루어진다. 사회의 구성과 과정, 개인의 사회와의 관계원리 등에 대한 연구 기반 위에 사회복지실천이 이루어져야 할 것이다.

또한 사회학은 사회 내의 필요에 의해 만들어지는 집단과 조직, 제도를 개인 간의 관계의 집합체로 인식하면서 집단과 조직, 제도의 형성과정과 원리, 개인에 대한 영향력 등을 다루고 있고, 사회의 내용물인 문화의 구성과 결과 등에 대한 논의들을 포괄하고 있다. 사회구성원들이 집단과 조직, 제도, 지역사회와 어떻게 관계를 맺고 있는가에 따라 클라이언트의 사회적 상호작용과 관계의 변화를 모색함으로써 클라이언트의 사회적 기능 수행을 향상시킬 수 있을 것이다. 지역사회의 계층적인 양상에 기반하여 지역사회를 조직할 수 있을 것이다.

사회학과 관련하여 사회복지실천에 공헌할 수 있는 내용은 사회 · 경제적 계층에 관한 개념, 지역사회의 성격 및 그곳에서 일어나고 있는 사회적 과정에 대한 개념, 가족의 역할 · 기능 · 구조 · 유형 개념, 가족 및 소집단에 관한 이론, 이데올로기 등의 개념 등이 있다. 이러한 지식들이 사회복지실천에 응용된 결과 모든 사회복지사들은 개인행동에 영향을 미치는 사회환경의 중요성(환경 속의 인간)을 인식하고, 사회구조와 지역사회의 과정을 이해하고 사회복지실천에 적용시키게 되었다(엄명용 외, 2000 : 144).

CHAPTER 07

사회복지실천의 기본적 방법

1. 사회복지실천에서의 관계

1) 사회복지실천에서의 관계의 의미와 중요성

사회복지실천에서 관계란 기본적으로 사회복지사와 클라이언트와의 관계를 말한다. 관계는 상호작용의 결과적인 모습이고 산물이므로 사회복지사와 클라이언트 간의 상호작용과정을 의미한다. 사회복지사와 클라이언트 간의 상호작용이야말로 사회복지실천 노력의 핵심이다. 사회복지사와 클라이언트 간의 상호작용은 기본적으로 사회복지사가 클라이언트를 여러 면에서 돕는 과정이다(원조과정).

비에스텍(Biesteck, 1957)은 사회복지실천에서의 관계를 “클라이언트와 사회복지사 간에 혹은 사회자원들과의 교류를 가능하게 하는 연결통로로서, 클라이언트와 그를 둘러싸고 있는 환경 간의 보다 나은 적응을 가져오도록 개인의 능력과 지역사회자원을 적절히 동원하고 활용할 수 있도록 돕는 관계”라고 설명하고 있다. 즉, 원조관계인 것이다.

사회복지사와 클라이언트 간의 관계는 일반적인 대인관계가 아니라 클라이언트의 적응과 문제해결을 돕기 위한 목적에서 이루어지는 전문적인 관계이다. 따라서 일반적인 대인관계와는 다소 구별된다.

첫째, 사회복지사와 클라이언트 간의 전문적 대인관계는 서로 합의된 의식적 목적이 있다. 클라이언트의 보다 나은 적응과 문제해결을 위한 원조목적이 그것이다.

둘째, 한정된 시간 내에서 이루어지는 관계이다. 목적이 달성되었거나 달성될 수 없다고 생각될 때는 관계가 종결된다.

셋째, 사회복지실천에서의 관계는 클라이언트의 욕구중심적이다. 일반적인 대인관계에서는 상호이익을 위해 상호작용이 이루어지지만, 사회복지실천에서 사회복지사는 자신의 이익보다는 클라이언트의 이익을 위해 헌신한다.

넷째, 전문적 관계는 현재 진행 중인 사례에 대해 객관성을 유지하고 자기 자신의 감정, 반응, 충동을 자각하고 그 책임을 진다는 의미에서 개방된 관계가 아닌, 통제된 관계이다(Johnson, 1995, 이영분 외, 2001 재인용). 클라이언트의 적응과 문제해결의 목적을 성취하기 위해 뚜렷한 객관성을 유지해야만 하는 관계인 것이다.

또한 클라이언트와의 전문적 관계에서 윤리적으로 주의할 점은 이중적 관계를 만들거나 관여하지 않는다는 것, 즉 사회복지사와 클라이언트 간에 전문적인 원조관계 이외에 또 다른 의무나 기대를 가져서는 안 된다는 것이다. 예를 들어 클라이언트와 데이트, 돈이나 아파트를 빌리거나 빌려 주는 것, 개인 일에 클라이언트의 힘을 빌리고 그 대가로 돈을 지불하는 것, 물건을 파는 것 등을 들 수 있다. 그리고 클라이언트와 성적 연애관계에 휩쓸리지 않아야 할 것이다(Sheafor, Horejsi, & Horejsi, 1997 : 234-235).

사회복지실천에서 관계는 라포(rapport)라는 말로 표현되기도 한다. 사회복지실천에 있어 사회복지사와 클라이언트 간의 관계는 좋은 관계를 전제로 한다. 사회복지실천의 목표를 달성하는 데 있어 좋은 관계는 어떠한 접근법을 따른다 하더라도 중요하게 요구된다. 특히 기능주의적 접근이라든지, 인본주의적 접근에 있어서는 더욱 중요하게 작용한다. 사회복지사와 클라이언트 간의 좋은 관계 속에서, 즉 편하고 따뜻한 정서적 분위기 속에서, 상호신뢰의 감정(클라이언트는 사회복지사의 권위와 능력을 믿고, 사회복지사는 클라이언트의 잠재적인 능력을 인정하는 관계)을 가지게 되면 클라이언트는 마음을 쉽게 개방하고 방어의 벽을 풀며, 이를 통해 사회복지사와 클라이언트는 함께 목적을 향해 협력하게 된다.

사회복지실천에서 이 같은 좋은 관계가 이루어지기 위해서는 학자들에 따라 다양한 의견을 보이지만, 일반적으로 감정이입, 수용, 존경, 진실성, 명확한 커뮤니케이션, 관심 등이 중요하게 논의되고 있다. 인본주의학파에서는 감정이입적 이해, 무조건적인 긍정적 존중, 일관성 및 진실성을 강조한다.

2) 관계의 기본원칙

비에스텍(Biesteck, 1957)은 『*Casework Relationship*』이라는 저서를 통해 사회복지실천에서의 관계의 일곱 가지 원칙을 심리사회적인 문제를 가진 사람들의 일반적인 욕구에 기초하여 설명하였다. 이러한 욕구에 사회복지사가 민감하면서도 적절한 반응을 함으로써 원조과정이 성공적으로 이루어진다고 보았다.

〈표 7-1〉 관계의 기본원리

클라이언트의 욕구	관계의 기본 원리
한 인간으로서 취급받고 싶어 하는 욕구	개별화
자신의 감정을 표현하고자 하는 욕구	의도적인 감정표현
표현된 감정에 대해 동정적 이해와 반응을 구하는 욕구	통제된 정서적 관여
가치 있는 인간으로서 인정받기를 원하는 욕구	수용
자신의 처지와 곤란에 대해 심판이나 비난을 받고 싶어 하지 않는 욕구	비심판적 태도
자신의 생활에 관해 스스로 결정하고 싶은 욕구	클라이언트의 자기결정
자신에 대한 정보가 가능한 한 비밀이 유지되기를 원하는 욕구	비밀보장

(1) 개별화

각 개인들은 각기 다른 생활경험과 환경을 가지고, 각기 다른 외적 · 내적 동기, 유전적 요소, 내면적 특성을 가진 존재이다. 따라서 인간은 누구나 각기 다른 인간으로, 세상에서 오직 단 한 사람으로 취급, 인정받고 싶어 하는 욕구가 있다. 좌절과 실패, 소외, 인정받지 못하는 데서 오는 부정적인 감정 등을 가지고 있는 클라이언트들에게 있어서 이러한 욕구는 더욱 크다고 볼 수 있다. '장애인들은 대체로 이러한 특성을 가진다 또는 노인들은 저러한 특성을 가진다는 식이 아니라 어떤 독특한 특성을 가지고 있는 그 장애인'으로 취급받고 싶어 한다는 것이다. 그러면 그렇게 개별적인 존재를 인정해 주고 그렇게 취급해 주면 될 것이다.

개별화(individualization)란 클라이언트 개개인의 독특한 자질을 알고 이해하는 일이며, 더 나은 적응을 위한 원조에 있어서 각 개인마다 상이한 원리나 방법을 활용하는 것이다. 독특한 개인으로 인식한 개입 및 실천이 이루어져야 한다는 것이다.

노인에게 취하는 치료형태 중 가장 널리 이용되는 방법의 하나가 생애회고법이다. 생애회고는 과거 회상이 중심 요소이지만 단순한 과거를 기억하는 것보다는 광범위하며, 가족앨범, 족보 등을 이용하여 노인의 자전적 정보를 알아내어 그것들을 순서대로 정리하게 하는 것이 중요하다. 그렇게 함으로써 내면적 갈등, 가족관계, 성공과 실패에 대한 결정, 죄의식의 해결, 노인 자신의 가치에 대한 정화 등과 같은 혜택을 얻을 수 있다. 생애회고는 개별적으로 시행할 수도 있고, 집단적으로 시행될 수도 있다. 그러나 노인대상자에 따라 생애회고가 고통스럽거나 절망적일 수 있으므로 이러한 경우 사회복지사는 노인대상자에 대한 상당 기간의 정서적 지지가 필요할 것이다.

개별화를 위해 사회복지사는 다음과 같은 점을 생각해야 한다.

첫째, 사회복지사는 인간에 대한 편견이나 선입견으로부터 자유로워야 한다. 편견이나 선입견이란 고정관념 등에 영향을 받아 클라이언트를 미리 판단하는 것을 의미하는데, 장애인들은 일반적으로 내적 갈등이나 사회의 편견에 대한 상처가 있을 것이라고 생각하는 경향이나 가정적인 어려움이나 성장과정이 좋지 못하면 내적 갈등 또는 외적 모순이 있을 것이라고 생각하는 경향에서 벗어나야 할 것이다. 또한 사회복지사의 경험에 의한 전문가적 판단은 클라이언트의 상황과 문제에 대해 중대한 오해를 가져올 수 있다. 예를 들어 알코올중독자나 동성애자들, 실직으로 인한 부랑인들을 경험한 사회복지사의 경우 비도덕적 · 비윤리적 · 사회적 낙인으로 인해 모든 알코올중독자나 동성애자, 실직자들에게도 같은 시각으로 대하는 경우가 있다. 이때 클라이언트에 대한 개별적인 접근이 제대로 이루어지기가 어려울 것이다.

둘째, 클라이언트를 전체적인 관점에서 바라볼 필요가 있다. 클라이언트가 속한 환경적 특성(환경적 측면에서 개별적 특성)뿐 아니라 통합적 존재(신체, 심리, 사회적 존재)로서의 클라이언트 특성에 충분히 관여할 수 있어야 한다. 실천과정에서 클라이언트의 개별화에 치중하다 보면, 클라이언트가 속해 있는 환경과 같은 전체적인 관점을 소홀히 하는 경우가 있다. 학력이 높고, 다른 사람과 잘 어울리지도 않고, 감정노출을 하지 않는 독거노인에 대해 감정적인 부분에 치중함으로써 신체적 욕구를 이해하지 못하는 경우도 있다.

셋째, 사회복지사는 클라이언트의 개별적인 특성을 충분히 알고, 이해할 필요가 있기 때문에 경청은 물론이고, 감정이입적 이해, 수용, 진실성 등이 요구된다.

넷째, 사회복지사는 클라이언트가 개별적으로 취급되고 있다는 사실을 인식할 수 있도록 해야 하는데, 이를 위해 클라이언트에 대한 세심한 배려가 이루어져야 할 것이다. 면접시간을 정하는 데 있어서 클라이언트의 상황에 맞춰 적절한 시간에 약속을 정한다든지, 면접장소를 정하는 데 있어서도 사적인 보호가 가능하도록 배려하는 것 등을 들 수 있다. 또한 개별적인 면접시간 약속을 철저히 지키고, 면접에 대한 사전준비를 한다든지, 클라이언트에 대한 조사와 사정, 개입에 클라이언트를 가급적 참여, 관여시키는(기관의 서식에 클라이언트가 직접 기입하도록 하는 경우) 것 등이 포함될 수 있다.

(2) 의도적인 감정표현의 원리

의도적인 감정표현(purposeful expression of feeling)이란 클라이언트로 하여금 자신의 감정을 자유롭게 표현하도록 하는 것이다. 특히 자신이 비난받게 될지도 모르는 부정적 감정을 자유롭게 표현하게 하는 것이다. 비난받게 될지도 모르는 부정적 감정은 부정적 자아상, 세상에 대한 불신감, 분노의 감정, 본능적 욕구, 좌절감, 소외감의 감정, 사랑과 인정을 받지 못하는 데서 오는 침체감 등 다양할 것이다. 그리고 클라이언트는 이러한 부정적 감정을 표현함으로써 자신의 사생활이 드러날 수 있을 가능성, 자신의 무능이 드러날 수 있는 가능성, 다른 사람으로부터의 비난, 타인에게 자신의 부정적인 면이 알려지는 것에 대한 두려움이 있다.

클라이언트의 문제가 어떤 종류의 것이든 모든 문제에는 감정적 요인이 내포되어 있기 때문에 클라이언트가 자신의 감정을 자유롭게 표현할 수 있도록 돕는 것은 사회복지실천의 중요한 부분이다. 감정표현은 클라이언트를 스트레스나 긴장에서 완화시켜 주며 이에 따라 자기 문제를 보다 분명하고 객관적으로 볼 수 있도록 도와준다. 클라이언트가 자신의 고민과 무거운 짐을 사회복지사의 지원을 받아 함께 풀어 나가기 때문에 심리적으로 안정감을 회복할 수 있게 된다. 경우에 따라서는 클라이언트의 부정적 감정이 진정한 문제가 될 수도 있기 때문에 사회복지사의 적절한 감정표현유도는 치료적 가치가 크다.

또한 감정표현과정과 내용을 통해 클라이언트가 문제에 대해 어떻게 생각하고 있는지, 어느 정도 집착하고 있는지, 궁극적인 문제가 무엇인지에 대한 실마리를 파악함으로써 클라이언트에 대한 조사, 사정에 유리하다. 특히 부정적인 감정 표현은 자신의 부정적인 감정을 밖으로 개방하는 것이기 때문에 클라이언트와 사회복지사 간의 관계를 더욱 긍정적인 방향으로 이끌어 갈 수 있고 그럼으로써 문제해결을 가능하게 할 수 있는 유익한 사회복지실천관계의 요소이다.

사회복지사는 클라이언트의 자유로운 감정표현을 위해 편안하고 허용적인 분위기를 이끌어 가야 할 것이다. 안정된 환경조성은 물론이고 경청, 수용과 감정이입, 정서적 지지와 격려, 클라이언트가 사용한 용어나 짧은 문구를 반복해 주는 등의 감정표현 격려 등을 통해 허용적인 분위기를 만들어 가야 한다. 편안한 분위기 속에서 클라이언트 자신의 이야기를 자기 방식대로 말할 수 있도록 해 주어야 한다. 특히 클라이언트의 부정적인 감정과 생각들에 대해 비난하지 않는다는 것을 클라이언트가 느낄 수 있도록 해야 할 것이고, 표현한 내용에 대해 너무 성급한 해석 혹은 너무 많은 해석을 함으로써 클라이언트의 감정이 혼란스러워지는 것을 피해야 한다.

또한 사회복지사는 클라이언트에게 '모든 사람은 자기에게 중요한 사람이나 사물에 대하여 부정적 감정을 가질 수 있다는 것, 사회복지실천의 관계 내에서는 이러한 감정을 표현해도 좋다는 것, 클라이언트에게 도움이 되고 싶다는 것'을 알려주는 것이 필요하다(이영분 외, 2001 : 107).

(3) 통제된 정서적 관여 및 몰입의 원리

통제된 정서적 관여 및 몰입(controlled emotional involvement)은 표현된 감정에 대해 동정적 이해와 반응을 구하는 클라이언트의 욕구를 채워 줄 필요가 있다는 것이다. 일반 사람들도 자신이 감정을 표현했는데 상대방이 몰라주거나, 반응이 없으면 감정표현을 후회하거나, 더욱더 큰 상처를 받게 된다. 하물며 각종 상처나 부정적인 감정을 가진 클라이언트 또는 구체적 서비스를 필요로 하는 클라이언트는 그러한 욕구가 더욱 강할 것이다. 따라서 사회복지사는 표현된 클라이언트의 감정에 민감할 필요가 있고(민감성), 그 감정이 클라이언트에게 어떠한 의미를 가지는지를 이해, 수용하고(감정이입적 이해), 적절히 반응(사회복지사의 반응)해 줄 필요가 있는 것이다. 그렇지만 클라이언트의 감정에 지나치게 관여, 몰입하여 사회복지사와 클라이언트 간의 원래의 목표나 객관적인 관점을 잊어버려서는 곤란하다는 것이 통제된 정서적 관여인 것이다. 적정한 거리를 유지하면서, 객관성을 잃지 않으면서, 클라이언트의 욕구나 구체적인 서비스 요구에 따라서 정서적 관여나 몰입의 방향이 설정되어야 한다는 것이다.

민감성(sensitivity)이란 인간의 존엄성에 기초하고 있는 것으로서 클라이언트의 감정을 이해하는 실마리이며 지표이다. 사회복지사의 민감성은 클라이언트의 감정을 잘 관찰하는 것과 경청하는 것에서 비롯된다. 클라이언트가 감정을 정확한 언어로 표현하지 않는다 할지라도 비언어적인 표현들에 충실하여 표현의 강도, 주저함, 음성의 억양, 얼굴표정이나 자세, 복장, 손놀림과 같은 전체적인 거동 등을 주시할 필요가 있다.

감정이입적 이해(empathetic understanding)란 클라이언트가 표현한 감정의 의미와 클라이언트에게 어떠한 영향을 미칠 것인지를 클라이언트의 입장에서 이해하는 것이다. 이때 사회복지사에게는 클라이언트의 감정과 경험을 공유하는 공감능력과 동시에 효과적인 개입을 위한 전문적 · 객관적 관점을 위해 충분한 정서적 거리를 유지할 수 있는 능력도 요구된다. 또한 사회복지사는 클라이언트가 표현한 감정의 표면적 내용뿐만 아니라 이면에 잠재된 의미까지도 이해할 수 있어야 한다.

클라이언트의 감정에 대한 민감성이나 이해만으로는 불충분하며, 사회복지사의 반응이 반드시 필요한데, 반응은 주로 언어, 표정, 행동 등을 통해 이루어지고, 클라이언트에게 즉시 전달되기 때문에 신중할 필요가 있다. "내가 당신의 감정을 충분히 이해하고 있고, 당신의 감정에 함께하고 있다"는 외적 표현을 통해 클라이언트의 감정에 동참할 필요가 있다. 그렇지만 사회복지사의 반응에 있어서 유의해야 할 점은 첫째, 자신에 솔직할 필요가 있다는 것이다(진실성). 내적 경험과 외적 표현이 일치해야 한다는 것이다. 기계적 · 상투적 반응이어서는 안 된다. 둘째, 사회복지사의 반응은 원조라는 목적에 의해 부단히 통제되고 조정되어야 한다는 것이다. 예를 들어 클라이언트와 정서적인 유대의 결과로 클라이언트의 문제에 함께 울어 준다든지, 함께 분개한다든지 하는 것은 바람직하지 않다.

(4) 수 용

수용(acceptance)은 클라이언트의 있는 그대로의 모습을 받아들이는 것을 말한다. 수용은 클라이언트 자신의 의존적인 상태, 약점, 실패에도 불구하고 가치 있는 인간, 존엄성을 가진 인간으로 인정받고자 하는 욕구에 관계되는 관계원리이다. 클라이언트의 장점과 단점, 잠재력과 제한점, 바람직하지 않은 행동이나 바람직한 행동, 긍정적 감정이나 부정적 감정, 인정받고자 하는 행동 등 실제 있는 그대로의 모습을 받아들인다는 것을 의미한다. 인정받기를 원하면 인정해 주면 될 것이다. 굳이 인정받고자 하는 행동인 줄 알면서도 인정해 주지 않는 면이 있다.

'사촌이 논 사면 배 아프다'는 한국 속담이나 '칭찬에 인색한 문화'라는 말을 통해 한국인들의 인정과 칭찬에 인색한 면을 볼 수 있다. '오늘 헤어스타일이 어떤가'를 묻는 것은 의견을 묻는 것이 아니라 자신의 행위를 인정받기 원하는 것이다. 그러면 '예쁘다, 참 잘 어울린다'고 인정해 주면 될 것이다. 그렇지만 그러지 않고, 마음에 없는 부정적인 말만 늘어놓게 되고, 상대방에게 상처를 안겨 준다.

수용과 동의(agreement)는 구분할 필요가 있다. 사회복지사가 한 인간으로서의 클라이언트와 그의 감정을 수용하는 것이지 그의 일탈적 행동(성폭력, 가정폭력, 알코올중독, 범죄 등)에 동의하는 것과는 다르다. 수용은 인간이라는 면에서의 받아들임이지 행위에 대한 받아들임이 아니다. 죄는 미워도 인간은 미워하지 말라는 말과도 일맥상통한다고 볼 수 있다. 사회복지사는 클라이언트의 의견에 동의하지 않거나 행동을 용납하지 않을 수 있지만, 클라이언트를 하나의 인격체로서 존중할 수는 있는 것이다. 클라이언트를 하나의 인격체로 존중함으로써 행동을 보고 인간적인 수용을 하지 않는 오류(기본적 귀인오류, 부모님께 반항, 마약범죄, 성추행을 하는 사람을 인간적으로 나쁜 사람으로 보는 오류, 그 사람이 그런 행동을 할 수밖에 없는 피치 못할 상황이나 환경이 있었을지도 모른다. 그런 상황이나 환경을 고려하기보다는 그 사람이 성격이나 인간 됨됨이 자체에 원인을 돌리는 경우)를 범하지 않을 수 있다.

수용에 있어서도 클라이언트가 자신이 수용받고 있다는 것을 경험할 수 있도록 하는 것, 사회복지사가 당신을 충분히 수용하고 있다는 것을 전달할 필요가 있다. 이를 위해 사회복지사는 면담 중에 클라이언트의 표현에 대해 적절한 코멘트를 한다든지(정말 힘드셨겠네요 등과 같은 감정반영, 어떻게 생각하는 것 같은데 맞습니까 하는 지각반영 등), 관련된 질문을 하는 방법 등을 활용할 수 있다.

사회복지사가 클라이언트를 수용하는 데 있어서 저해요인이 있을 수 있다.

첫째, 사회복지사가 자기인식이나 자기수용이 부족하여 자신의 감정을 클라이언트에게로 향하는 역전이현상이 있을 수 있고(과잉동일시 등), 자신의 행위를 기준으로 한 비난이나 비판이 선행되는 경우도 있을 수 있다. 이는 바른 수용에 장애가 된다.

둘째, 사회복지사의 고정관념에 의한 편견이나 선입견은 클라이언트에 대한 진정한 수용에 방해가 될 수 있다. 특히 클라이언트와의 문화, 교육, 경제적 지위 차이에서 오는 편견은 더욱 큰 문제가 될 수 있다.

셋째, 사회복지사가 인간행동에 대한 지식 특히 심한 스트레스 상황에 처한 인간의 정서적 반응이나 방어기제 및 행동 패턴에 대한 지식이 충분하지 못한 경우 사회복지사는 클라이언트의 이상행동에 대해 수용하기 어려워질 것이다. 예를 들어 성폭력을 당한 여성은 때로 환상과 공상, 악몽을 경험하게 되고, 심한 심리적·신체적 고통 나아가 성기능장애를 호소하게 된다. 이때 성폭력을 당한 여성의 일반적인 행동 패턴을 알지 못하는 사회복지사라면 정신질환자로 인식하여 정신과적인 치료적 접근을 시도할 수도 있을 것이다.

넷째, 사회복지사가 클라이언트에 대한 존경이 결여된 경우, 즉 실패 및 약점이 드러나거나 일탈행동을 한 클라이언트를 열등시하거나 경멸하는 경우 바른 수용에 장애가 된다.

(5) 비심판적 태도

비심판적 태도(nonjudgemental attitude)는 자신의 처지와 곤란에 대해 심판이나 비난을 받고 싶어 하지 않는 클라이언트의 욕구에 기반을 두고 있는 관계원리다. 유죄인가 또는 무죄인가, 클라이언트에게 어느 정도의 책임이 있는가 하는 것을 배제하는 것이다. 클라이언트들은 대부분 자기 자신에 대해 부정적인 감정, 즉 부정적인 자아상, 자신감 부족, 사회적 낙인에 대한 두려움, 거부당하는 것에 대한 두려움 등을 가지고 있기 때문에 자신의 문제에 대해 또 다른 비난이 가해진다면 클라이언트의 자기개방은 요원할 수 있을 것이다. 클라이언트의 문제나 욕구의 원인이 그들 환경에 의한 것이든 혹은 성격의 문제이든지 간에 클라이언트에게 책임이 있다는 것을 비판, 판단하지 않는 것을 의미한다.

가출청소년에 대해 '어떻게 가출을 할 수 있나? 이해가 안 간다', '무엇이 부족해서 가출하니', '집 나오니 좋으냐, 고생을 좀더 해봐야 정신차리지', 임신한 10대 소녀에게 '네 잘못으로 이런 일이 일어난 것이야' '요즈음 아이들, 성적으로 방종해서 정말 문제다'라는 표현은 적절치 못한 것이다. 사회복지사는 비심판적인 태도를 충분히 전달하기 위해 충분히 수용하면서, 적절한 치료적 관계를 유지해 자신의 문제를 개방하도록 하고, 자신의 문제를 직시하도록 함으로써 궁극적으로 사회에 적응할 수 있도록 도와주어야 할 것이다.

(6) 클라이언트의 자기결정의 원리

클라이언트의 자기결정의 원리(self-determination)는 모든 인간이 자기 삶에 대한 결정주체이기를 원한다는 데 기반을 둔다. 클라이언트 또한 자기 삶을 결정할 수 있는 잠재적 능력과 자유를 가지고 있다는 믿음과 존중심에서 클라이언트 또한 자기 삶에 주체이기를 원한다는 것이다. 삶에 대한 결정은 책임을 수반한다. 클라이언트의 삶을 사회복지사가 결정해 주어서 사회복지사가 그 책임을 져야 하는가? 그렇지는 않을 것이다. 인간 개인의 삶의 중심과 책임은 자신의 몫이다. 그렇다면 사회복지사는 클라이언트로 하여금 자신의 삶의 중심과 책임은 클라이언트 자신의 몫이라는 점을 인식시키고, 클라이언트로 하여금 직접 결정할 수 있도록 도와주어야 할 것이고, 직접 결정할 수 있는 능력을 키워 주는 것이 바람직하다는 것이다. 자기결정의 원리는 사회복지사가 클라이언트를 위해 무엇을 해 주는 것이 아니라 클라이언트와 '함께' 해결해 나가는 것을 의미하므로, 전문적 관계의 동반자 의식을 강조하게 된다.

사회복지실천과정에서 클라이언트의 자기결정의 원칙을 사회복지사가 지켜 가기가 어려운 경우가 많다. 클라이언트들은 지적 능력이 떨어져 있다든지, 명확한 판단력이 부족하다든지, 주체적인 의지력이 부족한 경우가 많기 때문이다. 예를 들어 돌보아 주는 가족이 전혀 없는 독거노인의 경우 양로시설에 입소하는 문제를 논의할 때, 여러 가지 형편으로 볼 때는 양로시설에 입소하는 것이 옳다고 사회복지사가 판단하더라도 노인 자신이 원치 않는 경우가 있다. 또 성인지적장애인들의 혼인과 자녀출산 및 양육의 문제를 다룸에 있어 클라이언트의 지적 능력, 자녀양육능력 및 가정생활유지능력의 제한점으로 인해 클라이언트의 자기결정권에 문제를 제기하는 경우가 종종 있다.

이 두 경우 모두 사회복지사는 클라이언트의 자기결정권을 막을 수 없다. 사회복지사는 클라이언트가 최선의 결정을 내릴 수 있도록 주변 자원을 동원한다든지, 또는 결정에 도움이 될 수 있는 서비스 지원대책을 세운다든지, 각종 정보를 제공한다든지 하는 행위가 최선일 것이다. 그리고 클라이언트의 자기결정이 일단 내려지면 최선의 방향으로 도와주고 필요한 자원을 제공해 주어야 한다.

때로 사회복지실천과정에서 클라이언트의 능력이나 상황이 여의치 못하여 사회복지사가 개입해 미리 결정하고, 클라이언트의 참여를 권유하고, 협력하도록 설득하는 일이 있다. 예를 들어 매 맞는 아내의 양가감정의 경우, 배우자와 이혼하고 새로운 삶을 살고 싶은 마음도 있지만, 현재의 경제적 안정이나 집 등을 유지하고 싶은 마음도 있다. 이때 사회복지사가 먼저 경제적으로 안정이 되어야 하니 취업자리나 집을 알아봐 준다든지 하는 것보다는 배우자와 이혼하는 경우와 현재의 상태를 유지하는 경우의 장단점을 세심하게 함께 분석해 봄으로써 스스로 결정 내릴 수 있도록 돕는 것이 선행되어야 할 것이다. 취업자리나 집을 알아봐 준다는 것은 이혼을 전제로 하는 일이다. 이후 '당신이 취업자리를 알아봐 주는 바람에 이혼했더니 내가 이렇게 되었다'는 원망이 돌아올지는 누구도 장담할 수 없을 것이다.

(7) 비밀보장의 원칙

인간은 누구든 자기 개인적인 사실이나 치부에 해당하는 내용이 다른 사람들에게 알려지지 않기를 원한다. 이러한 개인적 요구를 지키는 것은 개인 삶에 대한 권리보장일 것이다. 사회복지실천에서의 비밀보장(confidentiality)은 클라이언트의 기본권리에 기초하는 것으로서 전문적인 관계를 통해 밝혀지는 클라이언트에 관한 정보를 누출시키지 않는 것이다. 이는 사회복지사의 윤리적인 의무이고, 성공적인 사회복지실천 관계유지를 위해 반드시 필요한 것이다. 클라이언트에게 도움이나 원조가 대단히 중요하고 필요할지라도 만약 사회복지사가 비밀보장의 원칙을 어겼다는 사실을 알게 될 경우 클라이언트와 사회복지사 간의 관계는 급속히 갈등관계로 전환될 것이고, 사회복지실천의 효과가 없어질 것이다.

때로 학습을 위해서나, 도움이나 원조를 위해 불가피하게 클라이언트의 개인적인 사항이라든지 현재의 상황에 대해 정보를 제공해야만 하는 경우가 있다. 이런 경우도 최소한의 정보제공이어야 하고, 클라이언트에 대한 동의가 선행되어야 할 것이다. 예를 들어 클라이언트에게 도움을 제공하기 위해 클라이언트 개인의 생활상을 소개하는 동영상을 제작하는 경우라 하더라도 사전동의는 필수적으로 이루어져야 할 사항일 것이다. 나아가 개인적인 명예와 신용을 손상시키거나 마음에 상처를 줄 수 있는 사항, 클라이언트의 도덕성에 치명적인 피해를 입힐 수 있는 사항 등에 대해서는 절대적으로 비밀을 지켜 줄 필요가 있다. 또한 사회복지실천과정에서 어떠한 사항이 다른 사람들에게 절대로 알려지지 않을 것임을 사전에 언어적 혹은 비언어적으로 표현되었다면 그 비밀은 어떠한 이유를 막론하고서라도 지켜져야 할 것이다.

key point

비에스텍(Biesteck)의 관계의 7대 원리
= IP-CAN-Self 비밀보장(IP는 스스로 비밀보장 가능)

Individualization
Purposeful expression of feeling
Controlled emotional involvement
Acceptance
Nonjudgemental attitude
Self-determination
Confidentiality

2. 사회복지실천면접

사회복지사에게 있어 면접은 사회복지실천의 기본적인 수단이며 기법이다. 사회복지사와 클라이언트 간에 처음으로 이루어지는 초기면접에서부터 사정을 위해서든, 구체적인 서비스를 제공하기 위해서든 사회복지사가 클라이언트를 돕기 위해서든 면접은 반드시 이루어져야 한다.

사회복지실천면접은 인간의 행동과 반응에 대한 전문적 지식과 정교한 인간관계기술을 갖춘 사회복지사가 클라이언트와 그의 문제를 이해하고 원조한다는 목적을 가지고 의도적으로 이끌어 나가는 전문적 대화이다. 면접은 사회적 상호작용과 의사소통의 과정이며 인지, 정서, 행동의 변화를 목적으로 한 언어적 · 비언어적 행동으로서 문제해결을 위한 개입이라 할 수 있다.

이 절에서는 사회복지사가 실천현장에서 면접을 과연 어떻게 할 것인지에 대한 기본적인 부분만을 살펴보고자 한다.

1) 면접을 위한 준비

대부분의 면접에서도 그러하듯이, 사회복지면접에서도 클라이언트는 본인에게만 문제가 있고, 혼자 힘으로 해결하기 어렵다고 느끼고, 나아가서는 자신감이 부족하고, 그 문제에 대한 표현 자체도 힘들어한다. 논리적으로 설명하기도 어렵고, 첫 면접이라면 자신감이 떨어져 있음으로 해서 두려움과 양가감정(변화의 의지나 변화를 위해 도움을 받고 싶지만, 변화에 대한 두려움이나 사회복지사에 대한 불신이 공존하는 감정 상태)을 가지는 경우가 대부분이다. 따라서 사회복지사는 클라이언트의 이러한 감정과 마음의 상태를 감안하여 면접을 준비할 필요가 있다. 면접 준비는 다양한 부분에서 이루어져야 할 것이고, 클라이언트의 입장을 충분히 고려해야 한다.

면접을 위한 장소는 면접의 전체적인 인상과 처음의 인상을 결정하는 부분이 될 수 있기 때문에 장소선택에 신중을 기해야 한다. 일반적으로 사회복지면접은 사회복지기관의 면접실 내지는 상담실을 사용하는 것이 좋다. 사회복지사가 근무하는 기관의 면접실은 사회복지사가 환경을 통제할 수 있기 때문이다. 면접실을 어떻게 꾸밀 것인지를 사회복지사가 계획하고, 실행에 옮길 수 있기 때문이다. 편안하고, 안락한 분위기를 연출하기 위해 그림을 붙인다든지, 커튼을 설치할 수 있다는 것이다. 그렇지만 클라이언트가 원하는 장소가 면접실보다는 우선한다고 볼 수 있다. 클라이언트가 편안하게, 자신의 이야기를 비교적 솔직하게 이야기할 수 있는 분위기의 장소라면 클라이언트가 원하는 장소를 선택하는 것이 좋다.

면접실은 최대한 안락하고, 편안하며, 부드러운 분위기로 유도해야 할 것이고, 책상을 가운데 두고 서로 마주 보는 형태는 권위주의적 태도를 보이기 때문에 적절하지 않다. 작은 탁자를 중간에 두고 안락의자에서 서로 마주보는 것은 좋은 분위기일 수 있다. 대부분의 사회복지기관 면접실은 네모난 책상을 중간에 두고 마주 볼 수 있도록 해 놓은 경향이 많다. 만약 책상이나 테이블이라면 서로 90도 정도의 각도로 앉을 수 있는 자리배치가 부담을 덜어 줄 것이다. 면접실의 분위기도 개별 클라이언트마다 약간의 상황을 변화시키고, 클라이언트에게 그것을 전달함으로써 클라이언트가 충분히 수용되고 있고, 신뢰할 수 있는 사람(사회복지사)으로 생각할 수 있도록 하는 것도 중요하다.

2) 면접의 기본사항

사회복지면접에 있어 면접이 처음 이루어지는 부분은 사회복지사와 클라이언트가 처음 만나는 지점에서 시작된다. 물론 이 과정에서 클라이언트의 첫 느낌은 대단히 중요하기 때문에 관계형성에 특별한 관심을 기울여야 할 것이다. 어떠한 문제를 가지고 왔는지, 어떤 도움이 필요한지 등을 질문하고, 답하게 될 것이다. 또한 이 초기면접에서는 클라이언트에 대한 일반적인 사항, 예를 들어 나이, 가족관계, 학력, 종교 등의 정보를 주고받게 된다. 대부분의 사회복지기관이나 사회복지시설에서는 초기면접질문지가 준비되어 있다(초기면접기록지 준비).

첫 면접이 이루어진 이후 클라이언트에 대한 서비스를 접수할 것인지를 결정하게 되고, 이후에는 본격적으로 클라이언트의 개인적 · 사회적 문제와 관련된 각종 정보나 자료를 얻기 위한 면접이 이루어진다. 이 과정에서 필요에 따라서는 클라이언트뿐 아니라 클라이언트의 가족, 이웃, 친구, 직장동료 등으로부터의 면접을 통해 자료를 수집하기도 한다. 초기면접의 대체적인 초점은 클라이언트의 문제양상, 문제가 일어나는 상황, 문제와 관련된 가족적 · 사회적 배경, 개인의 성장 발달사에 맞춰진다. 이 면접과정에서는 대체로 다음과 같은 항목을 파악한다(Zastraw, 1995; 이영분 외, 2001 : 143 재인용).

① 일반적 사항 : 나이, 성별, 학력, 결혼 상태, 주소 등
② 현재의 문제 : 현재문제상황, 과거력(과거에 유사한 문제가 있었는지, 이를 위한 노력, 치료형태, 치료기관 등), 과거병력
③ 가족력 : 클라이언트의 원가족과의 관계, 부모-형제관계, 핵가족 중심의 부부관계, 자녀관계 등
④ 개인력 : 아동기의 성장과정, 발달단계상의 문제, 학교생활, 교우관계, 직장생활, 결혼생활 등
⑤ 사회적 · 직업적 기능 : 클라이언트가 가지고 있는 사회적 · 직업적 기능 정도 등

이러한 정보나 자료에 기초해 클라이언트의 개인적 · 사회적 문제의 시작과 과정, 원인 등을 살피게 되고, 개입이나 치료를 위한 기반을 마련해야 할 것이다.

3) 의사소통과 면접

면접은 의사소통의 한 형태다. 효과적인 의사소통은 효과적인 면접을 가능하게 해 준다. 의사소통은 두 사람 이상이 의미를 주고받으며 상호작용하는 과정이다. 두 사람 각자가 생각하는 것을 언어적, 비언어적으로 표현하고, 이 표현을 듣는 상대방이 이해하고, 다시 그에 대한 반응을 언어적, 비언어적으로 표현하는 과정이라 볼 수 있다.

두 사람 이상 사이에 의사소통이 이루어지는 과정은 [그림 7-1]과 같다. 송신자가 수신자에게 자신의 메시지를 언어적, 비언어적으로 기호화해서 전달하면 수신자는 나름의 입장에서 이해하고, 다시 수신자 자신의 메시지를 기호화해서 송신자에게 피드백하게 된다. 그림에서 빗금 친 부분은 잡음(오해)이 일어날 수 있는 소지가 있다는 것이다. 즉, 송신자가 메시지 기호화를 잘못 구성해서(표현방식이 잘못되거나, 의미와 다른 표현을 한다든지) 전달하게 되면 수신자는 전혀 엉뚱한 방향으로 이해할 수 있다는 것이다. 그리고 송신자는 정상적으로 메시지를 기호화해서 수신자에게 전달하는 데 문제가 없었는데, 수신자가 이해하는 과정에서 송신자와의 기

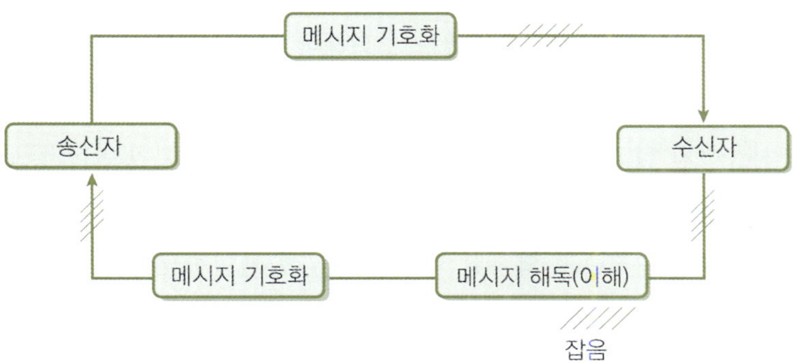

[그림 7-1] 의사소통의 과정

호화 상징[1)]의 의미를 달리 사용함으로써 수신자가 송신자가 의도한 방향과는 다르게 메시지를 이해하고, 전혀 다른 메시지를 송신자에게 피드백할 수 있다는 것이다. 수신자가 피드백하는 과정에서도 메시지 기호화를 잘못해서 전달할 수 있는 가능성은 있다. 이외에도 잡음의 가능성은 얼마든지 있다. 따라서 효율적인 의사소통은 이 같은 잡음이나 오해가 이루어지지 않는 경우를 일컫는다.

4) 의사소통의 유형

한 사람이 자신의 생각이나 감정을 상대방에게 전달하는 데는 언어를 통해서만 이루어지는 것은 아니다. 언어적 메시지 외에 손짓, 얼굴표정, 목소리, 자세 등의 비언어적 메시지도 의사소통의 중요한 유형이다.

언어적 유형은 말, 글, 그림 등 인간이 자신의 생각과 감정을 전달하는 데 공식적으로 합의한 상징들을 말한다. 말이나 글 등은 사회의 구성원들이 함께 공유하고 있지만 특정한 언어의 의미나 사용방법의 차이, 개인적 언어 사용에서의 차이, 단어의 정확한 의미에 대한 대중적 합의의 결여, 사회변화에 따른 은어 등의 속출, 감정 등을 표현하는 어휘의 제한 등으로 인한 어려움이 수없이 많다. 사회복지사는 정확하게 말하고, 정확하게 들으려고 노력해야 한다. 특히 자신의 의사를 전달할 때 표현에 사용하는 어휘나 문맥의 의미를 명확히 해야 한다.

언어를 사용하지 않고 의사소통을 하는 경우는 기본적으로 말이나 글로서 명확하게 표현되지 않기 때문에 의사소통의 방해요소는 더욱 크다. 비언어적인 것은 사회구성원 간에 묵시적으로 약속된 것이기 때문에 개인별 사용에서의 차이는 훨씬 크다. 언어적인 의사소통은 그나마 사회구성원들 간에 약속된 것이다. 따라서 사회복지사는 비언어적 의사소통에 더욱 신경을 써야 할 것이다.

1) 언어나 동작(몸짓, 신호 동) 등 의미를 담고 있는 일체의 행위나 사물이고, 인간에 의해 그 주관적 의미가 부여된 일체의 행위나 사물을 상징이라고 한다.

보통 두 사람 사이에 이루어지는 일반적인 의사소통에서도 의미의 1/3만이 언어적 수준에서 전달되고 2/3는 비언어적 수준에서 전달된다. 이러한 비언어적 의사소통에는 기본적으로 인지적 요소가 내포되기는 하지만 이보다는 오히려 정서적 요소가 크게 작용한다. 그러므로 감정이 존재하는 곳에서는 어디서나 비언어적 표현양식이 존재한다고 할 수 있다.

비언어적 메시지는 개인의 용모(외모 : 몸가꿈, 옷차림, 수염 상태, 화장 유무 등), 자세, 얼굴표정, 행동, 손짓 및 손동작, 몸짓, 말투, 음조(목소리의 톤), 눈의 마주침, 심지어 침묵도 포함한다. 비언어적 메시지는 또한 의도적인 경우도 있지만 비의도적 내지는 본능적으로 이루어지는 경우가 많기 때문에 내면의 의미를 가장 잘 드러내 준다고도 생각해 볼 수 있다. 인간 간의 의사소통에 있어 70%는 비언어적으로 이루어지고 있고, 비의도적인 요소를 더욱 많이 가지고 있기 때문에 의사소통에 있어 언어적인 것보다는 비언어적인 표현이 더욱 중요하다.

따라서 사회복지사는 클라이언트의 비언어적 표현에 민감해야 할 뿐 아니라 자신의 감정을 파악하고 자신의 비언어적 의사소통의 표현이 클라이언트에게 미치는 영향을 인식해야 한다. 또한 사회복지사 스스로 현재 감정 상태를 염두에 둘 필요가 있다. 클라이언트를 포함한 대부분의 사람들은 감정적일 때 메시지를 충분히 전달하지도, 제대로 전달받지도 못하기 때문에 사회복지사도 클라이언트의 메시지를 분석하는 데 있어 자신의 감정이 개입된 해석이 아닌지를 생각해야 할 것이다. 예를 들어 역전이와 같은 경우 또는 자신이 기분이 좋으면 모든 것이 좋은 것으로 보이고, 기분이 좋지 않으면 모든 것이 못마땅하게 보이는 경우를 들 수 있다.

5) 면접의 기초기술

사회복지실천현장에서 면접은 클라이언트의 문제를 이해할 뿐 아니라 그 해결을 돕기 위한 개입방법으로 활용된다. 얼마나 효율적인 면접을 하느냐에 따라 클라이언트와의 좋은 관계를 설정해 갈 수 있고, 클라이언트를 깊이 이해할 수 있게 될 것이다. 좋은 관계는 신뢰로운 관계를 말한다. 그러니까 상대방에게 마음 편하게 자신의 이야기를 할 수 있는 분위기 또는 촉진관계가 형성되는 것을 말한다. 이를 라포(rapport)라고 하는데 친화관계, 촉진관계, 신뢰관계라고도 부른다. 효과적인 면접을 이끄는 기술로 클라이언트에 대한 경청하기, 확인하기, 공감하기, 질문하기, 맞추기와 이끌기 등을 들 수 있다.

(1) 경청하기

사람의 귀는 외이(外耳), 중이(中耳), 내이(內耳)의 세 부분으로 이루어져 있다. 이렇게 귀가 세 부분으로 이루어졌듯이, 남의 말을 들을 때에도 귀가 세 개인 양 들어야 하지. 자고로 상대방이 '말하는' 바를 귀담아 듣고 '무슨 말을 하지 않는'지를 신중히 가려내며, '말하고자 하나 차마 말로 옮기지 못하는' 바가 무엇인지도 귀로 가려내야 한다고 했다.

－R. 이안 시모어의 『멘토』 중에서

경청은 한마디로 상대방에게 최대한 관심을 기울이고, 상대방의 이야기에 집중하여 잘 듣는 것을 의미한다. 상대방과 라포 형성을 위해서 가장 기본적으로 상대방에게 관심을 기울이고, 상대방의 이야기를 잘 들어줄 필요가 있다. 때로 내가 무언가 말하려 하는데 상대방이 집중하지 않고, 엉뚱한 짓을 한다든지, 다른 사람과 이야기를 한다든지, 다른 사람들과 어떤 비언어적인 의사소통을 한다든지 하게 되면 더 이상 이야기하고 싶은 마음이 생기지 않는다. 결혼을 하기 위해 선을 보는 자리에서 시계를 자꾸 본다든지, 출입문 쪽으로 누가 오는지 자꾸만 흘끔흘끔 쳐다본다든지 하면 그 만남이 좋은 방향으로 이어지기는 어려울 것이다. 사회복지현장에서 클라이언트들은 자신감이 결여되어 있고, 사회관계에서 어려움을 겪고 있는 사람들이기 때문에 상대적으로 다른 사람들보다 자신에게 관심을 가지고 집중해 주길 더욱 원한다.

경청을 위해서는 기본적으로 상대방에 대해 최대한의 관심을 기울이고, 그 관심을 표명할 필요가 있다. 상대방에게 관심을 충분히 가지고 있다는 모습을 확인할 수 있는 것은 구체적 언어반응보다는 주로 자세, 태도, 행동과 같은 비언어적 반응으로 나타나고 전달된다. 그러므로 관심 기울이기 반응을 익히기 위해서는 그러한 반응 및 행동들을 체득해야 할 것이다. 우선은 신체적으로 이완되고 편안하고 자연스러운 자세를 취하는 것이 중요하고, 상대방을 향해 상체가 약 15도 정도 나가는 것이 좋다(편안한 자세).

그리고 가급적 눈을 보면서 이야기하는 것이 좋다. 그렇다고 눈만 멍청하게 바라봐서는 안 될 것이고, 눈에 힘을 주어 보면 안 된다. 물론 우리 문화에서는 특히 윗사람의 눈을 뚫어지게 바라보는 것은 오히려 실례가 될 수 있기 때문에 조심해야 하지만 가급적 부드럽고 온화한 눈길을 보내는 것이 좋다(온화한 눈길).

경청을 통해 "내가 당신의 이야기를 이해하려 애쓰고 있고, 당신의 감정을 최대한 이해하려 노력하고 있다."는 것을 언어적, 비언어적으로 전달할 필요가 있다. 고개를 끄덕인다든지, 박수를 친다든지 하는 비언어적인 표현을 한다거나, "맞아.", "그래.", "그랬군요", "음.", "그리고?", "그래서?", "아!", "알겠다.", "와!" 등의 즉각적인 언어적 반응을 보일 필요가 있다(즉각적인 언어적·비언어적 반응).

(2) 확인하기－반복하기, 바꾸어 말하기, 요약하기

확인하기란 상대방이 하는 말을 옳게 듣고 이해했는지를 알아보는 것을 의미한다. 상대방 말의 내용에 대해 확인하는 것을 말하고, 이런 확인하기를 통해 제대로 듣고 이해하려고 노력하고 있다는 사실을 전달할 수 있고, 그의 말을 보다 구체화하는 데 도움을 얻을 수 있는 것이다.

상대방의 말의 내용을 확인하는 것은 단순히 상대방이 말하는 것을 **반복**(강조반응, accent responses)할 수도 있고, 상대방이 말한 용어와 같은 뜻을 가진 다른 말을 사용함으로써 간단하게 그의 말을 확인하는 **바꾸어 말하기**(환언, paraphrasing)도 있을 수 있다. 또한 비교적 긴 시간 동안 이루어진 말의 내용을 확인하기 위해 사용하는 요약하기도 포함될 수 있다. **요약**(summarizing)은 상대방이 말하는 내용의 초점을 압축해서 명확하게 확인, 표현하는 것을 말한다. 요약하기와 바꾸어 말하기는 비슷하다. 바꾸어 말하기는 상대방이 바로 직전에 한 말에 대해 확인하는 반응이고, 요약은 보다 긴 시간 동안 이루어진 말의 내용을 확인하는 것이다(설기문, 2002 : 280).

예제 - 단순한 반복

A : "요즈음 왠지 살맛이 안 납니다."
B : "요즈음 왠지 살맛이 안 난다고요?"

예제 - 바꾸어 말하기

A : "저는 이제 직장생활에 싫증이 나서 도저히 더 이상 다니기가 싫어요."
B : "그러니까 당신 얘기는 직장생활에 관한 한 거의 한계상황에 도달했다는 뜻이군요."

예제 - 요약하기

B : "당신 얘기를 종합해 보면 결국 당신의 실수는 별로 없는데 그가 당신에게 크게 오해를 해서 문제가 그렇게 커졌다는 얘기군요."

(3) 공감하기

공감하기는 사회복지사와 클라이언트 간에 감정을 공유한다는 것이다. 사회복지사가 클라이언트의 이야기를 들으면서 말 속에 담겨 있는 기분이나 감정을 그의 입장에서 이해하고, 받아들이는 것은 관계형성 및 치료나 문제해결을 위한 개입과정에서 아주 중요하다. 소위 감정이입적인 이해를 말하는 것이고, 감정을 이해하고 있다는 것을 표현해 주는 것이 또한 반영(reflecting)[2)]이다. 여기서 말하는 공감하기는 클라이언트의 감정과 정서, 기분을 이해하고, 이해하고 있다는 것을 반영하는 것을 포함한다. 공감하기는 일상생활에서도 중요하다. 우리가 일상생활을 하는 데 있어 기분에 따라 여러 가지 태도가 달라질 수 있다. 상대방의 기분을 알아주고, 그것에 적절히 반응하는 경우 두 사람 간의 관계를 더욱 호의적으로 증진시킬 수 있는 계기로 작용할 수 있을 것이다. 예를 들어 "오늘 기분이 아주 좋아 보이네요." "뭐 좋은 일이 있는가 봅니다."라는 표현은 우리의 일상에서 흔히 접할 수 있는 것들이다.

공감하기를 위해서는 클라이언트가 당면하고 있는 문제에 대해 스스로 어떻게 느끼는지에 대해 주의 깊게 듣고, 표정이나 태도 등을 유심히 살펴야 한다. 공감의 기본형식은 "당신은……라고(하게) 느끼는군요.", "당신은 슬프겠군요.", "내일 시험을 치는데 별로 공부해 놓은 것은 없고 오늘밤에는 밤샘을 해야겠어요."라고 말할 때 "걱정이 많겠구나."라고 공감할 수 있을 것이다.

예제 – 공감하기

A : "이번에는 정말 열심히 공부했습니다. 그런데 결과가 너무 엉망입니다. 점수가 형편이 없어요."

B : "열심히 공부했는데도 결과가 만족스럽지 못하니 실망이 크겠어요."

2) 반영은 클라이언트의 말과 행동에서 표현된 기본적인 감정, 생각, 태도를 사회복지사가 다른 참신한 말로 부언해 주는 것을 말한다.

공감적 반응 또는 감정반영에서 다음의 문장을 활용할 수 있다(Cynthia Cannon Poindexter, Deborah Valentine, & Patricia Conway, 이윤로 외 역, 2003 : 87).[3)]

선생님은 마치 …… 처럼 보인다.
마치 …… 인 것 같다.
…… 라고 말하는 것 같다.
…… 하는 것은 꽤 어렵죠.
제가 느끼기에는 …….
제가 듣기에는 …….
저는 선생님이 …… 느끼고 계신다고 생각합니다.
그래서 선생님 입장에서는 …….
확실히 잘은 모르겠지만 …….

예제 - 공감의 수준(수준별 공감)

클라이언트 : "저는 벌써 대학생활 1년이 지났는데도 학교에 정을 못 붙이겠습니다. 과 친구들과 잘 지내보려 애쓰지만 그 애들은 야속하게 자기 할 일만 하고 가 버립니다. 그럴 때마다 그 애들이 너무 이기적이 아닌가 생각될 때가 많습니다.

표면공감수준 : "친구들과 잘 지내보려고 했는데도 그 친구들이 야속하게 행동해서 실망을 느끼고 있군요."

심층공감수준 : "과 친구들과 마음을 터놓고 사귀지 못해 몹시 힘들어하는군요. 비록 지금은 과 친구들과의 문제에 대해서만 이야기하고 있지만, 학생은 일반적으로 다른 사람과의 사교능력이나 졸업 후의 사회적응에 대해서도 다소 의구심을 갖고 있는 것 같군요."

3) 이외에도 "제가 보기에는 ……하게 생각하시는 것 같군요.", "……한 생각이신 것 같은데, 맞나요?", "……라는 의미로 들립니다. 그런가요?", "당신의 말을 들어 보니 당신이 그때 ……하게 느끼신 것 같은데요.", "저에게는 ……하시다는 것으로 들리는데 그에 대해 좀 더 이야기해 주시겠어요?" 등으로 표현할 수 있다(양정남 · 최선령, 2002 : 69).

또한 공감을 하는 데 있어 상대방이 특정한 감정과 기분을 갖게 되는 이유와 배경을 함께 알아주면 훨씬 도움이 된다. "…… 하다니", "…… 하기 때문에"와 같은 형식으로 표현할 수 있다.

공감은 일반적으로 지금까지 설명한 표면공감과 심층공감으로 나뉜다. 표면공감은 클라이언트가 자기 자신을 나타내 보이는 수준만큼 사회복지사가 그를 이해할 수 있음을 보여주는 반응을 말하고, 심층공감은 클라이언트가 현재 알고 있는 이상의 것까지 이해하고 있으며 클라이언트의 심층 감정을 전달하는 반응을 일컫는다. 클라이언트가 말하지는 않지만 속으로 생각하고 느끼고 있는 내면 기분을 이해하는 것이다.

(4) 맞추기와 이끌기

맞추기(pace)는 클라이언트와 대화하는 가운데 그와 맞추어 가는 기법이다. 비언어적 차원에서 상대방에게 맞추어 나가는 것이다. 즉, 상대방의 얼굴표정, 제스처, 호흡의 속도 및 크기, 목소리의 크기와 음색, 속도 등에 따라 그가 의식하지 못하는 범위 내에서 그와 같이 맞추어 나가는 것이다. 예를 들어 상대방이 말을 천천히 한다면 나도 천천히 하고 그가 손을 만지면서 얘기한다면 나도 그렇게 따라 하는 것이다. 뿐만 아니라 한숨을 자주 쉬면 마찬가지로 한숨을 쉬고 눈을 자주 깜박이면 역시 그렇게 한다.

클라이언트와의 대화과정에서 맞추기는 쉽게 이루어지기는 어렵다. 의도적으로 하다 보면 클라이언트로 하여금 반감을 가지도록 할 수도 있기 때문이다. 그렇지만 의도적이라 하더라도 클라이언트 자신의 습관이나 표정, 제스처 등과 비슷한 모습을 보이게 되면 친근하게 느끼기 마련이기 때문에 언어적 · 비언어적 습관 등을 찾아 맞추어 가는 것은 클라이언트와의 관계형성 차원에서 보더라도 중요할 것이다.

이끌기(lead)는 상대방에게 영향을 미치고 그로 하여금 특정한 방향으로 변화하도록 유도하는 것이다. 그렇게 하기 위해서는 충분한 친화관계가 성립되어야 하기 때문에 이것은 맞추기 기법과 함께 사용할 때 효과적이다. 즉, 맞추기 기법을 통해 친화관계가 형성되면 상대방은 심리적으로 이완되는데 그때는 반대로 이쪽의 행동에 무의식적인 맞추기를 하게 된다. 그러므로 사회복지사는 클라이언트에게 맞추기를 해 나가는 동안 어느 시점에서 먼저 특정 행동이나 반응을 해 보이면 그가 자기에게 맞추어 나오는 것을 보게 된다. 이것은 자연스럽고 무의식적인 인간관계의 형성과 발전의 과정이다. 이런 경험을 해보면 상대방과의 인간관계가 새삼 소중하게 느껴지게 된다(설기문, 2002 : 288-289).

예제 1

오랜 동안 지도교수와 함께 생활하던 조교가 지도교수의 행위 패턴을 자기도 모르게 가지게 되었다. 천천히 말하는 것, 생각의 여유를 가지는 것 등.

예제 2

사찰에서 스님과 함께 오랫동안 살아가는 동안 스님의 입 모양과 입 습관 등이 비슷하게 닮아 가는 습관을 가지게 되었다.

(5) 질문하기

면접과정에서는 '정보를 얻기 위해서' 또는 '알고 싶어 하는 자세(not knowing posture)', 즉 클라이언트로부터 설명을 듣고자 하는 자세를 나타내 보이고자 질문을 한다. 질문은 클라이언트에 대한 관심의 표명으로 인식될 수 있기 때문에 적절하게 활용한다면 관계형성에 상당히 효과적이다. 그러나 너무 많이 질문한다거나, 질문과정에서의 고압적, 지시적 내지는 심문조의 언어적 표현과 비언어적 자세를 보인다거나 하게 되면 오히려 역효과를 가져올 수도 있기 때문에 조심해야 한다.

특별한 정보가 수집되어야 한다고 판단될 때는 질문을 활용해야 한다. 질문의 유형은 다양하다. 대표적으로 개방형 질문과 폐쇄형 질문으로 구분한다.

개방형 질문은 질문받는 사람이 자유롭게 폭넓게 답할 수 있도록 하는 질문형태를 말한다. 시험문제로 보면 주관식, 설명식 또는 논술식과 같은 형태이다. 개방형 질문은 포괄적이며 다양한 반응의 가능성을 터놓는 경향이 있다. 상대방의 의견, 관점, 사고, 감정까지 이끌어 낼 수 있다. 따라서 개방형 질문은 그만큼 많은 정보를 얻을 수 있도록 하고, 클라이언트와의 촉진관계형성에 유리하다. "예를 든다면 어떤 경우입니까?", "그 외에 다른 것이 있나요."와 같이 보다 많은 정보를 담고 있으면서, 자유롭게 답할 수 있도록 묻는 경우이다. 폐쇄형 질문은 "예", "아니요"로 답할 수 있는 경우나 간단명료하게 답할 수 있도록 하는 질문형태를 말한다. 시험문제로 보면 단답형 또는 객관식과 같은 경우로 볼 수 있다. 폐쇄형 질문은 명백한 사실만을 요구한다. 따라서 상대방으로부터 제한된 정보밖에는 얻을 수 없다. "나이는?", "결혼하신 지가 오래 되었나요?", "식사했습니까?" 등의 형태로 이루어진다.

같은 질문이지만 "월말보고서를 다 작성했습니까?"라고 질문(폐쇄형 질문)하기보다는 "월말보고서는 어떻게 되어 갑니까?"라고 질문(개방형 질문)하는 경우가 촉진관계형성은 물론이고, 월말보고서에 대한 보다 많은 정보를 획득하도록 해 준다.

벤자민(Benjamin, 1969; Cynthia Cannon Poindexter, Deborah Valentine, & Patricia Conway, 이윤로 외 역, 2003 : 96-98 재인용)은 적절하지 않거나 도움이 되지 않는 질문유형을 아래와 같이 제시했다.

① 이중 혹은 삼중 질문을 피하라.

때로 사회복지사는 두세 가지 질문을 한꺼번에 하거나 이전 질문에 완벽히 대답하기도 전에 다른 질문을 하기도 한다. 이런 질문은 대답하기 곤란하고, 양 당사자를 혼란스럽게 한다. 예를 들면 "선생님은 오늘 밤 다시 그 쉼터에서 머물 겁니까? 아니면 친구 집으로 돌아갈 것입니까? 아니면 제가 거처할 장소를 마련해 주길 원합니까?" 이중 혹은 삼중 질문은 한꺼번에 두 가지 혹은 세 가지를 동시에 묻는 것이다. 때로 양자택일을 강요하는 질문을 하는 경우도 있다. 이런 경우 어느 쪽에 답해야 할지 혼란스러워하거나 당황할 수 있을 것이다. 질문은 가급적이면 한 번에 한 가지씩 단일질문을 하도록 해야 한다.

② "왜"라는 질문을 피하라.

"왜"라는 단어는 반감이나 불쾌감, 비난을 암시한다. "왜"로 시작하는 질문은 사람들을 방어적으로 만든다. 그리고 단번에 설명할 수 없는 경우가 많기 때문에 "왜"라는 질문에 대해서는 답변이 곤란한 경우가 많다. "왜"가 아니라 "어떻게"로 한다면 편안하게 답변될 수 있다(예 : 형과 "왜" 싸웠나요?보다는 형과 "어떻게" 싸우게 되었다고 생각하니?)

③ 단순한 호기심에서 나온 질문을 피하라.

질문은 항상 목적이 있어야 하고, 상대방이 이해할 수 있는 상황이어야 한다. 질문은 항상 타당하고 면담을 진행시키는 데 도움이 되어야 한다. 주제에서 벗어나거나, 호기심으로 질문해서는 안 된다. 예를 들어 클라이언트가 "전 지금 혼돈스러워요. 내 딸이 지난주에 차 사고로 죽었어요."라고 할 때 사회복지사가 "오, 딸이 몇 살이죠?"라고 질문하는 경우는 상황에 맞지 않는 질문으로 볼 수 있다.

④ 유도성 질문을 피하라.

유도성 질문은 사회복지사가 생각하는 대로 말하도록 유도, 암시하는 경우를 말한다. 예를 들면 "○○씨는 여동생을 사랑하지 않지요? 그렇지요?", "그것을 정말로 하지는 않을 거지요? 그렇지요?", "……라고 생각하지 않나요?" 등에서 볼 수 있듯이 사회복지사의 생각을 강요하듯이 답변을 유도해서는 안 될 것이다.

(6) 자기노출

자기노출이란 사회복지사가 클라이언트에게 자신의 인간적·개인적·사적 생각, 경험, 느낌, 감정, 기분, 정보 등을 말해 주는 것을 의미한다. 사회복지현장에서 사회복지사의 자기노출은 클라이언트와의 관계에서 효과적으로 작용할 수도, 그렇지 않을 수도 있기 때문에 주의를 요하는 것으로 알려져 있다. 자기노출이 잘못 이루어지게 되면 사회복지사가 오히려 도움이 필요한 사람으로 인식될 수 있기도 하다. 그렇지만 적절한 자기노출은 클라이언트와의 관계에 있어 주효하게 작용할 수 있을 것이다. 클라이언트로 하여금 혼자가 아니라는 느낌을 가질 수 있도록 할 것이고, 누구나 가질 수 있는 문제로 인식하도록 할 수 있을 것이다. 보편성은 치료요소 중 하나이다. 사회복지사의 자기노출은 클라이언트의 신뢰감과 안정감을 촉진시킬 수 있다. 서로 공통점을 가지고 있으면 낯선 사람들도 빨리 친구가 된다. 또한 사회복지사의 적절한 자기노출은 클라이언트로 하여금 문제해결방법이나 해결의 실마리를 제공받을 수 있도록 할 수도 있다.

자기노출은 '클라이언트와의 느낌, 경험과 유사성이 있는 경험을 구체적인 용어로, 가급적 짧게, 거짓 없이' 이루어져야 할 것이다. 면접에서 중심은 클라이언트이기 때문에 초점(클라이언트의 문제)을 흐릴 정도로 길게 자기노출이 이루어져서는 안 될 것이다. 자기노출은 "나도……"와 같은 형태로 행하게 된다.

예제 1

"나도 알고 보면 성격이 내성적이고, 그러면서도 급한 편이지요. 그래서 지난번에도 아내에게 앞뒤 정황을 들어 보지도 않고 화를 내고 짜증을 부렸습니다. 그리고 곧바로 후회하고, 그 일 때문에 내내 나 자신에 대해 못마땅하게 생각하고 있어요."

예제 2

"내가 중학교 2학년 때 아무도 나를 야구시합에 끼워 주지 않았단다. 그 문제를 극복하는 데 시간이 참 많이 걸렸어. 네 이야기를 들어 보니 내가 네 나이 때 겪었던 실망감과 똑같은 감정을 지금 너도 느끼고 있는 것 같구나. 그러니 우리가 함께 생각해 본다면, 이 문제를 해결할 수 있을 거야."

(7) 맞닥뜨림

맞닥뜨림(직면, confrontation)이란 상대방이 잘못하고 있는 경우 또는 그에게 무엇인가 불일치하거나 모순점이 있을 때 그것을 지적해 주는 것을 말한다(설기문, 2003 : 301). 클라이언트의 비효과적인 행동 패턴을 말로 지적해 주는 것을 의미한다. 더 나아가 클라이언트가 자신의 문제를 유지하거나 그에 영향을 미치는 사고, 감정, 행동과 대면하는 것(Hepworth, Rooney & Larsen, 허남순 외 역, 2004), 클라이언트가 모르고 있거나 인정하기를 거부하는 생각, 느낌에 대해 스스로 주목하도록 하는 기법이다. 이러한 기법을 통해 클라이언트로 하여금 자기의 행동, 사고, 감정상의 모순을 알 수 있도록 해 준다. 주로 구체적인 말, 행동보다는 말이나 태도, 행동에서 간접적으로 암시된 것에 대해 직면시키고 불일치점을 지적하게 된다. 맞닥뜨림이 적용되는 상황은 다음과 같다.

예제 1

"김○○ 군, 자네는 평소에 성실을 생활신조로 삼는다고 입버릇처럼 말하더니 요즈음 하는 행동들을 보니 너무 다른 것 같아. 최근 들어 지각을 자주 할 뿐 아니라 다른 학생과 잡담을 하지 않나, 어떻게 된 것이니?"

예제 2

"저는 전공 공부를 포기하려 합니다. 저는 도대체 전공 공부를 잘할 수가 없을 것 같아요. 저 나름대로는 열심히 노력했지만, 제 뜻대로 그리 잘되지 않습니다. A 학점을 받는 것만이 중요한 것은 아니라고 생각합니다. 저는 솔직히 학교를 졸업한 후에라도 써 먹을 수 있는 과목을 배우고 싶은데 제 전공으로는 그렇게 될 수가 없어요."

"학생은 장래에 대해 관심과 걱정은 많이 하면서도, 오히려 지금 학과공부는 등한시하고 회피하는 것 같군요. 혹시 그러다가 성적이 낮게 나와 진학이나 취직에 걸림이 되지 않을까 걱정됩니다."

예제 3

어제 밤 꿈에서 아버지를 화살로 쏘아 죽이는 꿈을 꾼 경우

"너무도 권위적이고 무관심한 아버지가 혹시 일찍 사고로 세상을 떠났으면 하는 생각이 마음 한구석에 있는지도 모르겠군요."

① 상대가 앞에서 한 말과 뒤에서 한 말 사이에 불일치나 모순이 있을 때
② 평소에 하는 말과 행동이 서로 불일치하거나 모순될 때
③ 생각, 감정, 행동이나 그의 표현에서 무엇인가 일치하지 않는 점이 있을 때
④ 스스로 인식하는 인식내용이 타인들의 그것과 불일치할 때
⑤ 평소의 언행이 일반적으로 기대되는 방향-예컨대 도덕, 윤리, 규칙 등-과 불일치할 때
⑥ 클라이언트의 장래에 해로운 행동이나 사회적으로 바람직하지 못한 행동, 사회적 실재에 관해 클라이언트가 잘못된 정보를 가지고 있을 때

맞닥뜨림은 충분한 신뢰관계가 형성되었을 경우 사용하는 것이 좋고, 클라이언

트의 구체적 행동 패턴(특별한 행동이나 사건)을 말하고, 일어날 부정적 결과를 지적한 다음, 나의 느낌을 말한다. 그러고는 생각해 보기를 권한다. 가급적이면 부드럽고, 지지적으로, 진실되게 하고, 사용언어와 방법에 있어 예의바르게 하는 것이 좋다. 맞닥뜨림은 클라이언트로 하여금 자신이 생각하지 못했던 점을 새롭게 제공한다는 데 의미가 있긴 하지만, 클라이언트에게 상처를 주거나 그의 반발을 초래할 수도 있기 때문에 쉽게 활용될 수 있는 것은 아니다. 그렇지만 문제의 근원이 그에게 있거나 그 자신의 잘못에 있다면 그것을 그냥 이해하고 넘어가서는 문제해결이 어렵다. 그러한 경우에 그것을 적절히 지적하여 변화를 할 수 있도록 도와줄 필요가 있다.

(8) 침묵 활용하기

원조관계에서 침묵도 중요한 의사소통의 한 수단이다. 침묵의 의미를 이해하고 해석하는 것도 클라이언트를 이해하는 데 중요하게 작용한다. 침묵의 의미를 클라이언트 이해에 활용할 수 있어야 한다. 많은 사람들이 침묵의 의미를 이해하지 못하고, 무관심이나 저항 등의 의미로 해석하고, 침묵을 참지 못하는 경향이 있다. 또한 침묵이 길어지면 크게 긴장하는 경우를 볼 수 있다. 많은 사회복지사들이 침묵을 거북해하고 빨리 무엇인가 대화를 이어 가려고 한다.

일반적으로 의사소통과정에서의 침묵은 이전 내용이나 질문한 내용에 대해 어떻게 이야기할 것인가를 생각하고 있다는 의미일 수도 있고, 이전 사회복지사의 이야기 내용이 본인의 마음에 들지 않는다거나, 이해하지 못하는 것, 타당성을 생각하는 의미일 수도 있다. 물론 더 이상 이야기하고 싶지 않다는 의미도 내포하고 있는 것 또한 사실이다.

사회복지사는 클라이언트에게 생각하고 느낄 수 있는 충분한 시간과 공간을 주는 것이 중요하다. 침묵의 순간을 참아 내는 것을 배울 필요가 있고, 그 침묵의 의미를 찾으려고 노력해야 할 것이다. 침묵에 대해서는 계속 기다려 주는 방법이 있을 수 있고, 침묵이 너무 길어지게 되면 한번쯤 감정 내지는 지각을 반영해 주는 방법도 있을 수 있다. "울고 싶으면 울어도 좋습니다.", "아주 슬퍼 보이십니다. 제가 이야기한 것이 너무 민감한 문제였나요?", "천천히 생각해 보세요."처럼 감정을 반영해 줄 수 있을 것이다.

(9) 기타 면접과정에서의 유의 사항

① 클라이언트의 말, 이야기 차단하지 않기

클라이언트의 말을 가급적 중간에서 차단하지 않는 것이 정보를 더 많이 확보할 수 있고, 사회복지사에 대한 신뢰관계 형성에 도움이 된다. 불가피하게 차단해야 할 경우는 미안하다고 말하고, 그 이유를 설명하는 것이 좋다.

② "잘 모르겠습니다만 찾아보겠습니다", "노력해 봅시다"에 친숙하기

사회복지사가 클라이언트의 모든 문제를 알거나 해결해 갈 수 있다고 생각해서는 곤란하다. 전지전능하지 않다는 것이다. 그렇지만 사회복지사는 자주 이런 혼동을 하는 경우가 많다. 혹 모른다고 하면 권위가 떨어질 것이라고 생각하는 경우가 있다. 물론 사회복지사는 클라이언트를 위한 자료나 정보를 찾아 줄 필요가 있지만, 약속한 것에 대해 최선을 다하는 모습을 보이면 된다.

③ 사회복지사는 가능하면 많이 이야기하지 않기

면접은 보다 많은 정보를 클라이언트에게 찾아내는 작업이고, 어떻게 보면 클라이언트에게 맺혔던 감정을 환기시키는 기회를 제공하는 과정으로도 볼 수 있다. 이 과정에서 사회복지사는 길만 인도하는 것으로도 충분하다.

그 외 무시, 경멸, 비난, 조소해서는 안 되고, 비판적, 교조적, 설교적이어서는 곤란하다. 또한 클라이언트의 결점을 드러내어 수치심을 느끼도록 해서도 안 된다.

CHAPTER 08

사회복지실천의 과정

사회복지실천은 변화나 기능 향상을 위해 도움이 필요한 개인, 가족, 집단에 대해 전문적 지식과 기술을 갖춘 사회복지사가 계획된 절차와 단계에 따라 도움을 제공하는 일련의 과정이다. 따라서 사회복지실천에는 일정한 계획적이고 조직적·체계적 절차와 단계를 포함한다. 사회복지실천과정은 학자들마다 약간의 차이를 두지만 일반적으로 초기단계 – 중간단계 – 종결단계로 구분하고 있다. 그렇지만 현실적으로 사회복지현장에서 이러한 단계에 따라 그대로 이루어지는 것은 아니다.

일반적인 사회복지실천과정

도움을 받기 위해 찾아온 사람을 기관의 사회복지사가 처음으로 접촉하여 접수(intake)하고 긍정적 원조관계를 수립하면서 관련된 정보와 자료를 수집, 사정하고 개입목표와 계획을 세우는 **초기단계**, 계획된 대로 원조활동을 수행하면서 이를 점검하고 진행해 나가는 **중간단계**, 원조활동의 효과를 평가하고 원조관계가 만족스럽고 긍정적으로 끝나도록 하는 **종결단계**

〈표 8–1〉 사회사업실천단계와 주요과제

실천단계	주요 과제 내용	단계 명칭
1단계 2단계	접수, 문제 또는 욕구확인 피원조자와의 신뢰관계 형성 : 초기 불안감과 저항감 해소	접수단계 개시단계
3단계 4단계	문제나 욕구와 관련된 정보 및 자료수집 수집된 정보와 자료의 사정	조사단계 초기단계*
5단계 6단계	문제의 원인, 범위와 해결목표의 설정 피원조자와의 문제와 욕구에 대한 동의 및 원조계약체결	진단단계 초기단계*
7단계 8단계 9단계	문제해결을 위한 구체적 변화전략수립 변화창출 : 치료, 원조, 개입, 교육, 고통제거, 동기조성, 자원연결, 행동변화 변화정도의 평가 : 제공된 서비스의 효과측정, 사후지도	치료단계 중간단계*
10단계	원조관계의 종결	종결단계*

* 단계명칭은 심리사회적 모델과 기능적 모델(*표)의 명칭임.
출처 : 박종삼(2002 : 83).

〈표 8-2〉 사회복지실천과정에 대한 학자들의 다양한 입장

Sheafor et al.	Johnson	Northen	김융일 외	장인협	양옥경 외	엄명용 외
· 접수와 관계 형성 · 자료수집과 사정 · 계획과 계약 · 개입과 모니터링 · 평가와 종결	· 사정 · 계획 · 직접적 개입활동 · 간접적 개입활동 · 평가 및 종결	· 사정 · 계획 · 초기단계 · 핵심단계 · 문제해결 단계 · 종결 · 평가	· 접수 및 참여유도 · 자료수집, 사정, 계획 · 개입 · 평가 및 종결	· 사정 · 계획 · 개입 · 평가 · 종결	· 접수 · 자료수집 및 사정 · 목표설정 및 계약 · 개입 · 평가 및 종결	· 초기단계 - 접수와 관계형성 · 중간단계 - 개입수행 · 종료단계 - 평가와 종결

출처 : 엄명용 외(2000), 이영분 외(2001), 양정남 · 최선령(2002) 참고해서 재구성함.

〈표 8-2〉에서 볼 수 있듯이 학자에 따라 다양한 입장[1)]을 나타내고 있지만 클라이언트와 그를 둘러싼 환경에 대한 변화를 돕는 사회복지실천의 전 과정에 대한 기본적 입장에 있어서는 크게 차이가 없는 것을 알 수 있다. 이 책에서는 [그림 8-1]과 같은 입장을 취하고자 한다.

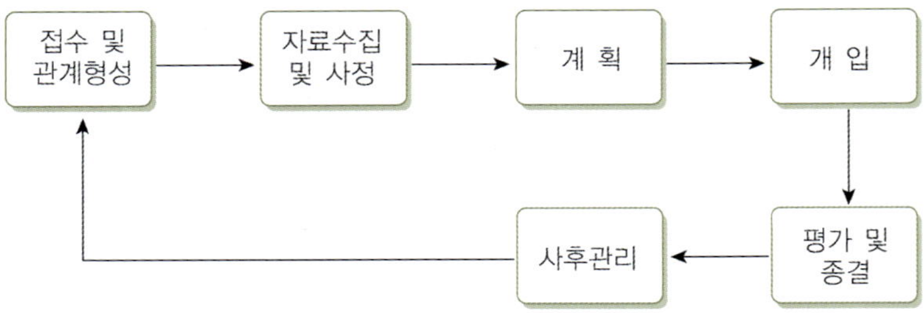

[그림 8-1] 사회복지실천 전 과정

1) 펄만(Perlman, 1957) : 개시(접수)기 → 중간기 → 종료기, 홀리스(Hollis, 1965) : 조사단계 → 진단단계 → 치료단계, 콤프톤과 겔러웨이(Compton & Gallaway, 1989) : 관여단계 → 사정 · 평가단계 → 행동단계, 기능적 모델에서는 초기단계 → 중간단계 → 종결단계

1. 접수 및 관계형성

1) 접수 및 관계형성 과정의 개괄

클라이언트가 사회복지사를 방문했을 때 우선 사회복지사는 클라이언트가 왜 왔는지, 어떠한 욕구를 가지고 있는지, 어떠한 문제를 가지고 왔는지에 대해 대화할 필요가 있고, 그러한 부분에 대해 사회복지사 개인적으로 또는 본인이 소속되어 있는 기관(사회복지기관)에서 클라이언트에게 도움이 될 수 있는 서비스를 제공할 수 있는지 여부를 모색할 필요가 있다(욕구와 기관의 서비스 내용의 적합성 고려). 이러한 과정을 초기면접(intake)이라고 한다. 면접 후 서비스에 대한 적합성을 가질 때 접수과정을 거치게 된다. 만약 이 과정에서 클라이언트가 서비스를 제공받을 수 있는 자격이 없는 경우라든지 또는 클라이언트의 문제가 사회복지사 개인적으로나 소속기관에서 해결하기 어려운 경우 적절한 다른 기관으로 의뢰해야 할 것이다.

초기면접 및 접수 과정에서 클라이언트와의 긍정적 관계가 형성될 수 있도록 해야 할 것이고, 클라이언트의 정서 상태에 충분한 주의를 기울일 필요가 있다. 사회복지사와 클라이언트 간의 첫인상은 클라이언트와의 관계형성에 대단히 중요하다. 면접 이후 전 과정에서 클라이언트가 자신의 변화에 적극적으로 참여하는 것은 절대적으로 요구되는 사항이다. 적절하고 긍정적인 관계형성을 통해 클라이언트의 참여를 유도해야 할 것이다. 참여유도는 대화에 의해 자신의 문제해결이나 욕구충족을 위해 클라이언트 자신이 적극적으로 참여해야 한다는 점을 확인하는 것에 의해서도 가능할 것이고, 궁극적으로는 사회복지사와 클라이언트 간의 긍정적인 관계형성을 통해서 이루어질 수 있을 것이다.

2) 주요 활동

접수 및 관계형성 과정에서 해야 할 일은 여러 가지가 있을 수 있다. 접수 과정에는 먼저 클라이언트의 문제 확인이 있어야 할 것이다. 그 다음으로 사회복지사 및 사회복지기관에 대한 클라이언트의 욕구와 기대 확인이 있어야 할 것이다. 이후 당해 기관의 서비스에 대한 정보를 제공해야 할 것이고, 서비스 수혜 여부를 결정해야 할 것이다. 서비스를 제공하는 것이 결정된 이후에는 어떻게 서비스가 제공될 것인가에 대한 안내 및 관련 서식 작성이 있어야 할 것이다. 이를 시간별로 그림으로 나타내면 [그림 8-2]와 같다.

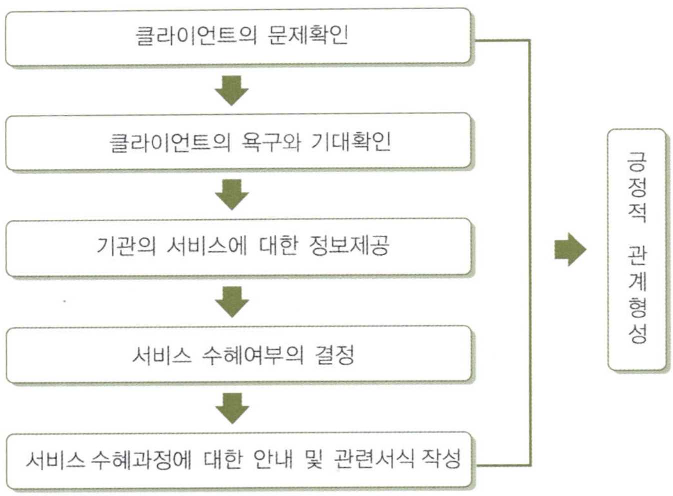

[그림 8-2] 접수 및 관계형성과정

(1) 클라이언트와의 긍정적 관계형성

클라이언트와의 긍정적인 관계형성은 접수과정뿐 아니라 이후 사정 및 개입과정 등 종료한 이후까지도 계속 중요한 활동이다. 특히 클라이언트의 첫인상 및 접수과정에서의 첫 만남은 이후 서비스 제공과정에서 아주 중요하게 작용한다. 경우에 따라서는 첫 만남에서 클라이언트 스스로 문제가 모두 해결되었다고 느낄 수도 있을 정도로 그 첫인상 내지 첫 만남은 중요하고, 첫 만남에서의 긍정적 관계형성은 중요하고, 첫 만남에서의 긍정적 관계형성은 대단히 중요하다.

클라이언트와의 첫 만남에서 사회복지사는 클라이언트에게 자신의 문제를 충분히 내놓을 수 있도록 편안하고 지지적인 환경을 제공할 수 있어야 한다. 사회복지사는 비에스텍(Biesteck)의 관계의 7대 원리를 충분히 체득하여 활용할 수 있어야 할 것이고, 앞서 살펴본 면접의 기초기술을 활용해 긍정적인 관계형성은 물론이고 각종 필요한 정보를 획득하는 것이 중요하다. 특히 사회복지사는 클라이언트로 하여금 스스로 중요하게 인식되고 있다고 느낄 수 있도록 해야 할 것(존중받고 있다고 느낄 수 있도록)이고, 충분히 수용되고 있고, 내 문제를 인식하고 이해하는 사람이라는 느낌을 가질 수 있도록 해야 할 것이다.

(2) 저항 다루기

첫 만남에서 클라이언트가 비교적 솔직하게, 자신의 감정을 표현하면서 자신의 문제에 대해 이야기한다면 이후의 진행이 순조롭게 진행될 것이다. 경우에 따라서는 여러 가지의 저항감을 표출할 수도 있다.

사회복지사에 대해 클라이언트들이 흔히 보이는 저항의 형태는 두려움과 각종의 양가감정 등이 있을 수 있다. 그리고 부모님의 권유나 선생님의 강권에 의해 비자발적으로 면접과정에 나오게 된 경우의 난폭한 행동이나 비협조적인 면접태도, 예를 들어 말을 하지 않는다거나, 지나치게 순응적이거나, 침묵으로 일관한다든지 하는 방어적인 태도 등이 있을 수 있다.

저항의 근원

저항은 사회복지사와 클라이언트의 관계에 하나의 장애로 작용할 수 있다. 저항은 클라이언트가 협조하기를 의도적으로 거부하는 행위를 말한다. 저항은 초기과정에만 있는 것은 아니고, 보편적인 현상이다. 정해진 시간에 오지 않거나, 면담과정에 비협조적이거나 의미 없는 말만 되풀이한다거나, 중요한 이야기는 빼고 사소한 이야기만 계속하는 것도 포함된다. 어쨌든 사회복지실천은 클라이언트로 하여금 변화를 요구하는 것이기 때문에 대부분의 클라이언트는 저항할 수밖에 없다. 체계는 현상유지경향을 가지고 있기 때문이다. 우리들도 가기 싫은 곳을 가야 할 경우 싫은 것처럼 말이다. 그리고 면접과정에서는 대개 과거의 경험이나 드러내고 싶지 않은 원초적인 본능이나 욕구, 다른 사람들에 대한 적개심 등을 드러내야 하기 때문에 클라이언트 스스로 고통스러울 수 있다. 저항의 근원은 바로 여기에 있다.

비자발적인 클라이언트의 경우 다양한 반응을 보일 수 있지만, 때로 분노를 표출하는 경우가 있다. 부모나 경찰, 선생님을 향한 분노, 이들로부터 버림받거나 제대로 이해받지 못하고 있다는 인식의 표현일 수 있다. 좌절감의 표현인 것이다. 만약 분노의 표출이 심하여 폭력적인 경우는 스스로의 입장과 처지를 스스로 직면할 수 있도록 할 필요가 있다. 물론 지나치게 폭력적이어서 같은 공간에 함께 있기 어려울 경우는 일단 피하는 것이 좋다. 그러지 않고 사회복지사를 모욕한다든지, 소리를 지른다든지 하게 되면 "이런 식으로 나를 대한다면 상대할 수 없다."고 말해야 할 것이다. "내게 소리를 지르면 나는 더 이상 이야기를 할 수가 없다. 이런 태도를 보이는 것은 충분히 이해하지만 계속 이런 태도를 보이게 되면 내가 도와주기 힘들다." 등을 표현하는 것이 좋다. 부모님과의 좋지 않은 관계, 이로 인한 이후의 결과, 수강명령을 받아 일정 시간 집단 프로그램에 참여하게 되어 있는데 이 과정을 거부한다면 더 큰 결과를 초래할 수도, 부가적인 처벌을 받게 될 수도 있을 것이라는 사실에 직면하도록 할 수 있다. 그렇지만 가장 좋은 대처방법은 진실된 태도로 돕고자 하는 모습이나 태도를 보여주고, 깊은 공감적 반응을 해 줌으로써 클라이언트의 부정적 감정을 표출시켜 정서적으로 정화될 수 있도록 해 주는 것이다.

자발적으로 참여한 경우에도 저항은 있기 마련이다. 특히 사회복지사에게 문제를 드러내게 되면 클라이언트 본인의 문제가 외부로 드러나 본인에게 해(害)가 되지는 않을까? 자신에 대한 부정적인 면이 드러나지는 않을까 하는 두려움을 가질 수 있다. 따라서 도움은 받고 싶지만 한편으로는 심판, 비난, 통제되지 않을까 하는 두려움, 즉 양가감정[2)]을 가질 수 있다. 또한 사회복지사에 대한 믿음, 신뢰가 부족해 회의적인 감정을 가지는 경우도 있다. '괜히 시간 낭비하는 것 아닌가?' '내가 보니 별로 믿을 사람이 못되는데 비용만 나는 것이 아닌가? 등. 사회복지사는 이 같은 양가감정을 인식하게 되면 진실된 태도를 가지고 면접과정에 오게 된 클라이언트를 격려, 지지하고, 클라이언트의 솔직한 감정을 표현할 수 있도록 하는 것이 가장 최선이라고 볼 수 있다.

양가감정은 대표적으로 자신의 부정적인 면 또는 문제나 사적인 생활이 노출되는 데 대한 두려움이나 사회복지사에 대한 부정적인 감정 또는 신뢰하지 못하는 마음에서 비롯되는 경우, 또는 자신이 변화해야 하는 데 대한 두려움에서 비롯되는 경우가 많기 때문에 클라이언트 자신에 대한 인지구조를 재구성하는 것도 중요하다고 볼 수 있다. 자신의 변화가 문제의 핵심으로 생각할 수 있도록 왜곡된 인지를 재구조화 한다든지, 자신의 변화가 가져오는 새로운 희망감을 부여한다든지, 비밀보장에 대한 신뢰감을 확보하는 것 등이 양가감정으로 인한 사회복지사와 클라이언트 간의 부정적인 관계 회복에 도움이 될 수 있을 것이다.

2) 헵워스와 라슨(Hepworth & Larsen, 1990)은 ① 과거의 경험에서 오는 사회복지사에 대한 회의적 태도, ② 자신의 사적인 생활을 노출하는 데 대한 저항감, ③ 원조과정에 대한 잘못된 오해, ④ 자신에 대한 부정적인 면이 드러날까 봐 두려움, ⑤ 사회복지사로부터 비판, 비난, 통제받을까 봐 두려움, ⑥ 변화에 대한 자신의 욕구에 대한 불확실함, ⑦ 실체가 없는 것에 대한 비용지불에 대한 저항감, ⑧ 클라이언트와 사회복지사의 인종적 · 문화적 차이 등의 상황에서 양가감정이 발생한다고 설명하고 있다(양정남 · 최선령, 2002 : 86 재인용).

(3) 클라이언트의 문제 확인 및 욕구와 기대 확인

클라이언트가 무슨 문제를 가지고 왔는지를 확인하는 것 그리고 클라이언트의 문제에 대한 욕구와 기대, 클라이언트가 사회복지기관이나 사회복지사에게 가지는 기대를 확인하는 것은 초기면접과정에서 중요하다. 이후 클라이언트에 대한 개입과정에서 목표설정과 관련되기 때문이다.

클라이언트가 맨 처음 기관을 찾아온 이유가 되는 클라이언트의 문제는 클라이언트가 말하는 문제가 중심이 되겠지만, 때로 전혀 다른 문제가 클라이언트의 문제로 부각될 수도 있다. 예를 들면 7세 남아가 저녁 무렵이면 계속 오줌을 싸는 문제로 처음 방문한 경우, 세부적으로 살펴본 결과 부부간의 문제인 것으로 드러나는 경우가 그렇다. 그렇지만 자료수집 및 사정과정에서 새로운 문제가 부각될 수는 있지만 초기면접과정에서 새로운 문제가 부각되는 경우는 많지 않을 수도 있다.

클라이언트는 문제 내에서 나름의 욕구와 기대가 있을 수 있다. 예를 들면 빈곤과 알코올중독, 부모-자녀 간의 문제, 부부문제를 동시에 가지고 있는 클라이언트의 경우 술만 좀 덜 마셨으면 좋겠다는 본인의 의지와 욕구, 탁아에 대한 기대가 있을 수 있다. 이러한 욕구와 기대는 사회복지사가 클라이언트의 문제를 해결하는데 있어 우선적인 개입목표가 될 수 있을 것이다.

(4) 기관의 서비스에 대한 정보 제공

사회복지사는 소속 사회복지기관이 클라이언트에게 제공할 수 있는 서비스에 대한 정보를 아주 명확하게 제공할 필요가 있다. 명확하게 제공하지 않으면 클라이언트는 비현실적인 기대를 할 수 있기 때문이다. 기관에서 제공할 수 없는 부분에 대해 '제고해 보겠다' 또는 '노력해 보겠다' 등의 유보적인 태도를 보이는 것은 클라이언트에 대한 약속이라는 측면에서도 곤란하다. 제공할 수 있는 부분은 분명하게 제시하고, 다른 기관에 의뢰할 부분이 있으면 의뢰를 클라이언트와 논의할 필요가 있을 것이다. 예를 들어 A라는 사람은 취업이 필요하고, 부모역할에 대한 왜곡된 개념을 가지고 있어 부모역할훈련에 참가할 필요가 있다. 그렇지만 B복지관에서는 부모역할훈련이 제공되지 않는다면, A클라이언트와 상의해서 부모역할 훈련이 제공되는 기관으로의 위탁훈련을 제공할 수 있을 것이다.

기관이 제공할 수 있는 서비스에 대한 정보를 클라이언트에게 제공하는 것은 클라이언트에게 비현실적인 기대를 가지지 않도록 하기 위함이기도 하고, 클라이언트에게 서비스 선택기회를 제공하여 스스로 자기결정을 통해 문제해결 노력을 할 수 있다는 능력인식을 경험하도록 하기 위함이기도 하다.

(5) 서비스 수혜 여부의 결정

여기서 서비스 수혜 여부를 결정하는 것은 클라이언트이다. 만약 사회복지사 또는 사회복지기관이 특정 클라이언트에게 제공할 서비스를 결정한다고 한다면(서비스 제공 여부 결정이 되어서는 곤란) 서비스 제공자 중심이 될 수 있다. 사회복지현장에서는 실제로 사회복지사가 전문가적 고집, 전문성, 실천적 경험에 기반을 두어 일방적으로 서비스 여부와 종류를 결정하기도 한다. 클라이언트의 자발적인 결정을 존중해야 할 것이다. 클라이언트에게 권한부여(empowerment)의 의미를 가져야 한다는 것이다.

클라이언트의 자발적인 결정과 클라이언트의 욕구와 기대를 감안해 서비스를 제공할 수 없을 경우 적절한 기관으로의 의뢰가 바람직하다. 다른 기관으로 의뢰하는 경우 많은 주의를 기울여야 한다. 클라이언트는 거절감, 좌절감을 많이 경험했고, 최후의 선택으로 또는 힘들게(사회복지기관에 클라이언트들이 방문하는 것은 많은 용기와 의지가 필요하다) 방문한 것이기 때문에 다른 기관으로 의뢰하게 되면 또 한 번의 거절감을 경험할 수 있기 때문이다. 따라서 의뢰의 경우, 다른 기관에 대한 충분한 정보를 제공하고, 클라이언트와 충분한 의견교환과 동의를 받아야 할 것이고, 정서적으로 지지하고, 이후 계속 관심을 가질 것을 약속하는 것이 바람직할 것이다.

(6) 서비스 수혜과정에 대한 안내 및 관련서식 작성

클라이언트의 서비스 수혜에 대한 결정이 이루어진 후에는 서비스 수혜과정과 절차에 대한 안내가 있어야 할 것이고, 서비스 수혜에 대한 관련서식을 작성하는 것으로 접수과정을 마무리할 수 있다.

서비스 수혜에 대한 규칙과 클라이언트의 수행역할과 사회복지사의 역할에 대해 설명해 주고, 구체적인 세부사항에 대한 안내가 이루어져야 할 것이고, 이 과정에서 클라이언트가 충분히 알아들을 수 있도록 명확한 설명이 이루어져야 할 것이다. 그리고 출석 및 시간엄수, 클라이언트에 대한 방문허용, 클라이언트의 동의에 기반을 둔 상담허용 등 세부적인 부분에서 약속을 받아 두는 것이 좋다.

모든 사회복지기관에서는 초기면담기록지를 사용하고 있다. 초기면담기록지에는 클라이언트에 관련된 기본정보와 주요문제, 가족관계, 오게 된 경위, 이전의 서비스 수혜 여부 및 종류 등이 포함되어 있다. 초기면담기록지는 클라이언트가 직접 작성하는 것을 원칙으로 한다.

2. 자료수집과 사정

초기면접과 접수가 이루어진 후 사회복지사는 본격적으로 클라이언트로부터 문제(알려진 문제 또는 클라이언트가 인식하고 말하는 문제가 아닌)를 확인할 필요가 있다. 클라이언트의 욕구와 문제의 성격(특징적인 모습, 발생횟수 등), 그 문제로 인한 주변에의 영향, 클라이언트가 생각하는 문제의 원인 등에 대한 신중한 확인이 있어야 할 것이다. 이를 위해 환경 속의 인간의 내면적인 부분, 환경 내에서의 각종 경험, 관계양상 등 다양한 출처의 자료수집이 이루어져야 할 것이다.

자료수집의 가장 중요한 정보원은 클라이언트 자신이고, 필요에 따라 가족, 이웃, 직장동료, 친구, 공식 · 비공식기록 등의 정보원을 가져야 할 것이다. 사정은 아는 것, 이해하는 것, 평가하는 것, 개별화시키는 것, 캐내는 것 등을 의미한다. 사회사업, 법학, 의학, 교육학, 건축학, 공학 등 어떤 학문이든지 모든 전문직 종사자는 거론되는 상황과 욕구 혹은 문제 등을 이해하고, 이에 근거하여 자신이 개입하는 것을 기반으로 하고 있다. 만일 상황, 욕구, 문제 등과 관련된 요인의 전체적인 윤곽에 대한 사정 없이 사회사업 사례에 접근한다면 그 개입은 틀에 박힌 것, 요행을 바라는 것, 임의적인 것이 되든지 혹은 실천가의 선호에 따라 오류를 범하게 될 것이다. 모든 전문직에서 사정은 개입의 성질과 방향 그리고 범위를 이상적으로 조절하는 과정이다(Carol H. Meyer, 사회복지대백과사전, 1999 : 212).

1) 자료수집과 사정의 개념

자료수집과 사정은 클라이언트와 클라이언트의 욕구, 기대, 문제 등을 확인하고, 이해하는 과정이다. 자료수집과 사정을 엄격히 구분하기는 힘들다. 자료수집과정에서 사정이 동시에 진행되기 때문이다.

자료수집은 클라이언트의 문제를 이해, 분석, 해결하는 데 필요한 자료를 모으는 일을 말한다. 자료수집에는 클라이언트의 문제에 대한 자료수집도 중요하지만 클라이언트의 강점과 잠재적 역량에 대한 자료수집도 중요할 것이다. 클라이언트의 강점과 잠재적 역량 중심의 개입은 중요한 사회복지실천으로 받아들여지고 있다.

사정(assessment)은 수집된 자료들을 해석하고, 주관적인 의미를 부여함으로써 최종적으로 문제를 규정하고, 문제의 인과적 관계를 확인하는 과정이다. 사정을 쉽게 생각해서 대학졸업사정의 예로 들어 보자. 대학졸업이 있기 위해서는 교수중심(졸업사정위원회)의 졸업사정이 있게 된다. 학생의 행적과 성적에 대한 자료를 중심으로 학생에 대한 재학시절 평가가 있게 되고, 졸업기준과 적합 여부를 따져 보게 된다. 그리고 부적합하다면 왜, 어디에서 부족한가, 해결할 방법은 없는가, 이후 졸업을 하려면 어떤 부분이 보완되어야 할 것인가 등이 논의될 수 있다.

이를 사회복지실천의 사정에 적용하면 클라이언트와 클라이언트의 문제에 대해 수집된 자료를 평가(주관적인 의미부여 등)해서 사회복지실천의 경험적 기준과 대비하는 과정이 있게 될 것이다. 문제가 무엇인가, 잠재적인 문제(본인이 인식하지는 못하지만 앞으로 나타날 수 있는 문제)는 없는가, 문제의 양상은 어떤가, 문제와 관련된 체계는 어떠한가, 문제를 해결할 수 있는 방법은 무엇인가, 문제를 가진 클라이언트는 해결의지가 있는지, 해결능력은 있는지 등에 대한 이해와 해석의 과정과 개입계획을 세우는 과정을 포함할 것이다.

역사적으로 사회복지실천의 전문화 초기에는 사정이라는 용어보다는 진단(diagnosis)이라는 용어를 사용했다. 지금도 정신의료사회사업 분야에서는 진단이라는 용어를 사용하기도 한다. 그러나 최근 들어 사회복지실천에서는 진단보다는 사정이라는 용어를 사용한다. 사정은 클라이언트의 어려움을 해결하는 것뿐만 아니라 클라이언트의 성장잠재력을 향상시키며 새로운 성장가능한 자원을 개발하는 데 사회복지실천의 목적을 두는 강점중심적 접근이 강조되고 있기 때문이다(Hepworth & Larsen, 1990; Zastrow, 1995).

진단이라는 용어는 문제중심모델(전통적으로 사회복지실천방법론들은 문제에 초점을 맞추고 있다) 또는 질병－의료모델(1920년대에서부터 1960년대까지 대부분의 사회복지실천 프로그램은 인간행동과 인간문제를 이해하기 위해 프로이트 이론에 기반을 둔 의료모델을 활용하였다)에서 주로 사용했고, 증상, 질병, 역기능 등과 같은 부정적인 의미를 내포하고 있다. 클라이언트를 치료해야 할 질병을 가지고 있는 질병인(환자)으로 봄으로써 처음부터 그 잠재력을 인식, 평가하기 어려웠고, 클라이언트 스스로도 비관적으로 볼 수 있는 가능성을 내포하고 있다.[3)]

3) 의료모델에서는 클라이언트를 환자로 본다. 사회복지사의 첫 번째 과업은 환자가 가진 문제의 원인에 대한 진단을 내리는 것이며 그러고 나서 치료를 한다. 진단적 과정은 의사가 진단을 내리는 방법과 유사하다. 즉, 의사는 문제를 확인하기 위하여 검진하고, 문제를 환자 내면에 자리 잡은 질병 혹은 질환으로 본다(김기태 외, 2002 : 169).

그러나 개입을 위한 사정은 잘못된 부분(문제, 문제에 대한 잘못된 대응 등)도 포함하지만 문제해결, 기능 향상, 잠재력 실현, 새로운 자원개발에 활용될 수 있는 강점, 긍정적 요인 평가 등을 포함하고 있다(강점에 대한 관심). 또한 사정은 문제해결 과정 및 개입과정에서와 마찬가지로 클라이언트의 참여를 기본으로 하고 있다(클라이언트의 참여에 대한 관심). 의료모델에서는 사회복지사는 클라이언트의 치유를 돕기 위해 어떤 유형의 치료를 한다. 클라이언트는 치료에 대해 반응하며 변화과정의 파트너이기보다는 변화의 표적이 된다.

2) 자료수집 원(sources)

사회복지실천에 있어서 자료수집의 가장 대표적인 수단은 클라이언트와의 면접이다. 면접 이외에도 자료수집 원은 여러 가지가 있을 수 있겠지만 가장 중요하게 다루어야 할 자료수집 원은 역시 클라이언트와의 면접과정에서 얻어진 자료들일 것이다. 클라이언트에 대한 사회복지실천과정에서 가장 중요한 부분이 클라이언트와의 관계부분이고, 이를 위해서는 상호신뢰관계에 있어야 하기 때문일 수도 있고, 인지력을 가지고 있다면 역시 클라이언트 본인의 문제이기 때문일 것이다.

사회복지실천에서 가장 보편적으로 활용되는 자료의 출처는 ①클라이언트가 작성한 서식내용, ②클라이언트의 구두보고, ③비언어적 행동에 대한 직접관찰, ④상호작용의 직접관찰, ⑤클라이언트의 자기 모니터링, ⑥친척, 친구, 동료, 이웃, 기타 전문가로부터의 부수적 정보, ⑦심리검사, ⑧클라이언트와의 상호작용을 근거로 한 사회복지사의 개인적 경험(Hepworth & Larsen, 1993 : 195; Zastrow, 1995 : 78) 등이 있다.

(1) 클라이언트의 진술

대체로 클라이언트의 구두진술은 정보의 가장 중요한 출처이다. 구두진술은 문제에 대한 진술, 감정표현, 사건보고, 클라이언트의 문제를 보는 관점제시, 가족과 문제관련자와 관련체계들에 대한 진술 등으로 구성된다. 구두보고는 클라이언트가 말하는 것이고 사회복지사가 직접 관찰한 것이 아니기 때문에 신뢰성이라는 부분에서 한계점을 가지고 있다. 클라이언트가 잘못 기억하였거나 왜곡하여 인지하였거나, 고의로 거짓보고를 했거나, 편견을 가졌거나, 자아인식이 부족하였거나 하는 등의 여러 제한점을 내포하고 있다. 따라서 사회복지사는 클라이언트의 진술과 보고를 무조건적으로 받아들이는 것보다는 다른 자료들과의 비교를 통해 그 타당성을 확보할 필요가 있을 것이다. 그렇다고 클라이언트의 진술을 무조건 받아들이지 않는 것도 안 될 것이다.

(2) 비언어적 행동의 직접관찰

언어적인 진술과 보고는 클라이언트의 의도에 따라 그 제한점을 가지고 있지만, 비언어적인 것은 은연중에 나타나는 것이기 때문에 클라이언트의 정서적 상태를 알아볼 수 있는 일차적 · 직접적 정보라고 볼 수 있다. 따라서 비언어적 행동에 대한 사회복지사의 직접적인 관찰은 클라이언트로부터 가치 있는 정보를 획득할 수 있게 할 것이다.

(3) 상호작용의 직접관찰

상호작용의 직접관찰은 클라이언트와 그 가족 혹은 다른 관련 상황과의 상호작용을 그대로 재현하도록 해서 그 상호작용과정을 사회복지사가 직접 관찰하는 것을 의미한다. 가족성원들과의 의사소통유형이라든지, 가족 간의 역할관계 등을 직접 재현하도록 격려하고, 재현과정에서 정확히 관찰하는 경우를 말한다. 그렇지만 재현과정에서의 상호작용에도 참여자들의 진실한 모습이 요구된다.

(4) 클라이언트의 자기 모니터링

클라이언트의 문제양상에 대한 자기이해를 돕기 위해서나 클라이언트가 자기문제를 명확하게 인식하지 못할 때 문제행동빈도, 문제행동 발생 시 감정 등을 스스로 체크해보는 것을 의미한다. 분노조절이 제대로 되지 않는 클라이언트에게 하루 중 분노가 일어나는 때마다 수첩에 그 상황을 기록하게 한다든지, 왼쪽 주머니의 바둑알을 오른쪽 주머니로 옮기게 하는 경우를 말한다. 그리고 분노가 일어난 상황에서 조절이 제대로 되지 않은 것에 대한 감정 상태를 기록하게 하는 것 등을 일컫는다. 이런 자기 모니터링은 클라이언트에게 자신의 문제이해에 적극적이도록 하며, 적극적인 참여를 유도하는 효과를 가진다. 변화의 동기가 부여되기도 한다.

(5) 부수적 정보

클라이언트와 그가 가진 문제에 대해 클라이언트가 진술하는 것과 친척, 이웃, 직장동료, 친구, 기타 전문가들로부터 얻게 되는 (부수적) 정보가 때로 차이가 나는 경우도 있다. 이들로부터 얻을 수 있는 직장력, 사회력 등은 클라이언트를 이해하는 데 아주 중요한 정보가 될 수 있다.

(6) 심리검사

심리검사는 객관적이고 표준화된 측정을 통해 인간의 내적 · 심리적 특성을 파악하는 과정이다. 심리검사는 인지적 속성을 측정하는 검사인 능력검사와 정의적(情意的) 속성을 측정하는 검사로 나뉜다. 능력검사는 대체로 문제풀이 형태이고 지능검사, 적성검사, 성취검사 등이 있고, 후자에는 성격검사, 흥미검사, 태도검사 등이 있다.[4] 심리검사를 이용할 때는 그 분야 전문가의 도움을 받는 것이 좋다.

4) 투사기법(자기 상태를 객관적 대상에 나타내는 경우)에 의한 심리상태검사인 로르샤하(Rorschach)검사(대칭적인 잉크얼룩 그림으로 구성된 10매 카드 제시－연상되는 것), 벤다－게슈탈트검사(BGT, 도형카드를 보여주고 보이는 대로 그리게 해 시지각 기능을 추정), 주제통각검사(그림을 보여주고 연상되는 것), 문장완성검사(뒷문장 공란으로 두고 본인이 채워 간다. "나는 맑은 하늘만 보면 OOO다.") 등이 포함된다.

(7) 클라이언트와의 직접적 상호작용을 통해 얻은 사회복지사의 개인적 경험

클라이언트와 의사소통 및 상호작용과정에서 사회복지사가 얻은 개인적 경험은 클라이언트를 이해하는 데 중요하게 작용할 수 있다. 평소 클라이언트의 대인관계 패턴과 의사소통유형, 숨겨진 내면의 감정, 어릴 적 경험에 대한 감정, 중요한 타인과의 관계에 대한 정보 등을 수집할 수 있다.

3) 사정의 특성

1960년대 사회복지실천은 의료모델의 유용성에 의문을 갖기 시작했고, 환경적 요인들도 클라이언트 문제의 원인에서 내면적 요인만큼 중요하다고 보았다. 이 시기에 사회복지실천은 개인의 병리로부터 클라이언트 환경의 문제로 관심을 돌렸다. 사회복지사들은 클라이언트가 받고 있는 불공평에 대하여 파악하기 시작했다. 체계에 의해 압박을 받고 있는 클라이언트에 대한 옹호의 필요성이 절실하게 되었다. 사회복지사들은 클라이언트에게 무엇이 잘못되었는지를 진단하는 대신 클라이언트가 처해 있는 상황을 조망하면서 사정하기 시작했다.

1970년대 접어들면서 바틀렛(Harriett Bartlett)의 『사회사업실천의 일반적 토대(*The Common Base of Social Work Practice*)』에서 바틀렛은 개인, 가족, 집단, 지역사회 등에 대한 실천을 포함하여 모든 사회사업과정의 기초가 되는 지식의 토대를 규명하였고, 진단 대신 사정이라는 새로운 용어를 사용하였으며, 이것을 지식의 토대에 묶여 있는 분리된 과정(전문가의 활동)이라고 정의했다. 또한 생태체계관점을 만들어 내면서 메이어(Meyer, 1970)는 전통적인 개별사회사업 용어인 '조사', '진단', '치료' 대신 '탐색', '사정', '개입' 등의 단어를 사용하고자 제안했다. 이는 의료과정에서 사회사업을 분리시키고자 하는 시도이며 실천에 있어서 확대된 생태체계의 관점을 확장하려는 시도였다(Carol H. Meyer, 사회복지대백과사전, 1999 : 214).

사정은 다른 과정과는 다르게 여러 가지 특성을 가지고 있다. 학자들에 따라 그 특성을 다양하게 설명하고 있지만, 다음의 몇 가지만 제시하고자 한다.

첫째, 사정은 지속적인 과정이다. 사정은 초기면접이 이루어진 후에만 자료수집과 함께 이루어지는 것은 아니다. 문제해결을 위한 개입과정에서 끊임없이 이루어져야 한다. 초기에 사정결과가 반드시 옳다고 볼 수 없기 때문이고, 초기의 사정과정에서 클라이언트와 그가 가진 문제, 상황에 대한 드러나지 않는 부분이 이후 나타날 수 있는 가능성은 얼마든지 있기 때문이다. 사정은 문제해결의 가장 중요한 부분이다.

둘째, 사정은 클라이언트와 사회복지사 양자가 참여하는 상호과정이다. 사정은 클라이언트의 참여를 포함하고 있고, 클라이언트와의 상호 의사소통과정과 상호작용 속에서 그 내용이 명확해질 수 있다. 진단은 사회복지사의 일방적인 이해와 판단의 의미를 가지고 있지만, 사정은 상호적인 이해 속에서 클라이언트 스스로 자신과 자신의 문제에 대한 이해, 인식으로 나아가도록 하는 것이다.

셋째, 사정은 클라이언트의 강점들을 확인한다. 사정은 클라이언트와 그의 문제, 문제체계에 대한 이해, 분석 의미도 포함하지만, 문제를 어떻게 해결해 갈 것인가에 대한 계획의 의미도 포함하고 있고, 문제나 욕구충족에 방해가 되는 요소를 구체화함으로써 해결하려는 의지도 포함하지만, 클라이언트의 어떤 부분을 강화시켜 문제상황을 극복할 것인가 하는 해결중심적 사고도 포함하고 있다. 따라서 사정은 미래지향적 관점을 가진다. 사정은 '오래 전에 무슨 일이 일어났는가'를 단순히 회고하는 것뿐 아니라 '앞으로 성취하고자 하는 바가 무엇인가'라는 미래지향적 관점을 병행한다(Fox, 1993; 김기태 외, 2002 : 174 재인용).

넷째, 사정은 판단을 동반한다. 클라이언트의 욕구와 문제해결을 위해 가장 우선적으로 고려해야 할 부분과 지점은 어떤 부분과 지점인가, 가장 먼저 해결해야 할 문제는 어떤 문제인가, 이러한 문제들을 해결해 가는 데 적용해야 할 관점과 이론은 어떤 것을 택할 것인가, 클라이언트를 어떻게 관여시킬 것인가 등 다양한 판단을 필요로 한다. 이러한 판단에는 가치의 개입이 필연적이다. 상이한 가치체계들은 같은 상황을 매우 다른 방식으로 보게 한다.

4) 사정의 방법

사정의 방법은 모든 과학적인 탐구에서 사용되는 조사연구와 유사하다. 따라서 다음과 같은 단계로 구성된다(Carol H. Meyer, 사회복지대백과사전, 1999 : 221).

① 사례와 관련된 자료를 수집하고 체계화시킨다.

② 사례와 관련된 자료를 추정하고 해석한다(사건, 관계, 감정, 행동 간의 상호작용에서 의미를 얻는 것). 유사한 문제나 환경을 근거로 사람을 분류해 놓은 것(예 : DSM-IV)을 통해 클라이언트에 대한 이해를 높여 주는 전문지식을 참고하는 것이 이 과정의 한 부분이 된다.

③ 클라이언트가 현재 어떻게 기능하고 있는지 평가하는 데는 클라이언트의 능력, 장단점, 자원이 이용된다.

④ 문제에 대한 정의가 진술된다(본질적인 문제 확인 · 정의). 이 부분에서 사회복지사와 클라이언트는 활용가능한 자원으로 지금 상황에서 무엇이 '가능한지'를 함께 결정한다.

⑤ 개입 혹은 치료계획을 수립한다. 사정과정의 마지막 단계에서 기간(단기, 부정기, 무기한)과 개입이나 치료양식(개인, 가족, 집단), 사례 중에 나타난 모든 변수 가운데서 주안점을 두고 싶은 것, 기대되는 성과 등을 결정한다.

브라운(Brown, 1992 : 154)은 사정과정에서 사회복지사가 고려해야 할 질문내용들을 열 가지로 유형화하고 있다.

① 클라이언트 상황의 본질은 무엇이며 그 자체는 어떻게(어떠한 형태로) 나타나는가?

② 문제에 대한 클라이언트의 태도는 어떠한가?(자신의 문제를 어떻게 보고 있는가)

③ 클라이언트는 문제해결의 동기가 있으며 문제해결능력이 있는가?

④ 현재 문제가 실제적인 문제인가?(단지 문제의 한 증상으로서 나타날 뿐이지 어떤 다른 문제를 가지고 있을 수 있다. 즉, 직장문제로 찾아온 클라이언트는 직장을 갖지 못하는 다른 문제를 가지고 있을 수 있다)

⑤ 클라이언트는 왜 이 시점에서 도움을 구하는가? 클라이언트는 나름대로 다양한 형태로 해결 노력을 하고 있을 텐데, 왜 이 시점에서 사회복지사에게 도움을 요청하는가?(해결 노력 과정과 그 과정의 문제점)

⑥ 문제의 지속기간은 어느 정도인가?(문제발생과 진행과정)

⑦ 클라이언트의 강점과 약점은 무엇인가?

⑧ 클라이언트가 과거에 효과적으로 적용한 문제해결기제는 무엇인가?

⑨ 클라이언트의 목표와 기관에 대한 기대는 현실적인가?

⑩ 개입에 누구의 관여가 필요한가?

5) 사정의 내용

사회복지실천은 그 목적과 주안점이 매우 다층적이므로 사정의 내용은 가변적이다. 클라이언트에 대해 알기 위해 중요한 것으로 볼 수 있는 것은 클라이언트의 환경, 제기된 요구나 진술된 문제 등이다. 서비스나 도움을 주기 위해 사회복지사가 클라이언트의 삶에 관해 모든 것을 알려고 하는 것은 필요하지도 않을 뿐 아니라 바람직하지도 않다. '관련성과 요점의 원칙'(Germain, 1968)에 의해 사례의 내용이 추구하는 바를 통괄할 수 있어야 한다. 예를 들어 환자가 퇴원계획을 세우는 것에 도움을 필요로 한다면, 사회복지사는 환자의 의료욕구, 정상적인 생활방식, 지지체계, 대처능력 등에 관해서만 알면 되는 것이다. 관련성과 요점의 원칙을 유지하기 위해서 좁은 범위를 집약적으로 사정하는 것이 꼭 필요하지만, 수박 겉핥기

식으로 이루어져서는 의미 있는 정보를 빠뜨릴 위험성이 상존한다.

최근 경제적 지원 감축, 단기치료의 효과성이 입증됨에 따라 내용의 단축경향을 볼 수 있고, 이에 따라 클라이언트의 문제와 효과적인 개입의 실마리를 찾기 위해 전문적인 일반지식의 토대(경험적으로 타당성이 입증된 축적된 지식)에 많이 의존하는 경향이다(Carol H. Meyer, 사회복지대백과사전, 1999 : 220).

(1) 문제사정(문제규명)

클라이언트가 가진 문제가 어떠한 문제인지, 어떤 양상(시간, 장소, 빈도, 강도, 지속기간 등)으로 나타나는지, 문제가 일어나는 상황(문제와 관련된 사람, 관련자와의 상호작용 상황 등)은 어떠한지 등을 규명하는 것은 개입계획 및 개입과정을 효과적으로 가져가기 위해 절대적으로 중요하다. 이러한 문제를 규명하는 데는 사회복지사와 클라이언트 간의 합의에 입각해야 함은 말할 나위도 없다.

문제를 규명하는 데 있어서는 클라이언트의 문제에 대한 인식이 아주 중요하다. 때로 클라이언트들은 핵심적인 문제를 파악하지 못하고, 다소 거리가 있는 다른 문제인 것으로 파악하는 경우, 그에 따른 욕구와 기대를 가질 수도 있다. 이때 진짜 문제를 규명하는 것 또한 개입의 효과성을 높이는 데 중요하다. 클라이언트의 문제는 다면적이기 때문이다. 실업이 주 문제라고 말하는 클라이언트에게는 실업으로 인한 빈곤문제뿐 아니라 가족관계의 악화, 빈곤과 부부관계의 긴장으로 인한 자녀들의 학업부진이나 일탈, 밀린 집세로 인한 주거환경의 불안, 부인의 취업으로 인한 역할관계의 변화와 적응문제 등 복합적인 문제가 잠복해 있을 수 있다(엄명용 외, 2000 : 227).

존슨(Johnson, 1986 : 267)은 문제규명에는 세 가지 단계가 있다고 제시한다. 첫째, 클라이언트의 충족되지 않은 욕구를 인지해야 한다. 둘째, 욕구충족의 장애물을 규명해야 한다. 그리고 셋째, 문제를 욕구충족의 장애를 제거하는 방식으로 설정해야 한다(이영분 외, 2001 : 193 재인용).

개인이나 가족이 가지는 일반적인 문제[5)]는 〈표 8-3〉과 같다. 개인과 가족은 그들의 독특한 일련의 욕구와 관련하여 문제가 발생한다(클라이언트의 문제발생유형 내지는 문제유형).

〈표 8-3〉 클라이언트의 문제에 대한 학자별 분류표

Reid & Epstein(1977)	Northen(1982)	Germain & Gitterman(1996)	Kirst-Ashman & Hull, Jr.(1999)
① 대인관계상 갈등 문제 ② 사회적 관계상 불만족 ③ 공식적 체계와의 문제 ④ 역할수행상의 어려움 ⑤ 의사결정문제 ⑥ 정서적 문제 ⑦ 부적합한 자원문제 ⑧ 심리문제와 행동 문제	① 대인관계상 갈등 문제 ② 사회적 관계상 불만족 ③ 공식적 체계와의 문제 ④ 역할수행상의 어려움 ⑤ 의사결정문제 ⑥ 정서적 문제 ⑦ 부적합한 자원문제 ⑧ 심리문제와 행동 문제 ⑨ 관계상실 ⑩ 문화적 갈등	① 생활전환상 문제 · 발달적 변화 · 역할지위변화 · 위기사건 ② 사회적·물리적 환경으로부터의 적절한 반응을 얻지 못함에서 오는 문제 ③ 가족과 기타 일차집단 내의 의사소통과 관계상 어려움	① 대인관계문제 ② 사회적 관계상의 불만 ③ 공식적 체계(기관)와의 문제 ④ 역할수행상의 어려움 ⑤ 직업전환, 자녀출산, 이혼, 사별과 같은 생활상 전환의 문제 ⑥ 심리 및 행동문제 ⑦ 부적당한 자원(자원결핍) ⑧ 의사결정에서의 문제 ⑨ 문화적 갈등 문제 ⑩ 문제의 우선순위를 결정하는 문제

출처 : 양정남·최선령(2002 : 132).

〈표 8-3〉에서 볼 수 있듯이 대인관계상의 갈등문제, 사회적 관계상 불만족, 역할수행상의 어려움, 의사결정의 문제, 부적합한 자원문제, 심리문제와 행동문제, 공식적 체계와의 문제나 갈등, 스트레스적 사건이나 사회적 전환기에 경험하는 문

5) 이영분 외(2001)는 "클라이언트는 필요한 것(의료보호, 적당한 소득과 주거, 조화로운 가족관계 등) 혹은 원하지 않는데 과도하게 많은 것(두려움, 죄의식, 분노폭발, 부부갈등, 부모-자녀갈등, 약물남용 등)과 같이 일반적으로 문제를 진술한다."고 설명하고 있다.

제는 Reid와 Epstein, Northen, Kirst-Ashman과 Hull, Jr. 등이 공통으로 분류하고 있다. 그리고 Northen, Kirst-Ashman과 Hull, Jr.은 문화적 갈등문제도 포함하고 있다.

그렇지만 우리나라 사회복지실천현장에서 많이 접할 수 있는 문제는 역시 현실적인 문제들이다. 생계의 어려움, 육체적 · 정신적 건강상의 문제, 장애와 장애로 인한 사회적 차별의 문제, 정서적 문제, 사회적 관계상의 문제, 가족 내 의사소통구조의 문제 등이 주류를 이룬다고 할 수 있다.

① 대인관계과정에서의 갈등문제

대인관계상의 갈등문제는 배우자 간, 부모-자녀 간, 형제자매간, 혹은 친척 간에 의사소통유형, 아동양육방법, 여가선용, 친척관계, 부모부양문제 등의 이유로 인한 갈등을 의미한다.

② 사회적 관계상의 불만족

사회적 관계상의 불만족은 타인과의 관계에 있어서의 어려움이 심화됨으로써 나타나는 문제라고 볼 수 있다. 사회적 관계상의 어려움을 가지는 것은 수줍음이나 열등감 등으로 인한 대인관계의 어려움, 자신의 생각이나 주장을 제대로 하지 못하는 것, 이로 인한 패배감이나 왜곡된 정체감을 가지는 것 등에서 비롯된다. 자기 스스로의 사회적 관계 행태나 내용에 대한 불만족과 이로 인한 정서적 문제 등이다.

③ 역할수행상의 어려움

역할수행상의 어려움은 역할갈등적인 상황이 심한 경우를 일컫는다. 역할갈등은 역할을 수행하는 데 있어서 갈등적인 상황이 나타나는 경우인데, 한 사람이 여러 가지 역할을 수행하는 데서 오는 긴장이나 갈등적 상황, 성격상 상충되는 역할수행이 한꺼번에 요구되는 상황에서의 갈등, role personality와 true personality가 상충됨으로써 자신의 역할을 제대로 수행하지 못하고 갈등하는 상황 등을 포함한다. 또한 지식, 기술, 경험이 부족하여 기능을 수행하는 데 어려움이 있는 경우도 포함될 수 있을 것이다.

④ 의사결정상의 문제

여러 가지 이유로 의사결정이 제대로 이루어지지 않는 경우의 문제를 말한다. 개인적인 이유로 의사결정이 원만하지 않은 경우도 있고, 조직적인 이유 내지는 집단적인 이유(바람직하지 않다고 생각되는 조건이나 상황)로 의사결정내용이나 형식이 왜곡되고, 이로 인해 구성원들의 불만족수준이 높아진다든지, 구성원들 간의 애정과 수용이 결여되고, 개인적으로 불만족수준이 높아지고 일에서의 즐거움을 가지지 못하는 경우를 말한다.

⑤ 부적합한 자원문제

경제적 수입이나 주택, 의료, 고용 등 물적 자원이 부족함으로써 겪게 되는 스트레스는 많은 좌절감을 가지도록 한다. 또한 생활상의 어려움이나 즐거운 일을 함께 할 수 있는 사회적 자원의 결핍 내지 부족은 개인이나 가족에게 심한 스트레스를 가져다준다.

⑥ 심리행동상의 문제

정서심리 상태가 불안하거나 우울 정도가 심한 경우, 적절한 감정반응이나 지각반응 등이 이루어지지 않는 경우(울 때 울고, 웃을 때 웃지 못하는 감정, 기분상의 장애), 이러한 정서심리 상태로 인한 분노폭발, 폭력적 성향, 약물남용 등의 행동상의 문제를 포함한다. 여러 가지 사회적 · 정서적 · 경제적 스트레스는 정신적 · 신체적 장애를 동반할 수 있고 동시에 대인관계에 좋지 않은 영향을 미치기도 한다.

⑦ 공식적 체계와의 갈등(문제)

공식기관이나 조직의 기능, 정책, 절차 등에서의 불만족으로 인해 나타나는 갈

등을 일컫는다. 공식기관의 의사결정절차가 까다롭거나, 여러 단계를 거쳐야 하는 경우의 스트레스는 역할수행을 어렵게 한다. 또한 공식기관의 리더나 중간리더들의 정책수행의지와 과정의 불명확으로 인한 역할수행의 어려움도 포함될 것이다.

⑧ 스트레스적 사건에 대한 정서적 문제

개인은 성장, 발달함에 따라 각각의 발달단계에서 새로운 요구와 기회를 가지게 되며 이로 인한 스트레스를 경험하게 된다. 입학, 졸업, 결혼, 직장취업 등은 각기 그 단계에서 스트레스를 유발하게 된다. 또한 개인이나 가족은 학업실패, 사고, 재난, 배우자 사망(관계의 상실) 등과 같은 우발적 혹은 급작스러운 사건 · 상황(위기상황)에 직면하여 스트레스를 경험하게 된다.

(2) 개인사정

클라이언트 개인의 기본적인 사항들은 클라이언트의 문제체계 내지 문제상황을 이해하는 데 도움이 될 수 있다. 물론 클라이언트 개인 그 자체가 문제인 경우도 있기도 하다. 클라이언트가 가진 질병문제로 호소하는 경우가 그럴 것이다.

클라이언트 개인에 대한 사정에 일반적으로 포함되는 사항들은 신체적 기능이나 신체적 건강 상태, 심리적 요소에 해당하는 인지기능(사물을 인식하는 능력, 정상적인 지적 기능을 가지고 있느냐), 정서적 기능(감정 혹은 기분을 정상적으로 조절 통제할 수 있는가), 동기수준, 의지력, 판단력, 대인관계능력, 상황에 대한 대처능력 등이 포함될 수 있을 것이다.

(3) 가족사정

사회복지실천에서 가족은 하나의 체계로서 클라이언트의 문제체계를 구성하기도 하고, 그럼으로써 클라이언트의 문제해결의 실마리를 제공할 수 있는 중요한 부분이다. 가족사정은 개별클라이언트의 문제사정을 명확히 하기 위해서, 그리고 개입에 대한 정확한 정보획득을 위해 이루어지는 경우가 대부분이다(개별개입을 위한 보충적 차원). 물론 한 가족 전체를 클라이언트체계로 규정해서 가족치료적 측면에서 접근하는 경우도 있다.

클라이언트의 문제를 규명하고, 문제에 대한 적절한 개입을 위해서는 가족사정이 적절하고도 정확하게 이루어질 필요가 있다. 현대사회에서 개인문제의 대부분은 가족문제를 동반하고 있기 때문이다. 클라이언트의 가족을 적절하게 이해하기 위해서 사정에 포함될 요소에 대해서는 많은 학자들에 의해 다양하게 제시되고 있다. 대체로 가족구조가 어떤 모습인가, 가족원 간의 의사소통방식은 어떠한가, 문제를 해결하기 위해 동원할 수 있는 가족으로서의 그리고 개인으로서의 강점과 자원은 무엇인가 등을 포함한다.

가족구조는 가족 내에서 일어나는 관계의 조직과 상호작용 패턴을 의미한다. 가족구조는 체계로서의 가족접근도구로서 가족 내 하위체계와 경계선 개념, 가족규칙, 가족 내 세력관계(권위구조)와 역할관계 등의 차원에서 살펴볼 수 있다.

① 가족하위체계와 경계선

가족체계는 여러 하위체계로 구성된다. 부부체계, 부모-자녀체계, 형제-자매체계 등의 하위체계로 구성된다. 각 하위체계 간에는 독립성과 자율성을 유지해야 한다. 각 하위체계를 구성하는 가족구성원 개인도 하나의 체계인 것이다. 각 하위체계를 구성하는 개별체계들은 보완성과 조화가 이루어져야 하겠지만, 역시 개별체계들도 독립성과 자율성이 보장되어야 한다. 개별체계(개인)와 각 하위체계는 경계에 의해 특징지어진다.

가족경계는 가족을 다른 (비)가족과 구분시키는 보이지 않는 구분선이다. 구분되는 가족의 정체감을 형성해서 다른 (비)가족과 구분짓는 보이지 않는 구분선인 것이다. 경계는 체계의 정체감을 보호하며 누가 내부인이며 누가 외부인인지를 결정해 준다. 외부환경과의 관계에서 경계는 뚜렷해야 하지만, 그 경계는 융통성을 가져야 한다. 그럼으로써 외부환경 내지 정보를 충분히 받아들여 개방체계를 유지해 갈 수 있고, 사회환경과 적응하는 가족체계를 구성할 수 있을 것이다. 따라서 클라이언트의 가족체계가 개방체계인지, 폐쇄체계인지를 충분히 살필 수 있어야 할 것이다. 만약 폐쇄체계라면 개방체계로 가져갈 수 있도록 설득 및 교육, 가족구조의 변화를 시도해야 할 것이다.

가족체계에서도 각 하위체계 간에는 뚜렷하면서도 융통성 있는 경계를 가져야 한다. 지나치게 경직되어 있는 경계나 혼란되어 있는 경계는 가족 내에 문제가 발생하기 쉽다. 뚜렷하면서도 융통성 있는 경계라는 것은 부모로서 정체감과 자녀로서의 정체감, 부모의 역할 · 기능과 자녀의 역할 · 기능이 분명해야 한다는 것이다. 그렇지만 정보나 의견 교류를 통해 상호 의견을 반영하는 융통성을 가져야 한다는 것이다.

하위체계 간에 지나치게 경직된 경계를 가져 분리된 가족(조화와 보완은 낮고, 독립성 강한 가족으로도 볼 수 있다)은 가족 상호간에 관심이 없고, 응집력이 낮아서 상호간의 정서적 욕구에 반응하지 못한다. 가족원들은 고립감과 소외감을 느끼게 되고 가족원으로부터 자원제공이나 정서적 지지를 받을 수 없다. 개인의 성장에 큰 장애로 작용하게 된다. 가족원 개인들은 소속감이 결여되고, 상호존중감이 결여됨으로써 대인관계능력에서의 어려움을 겪게 될 것이다. 반면 하위체계 간에 지나치게 뚜렷하지 않은 경계를 가지는 밀착된 가족(조화와 보완이 지나치게 강하고, 독립성이 약한 가족으로도 볼 수 있다)은 가족원들 간에 지나친 간섭이 있게 되고, 그럼으로써 가족원이 자주적이고 융통성 있는 인간으로 성장하지 못하고, 의존적인 성향을 보이도록 한다. 부모의 과보호로 인한 '마마보이'를 대표적인 예로 볼 수 있다.

② 가족규칙

가족규칙은 가족의 유지와 변화를 위해 가족 상호 간 또는 외부환경과의 관계를 맺는 가족원들의 역할행동을 규정해 놓은 것을 말한다. 가족규칙은 명시적이라기보다는 묵시적이지만 가족성원들의 상호작용과 관계방식을 규정해 놓은 행동지침이다. '10시까지 집에 들어와야 한다', '가족 각자의 생각을 존중해야 한다', '아버지의 말에 이의를 달지 않아야 한다', '이웃의 다른 사람들에게 해를 끼쳐서는 안 된다', '서로 사랑하라' 등을 생각해 볼 수 있다.

어느 가족이든 가족규칙은 존재하기 마련이다. 가족규칙은 가족의 항상성을 유지하는 역할을 하기 때문에 그 규칙은 분명하고, 뚜렷해야 한다. 그렇지만 그 규칙은 주변 환경 변화에 따라 변화의 융통성을 가져야 한다. 규칙은 일반적으로 부모체계에 의해 만들어지고, 가족구성원들은 부모체계와의 상호작용과정에서 의도적, 비의도적으로 스며드는 경우가 대부분이다.

그렇지만 가족규칙은 가족구성원들의 의견에 따라 합리적으로 수정될 수 있어야 할 것이다. 그리고 가족의 항상성을 유지하는 데 방해가 되는 경우가 있다면 수정될 수 있어야 할 것이다. 사회복지사는 가족의 행동지침이 되는 규칙을 확인하고, 규칙이 가족원의 기능, 역할수행에 어떻게 작용하는지를 확인할 필요가 있다. 그래서 그 규칙의 변화를 모색할 수 있어야 할 것이다. 사티어(V. Satir)는 가족규칙에 대해 다음과 같이 몇 가지 질문을 하였다. 현재의 규칙을 따를 수 있는가? 가족규칙은 현재의 상황에 맞는 것이며 앞으로 변화하는 상황에도 근접하는가? 규칙에서 남성과 여성의 역할은 무엇인가? 어떤 규칙이 정보를 공유하는 데 장애가 되는가? 가족원들 각자가 자신이 느끼고, 보고, 듣고 하는 것에 대해 이야기하는 것과 관련된 규칙은 무엇인가 등이다(Satir & Baldwin, 1983).

가족과 규칙을 논의하는 데 있어서, 사회복지사는 가족이 그들의 규칙을 평가하도록 도와야 한다. 규칙이 명확하지 않을 때, 그들은 그것을 공개적으로 다룰 필요가 있다. 규칙이 시대에 뒤떨어지거나 공정하지 않다면, 사회복지사는 가족이 규칙을 유지할 것인지에 대한 결정을 내리도록 도와주어야 한다. 가족규칙의 한 예는 가족원들 모두가 함께 저녁식사를 해야 한다는 것이다. 가족원들은 우선 이 규칙이 의미하는 것이 무엇인지 알아야 할 것이다(Collins, Jordan, & Coleman, 이화여자대학교 사회복지연구회 역, 2001 : 265-266).

③ 가족 내 세력관계와 역할관계

가족 내 세력관계와 역할관계는 한마디로 가족 내 힘(power)의 구조를 말한다. 가족원에 대한 영향력이 어느 부분에 집중되어 있는가 하는 것이다. 가족 내에서 누가 가장 영향력이 있고, 권력의 균형이 가족 내에서 어떻게 배분되어 있는지를 알아내는 것은 매우 중요하다.

현대사회에 있어서는 일반적으로 가부장 중심의 가족구조에서 가장의 세력 및 결정권이 약화되고 부부간의 세력평등화, 즉 평등가족이 형성되는 경향이다. 구체적으로 남편(아버지)우위형의 세력관계에서 자율형(부부가 역할 영역을 분담하여 자기의 맡은 일을 자기가 결정처리) 및 일치형(부부가 합의해서 모든 문제결정)의 세력관계로 재편되는 경향이었다.

세력관계의 변화로 인한 가족 내 역할관계도 변화추세에 있다. 남편은 전통적으로 가계담당, 부인은 가사담당 및 남편의 보조자적 역할, 자녀양육 및 자녀사회화, 친족관계 유지는 부부공동으로 수행하는 경향이었다. 점차 가정 내 가사처리가 부부공동의 과업이 되어 가는 경향이고, 결국 남편의 가사담당역할 및 자녀를 돌보는 역할이 증가하는 모습을 보이고 있다. 더 나아가 현대사회에서는 치료적 역할(부부 모두가 상대방에게 상담자 역할수행, 긴장해소에 기여), 오락적 역할(부부가 가족단위의 오락을 계획하고 실천할 의무), 남편의 성적 역할 등이 과거에는 원한다면 할 수 있는 허용적인 활동에서 의무적인 활동으로 변화하는 경향이다.

사회복지사는 클라이언트 가족의 현재 세력관계와 역할관계를 명확하게 규정해내고, 그러한 힘의 구조가 가족 내에서 어떻게 기능하고 있는지, 안정적인지, 가족체계의 질서를 유지하는 기능을 하고 있는지 등을 살펴야 할 것이다. 그리고 힘의 구조의 변화가능성은 있는지, 현재의 힘의 구조 및 분배구조에 구성원들은 만족하는지 등을 확인할 필요가 있다.

④ 가족원 간의 의사소통방식

사티어(V. Satir, 1967)는 의사소통을 사회적 맥락 속에서 이루어지는 모든 언어적 및 비언어적 행동이라고 말했다. 가족원 간의 의사소통과정이나 방식은 가족원이 외부세계와 관계를 맺을 때 이루어지는 의사소통과정이나 방식을 규정할 수 있기 때문에 가족원 간의 의사소통과정이나 방식을 살피고, 문제와 관련해 이해할 필요가 있다. 가족원 간의 의사소통이 어떤 식으로 이루어지는지를 충분히 관찰한다면, 한 가족원으로서의 클라이언트의 문제를 이해할 수 있는 중요한 자료(source)를 발견할 수 있을 것이다. 가족원 간에 반복되는 의사소통방식이 있는가? 반복되는 의사소통방식의 형태는 어떠한가? 그러한 의사소통방식에 대해 가족원 개인은 만족스럽게 생각하는지, 만족스럽지 못하다면 그 이유는 무엇인지, 어떤 형태로 변화되어야 하는지를 클라이언트와 함께 생각해 볼 필요가 있다.

의사소통방식에 있어서 중요시되는 부분은 가족 간의 의사소통이 일치성과 명확성을 가지느냐이다. 의사소통이 언어적 수준과 비언어적 수준에서 일치할 필요가 있고, 명확한 의미전달과 전달받음이 필요하다. 언어적 의사소통과 비언어적 의사소통이 일치하지 않는 경우, 서로 상이한 언어적 소통과 비언어적 소통이 동시에 부과되는 경우를 이중 메시지 전달 내지는 이중구속(double bind[6])이라 한다. 이중 메시지를 전달받는 사람은 이러지도 저러지도 못하다가 방황, 갈등, 불안하게 되고 결과적으로 관계의 불신, 좌절, 거절로 자존심이 상하고 자기가치에 대해 의심하게 되는 경우가 많다.

이중 메시지 전달의 대표적인 예는 화가 난 어머니가 "나가라. 당장 나가."라고 소리 지르는 경우를 들 수 있다. 또한 친구와 밤을 같이 보내고자 하는 청소년의 경우를 들 수 있다. 그의 어머니는 이 사안을 아들과 상의하고 난 후 "너는 내가

6) 베이트슨(Bateson, 1978)은 가족과 같이 도망가거나 피할 수 없는 상황 속에서 모순된 메시지가 반복적으로 발생할 때 이중구속 상황이 발생한다고 했다. 정신분열증 환자의 가족에서 이중구속 현상이 많이 발생한다.

너를 친구와 같이 있도록 보내 주고 싶다는 것을 알겠지. 그런데 너는 내가 이렇게 큰집에 홀로 남아 있는 것을 걱정할 필요는 없다"고 말한다. 이 메시지는 아들을 가라고 말하지만 동시에 어머니에 대한 아들의 효심을 의심하게 하며, 혼자 남겨져 있는 것에 대한 어머니의 두려움을 표현하는 형태로, "가지 마라"고 말하고 있다(김기태 외, 2002 : 291). 또 하나의 예로서, 아버지는 아들에게 "가족회의에서는 자신의 의견을 소신 있게 밝힐 줄 알아야 한다"라고 강조하지만, 막상 가족회의에서 아들이 자신의 의견을 말하면 "너는 아직 어리니 가만히 있어"라고 하면서 면박을 준다거나 평소 정직하게 살아야 한다고 부모님께서 강조했지만, 부모님이 정직하지 못한 생활을 하는 모습을 보게 되는 경우이다(엄명용 외, 2009). 요즈음 공익광고 중 '부모는 멀리 보라하고 학부모는 앞만 보라 합니다. 당신은 부모입니까, 학부모입니까'도 같은 맥락이다.

불일치적인 이중 메시지는 행동이나 적응에 있어 문제를 가지고 있는 사람들에게 흔히 볼 수 있다. 자존감이 낮으며 자신을 나쁜 사람으로 느끼는 사람, 남의 감정을 상하게 하는 것을 두려워하는 사람, 다른 사람의 보복을 걱정하는 사람, 관계의 단절을 두려워하는 사람, 남에게 짐이 되는 것을 원치 않는 사람, 사람이나 상호작용 자체에 어떤 중요성을 부여하지 않는 사람 등에서 흔히 볼 수 있다.

개방적 · 공감적 · 지지적 의사소통은 가족의 항상성을 유지하여 안정적인 가족관계를 가져갈 수 있게 하고, 가족문제해결에도 이상적인 방법이다. 그릇된 의사소통을 하는 경우 가족관계에 심각한 문제를 야기할 수 있다. 예를 들면, 다른 사람을 위협하며 혼돈되고 불명확한 언어를 사용하며 다투는 식의 어투를 사용하거나 상대방의 의견을 경청하지 않고, 긍정적 반응을 보이지 않으며, 이중 메시지를 전달하는 경우 효과적으로 의사소통을 할 수 없다.

청소년의 문제행동과 의사소통과의 관계를 다룬 연구들에 따르면, 부모-자녀간 의사소통이 역기능적인 경우 자녀의 문제행동이 증가한다. 특히 혼란형, 평가형(지성화주의자, 정서거부, 모든 문제를 이성적으로 평가하고 가능한 한 빨리 해결책 수립), 회유형, 비난형, 무관심 등의 의사소통과 이중 의미의 불일치형 의사소통은 자녀에게 갈등, 불안과 문제행동을 유발시키며, 부모가 자녀의 의견을 무시하는 경우 청소년의 문제행동 발생률이 높았다.

⑤ 문제해결에 동원할 수 있는 가족의 강점과 자원

클라이언트의 문제를 해결하기 위해 동원할 수 있는 가족의 강점과 자원은 위의 요소들과 다소 중복되는 부분도 있을 수 있다. 클라이언트의 변화를 위해 가족 전체가 변화할 수 있는 잠재적 가능성, 동기수준, 변화를 위한 개입과정에 함께 동참할 수 있는 의지 등은 특히 중요한 부분일 것이고, 클라이언트의 가족원 중 클라이언트에 대한 개입과정에 사용되는 특별한 기술을 가진 사람이 있는지 여부, 특별히 클라이언트와의 유대관계가 좋은 가족원 등을 알아보아야 할 것이다. 가족 전체의 변화가능성이 담보된다면 이후 개입과정에서도 커뮤니케이션 과정에서의 진실성, 주체적 참여(사회관계적, 경제적, 시간적 투여 가능성)를 확보할 수 있을 것이다.

⑥ 가계도 – 가족사정도구

가계도(genogram)는 가족을 사정하는 데 널리 사용되었으며, 여러 세대를 살펴볼 수 있다는 장점이 있다. 가계도는 2~3세대의 가족구성과 가족관계를 그림으로 나타낸 것이다. 가계도는 2~3세대의 가족구성을 한눈에 볼 수 있도록 하기 위함이고, 여러 세대를 걸쳐 반복되는 점이나 가계 내에 존재하는 질병, 세대 간 · 세대 내 동맹관계, 직업계승 등을 확인할 수 있고, 클라이언트 스스로의 인식에 기반을 두는 것이기 때문에 면접에 의한 자료수집을 보완할 수 있는 이점을 가지고 있다.

가계도에서 남성은 네모, 여성은 원으로 표시한다. 주어진 사람의 성별을 알 수 없는 경우는 세모로 표시한다. 결혼은 남성과 여성을 연결하는 선으로 표시하며, 결혼한 연도를 선 위에 표시한다. 사실혼(동거)은 점선으로 표시한다. 이혼은 결혼을 의미하는 선을 가로지르는 사선으로 표기하고 이혼연도를 표기한다. 때로 별거는 사선 하나, 이혼은 사선 둘을 표시하기도 한다. 자녀는 연령(출생순위)에 따라 배치하고, 왼쪽으로부터 나이가 제일 많은 사람을 위치시킨다. 입양의 경우는 원이나 네모 속에 '입양'으로 표기하기도 하고, 위 세대와 아래 세대를 연결하는 연결선을 점선으로 표시하기도 한다. 임신 중인 경우는 세모로 표시한다. 구성원이 사망한 경우는 네모와 원을 × 표시하고, 사망연도를 기록한다. 현재 클라이언트는 두 겹으로 표시하고, 클라이언트와 함께 거주하고 있는 가족성원은 점선으로 그려주는 것이 유용하다.

그리고 가계도에서는 가족관계를 표시한다. 두 사람 간의 관계는 선으로 표시한다. 선의 두께가 굵을수록 관계 정도가 강함을 표시한다. 또한 화살표를 사용해 관계의 방향을 표기하기도 한다. 일방적으로 주는 관계인지, 쌍방관계인지 등이 표시될 수 있다. 두 사람 간의 관계가 특별히 소원한 경우는 점선으로 표시하고, 갈등관계는 뾰족한 물결모양(VVV)으로, 단절관계는 연결선을 가로지르는 사선(斜線, -/-/-/- 또는 ///)으로 나타낼 수 있다.

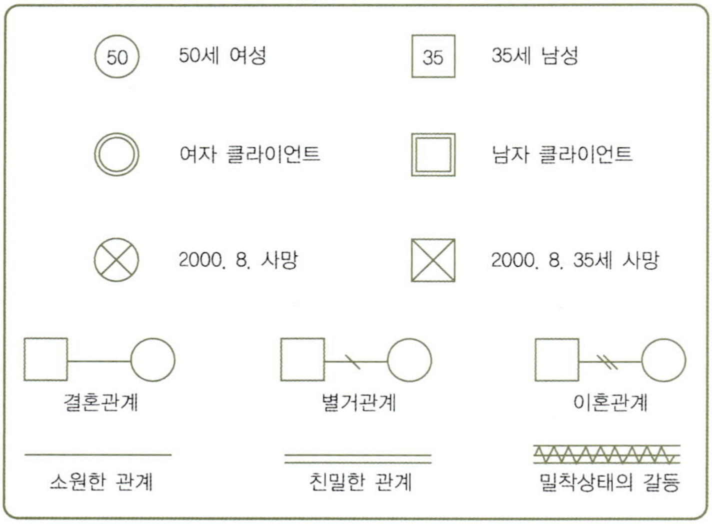

[그림 8-3] 가계도의 상징

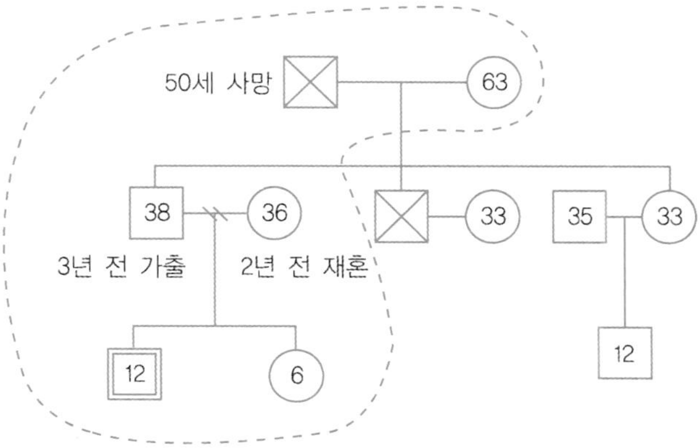

[그림 8-4] 가계도의 예

(4) 사회적 환경사정

개인의 사회적 환경은 상호작용과 관계의 의미를 가진 환경을 의미한다. 클라이언트의 외적인 환경(상황), 예를 들어 고용 및 경제적 상황, 직장력(歷), 주택 및 교통, 영양 및 가정의 안정성 등을 포함하며, 사회관계망, 대인관계력(社會歷) 등도 포함될 것이다. 또한 사회적 환경사정에는 이후 문제해결에 영향을 미칠 수 있는 환경체계인 사회적 지지망을 포함한다.

사회적 지지망이란 클라이언트의 환경의 범위에 있으면서 영향을 미치는 중요한 사람들 또는 체계(학교, 직장, 그 외 사회활동 등)를 말한다. 즉, 위험이나 문제에 직면해 있거나, 필요할 때 의지할 수 있고, 도움이나 지지를 받을 수 있는 사람, 기관, 체계를 의미한다. 사회적 지지망은 개인에게 정서적 안정과 지지를 제공해 주고, 재정적 지원과 자원에 대한 정보와 각종 지식, 기술을 제공해 준다. 그럼으로써 개인에게 유대감, 소속감, 자존감을 제공해 주기도 한다.

사회적 지지망이 적절하게, 광범위하게 형성되어 있을 경우 개인은 스트레스 상황에서도 그 영향이 적고, 환경의 변화에 빠르게 적응하게 된다. 그렇지만 사회적 지지망이 제대로 형성되어 있지 못하고, 그 범위가 좁아서 충분한 영향력을 제공해 주지 못한다면 스트레스 상황에 취약할 수밖에 없다. 사회적 지지망은 클라이언트의 어려움과 문제해결에 충분한 역할을 하는 것으로 입증되어 왔고, 특히 갑작스런 배우자 사별의 경우, 독거노인, 만성 정신질환자, 청소년 범죄자, 실직자 등과 같은 취약한 클라이언트에게 매우 중요하다.

사회적 지지망을 포함한 사회적 환경 내에 중요한 사람들과의 관계를 그림으로 나타낸 것을 생태도(eco-map)라 한다. 클라이언트 가족의 주요환경체계를 그림으로 나타냄으로써 가족의 욕구와 관련한 자원체계와의 관계를 한눈에 살펴볼 수 있게 한다. 생태도에는 가족과 상호작용하는 공식 · 비공식체계와 가족의 욕구를 충족시킬 수 있는 자원체계를 표시함으로써 가족 스트레스 원과 환경체계와의 관계에 대한 정보를 탐색하고, 클라이언트를 돕기 위해 필요한 자원체계에 대한 새로운 개입계획을 세울 수 있는 초점을 제공한다.

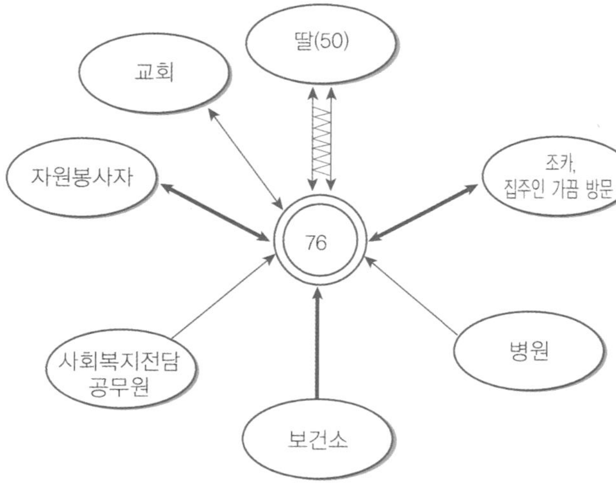

[그림 8-5] 생태도 예

생태도를 그리기 위해서는 핵가족 중심으로 현재 동거가족을 중앙부 원 내부에 가계도 모형으로 그린 후 동거하지 않는 가족은 원 외부에 위치시킨다. 다음으로 가족이 상호작용하고 있는 의미 있는 체계들을 원의 주변에 원을 그려 배치하고 이들과의 관계를 선으로 표시하게 된다. 각 환경체계의 명칭과 함께 필요한 경우 그 환경체계의 특성 및 관련 사항을 요약해 표기해 둔다. 그러고 나서 각 체계 간의 관계의 질과 자원의 흐름을 특정기호를 사용해 표시한다(양정남 · 최선령, 2002 : 151-152).

(5) 강점사정

클라이언트를 원조하는 데 있어 클라이언트를 질병이나 문제를 가진 사람으로 인식하게 되면, 의료현장에서처럼 환자는 가만히 있고, 의사만 치료를 담당하는 모습, 즉 사회복지사의 역할이 커지고 클라이언트의 참여는 그만큼 줄어들게 되고 의존감만 높아질 수 있다. 클라이언트는 자신감이 떨어져 있는 상태이고, 자신의 무가치함을 많이 느끼는 상태에서 클라이언트의 성장잠재력을 발견하기란 무척 힘들게 된다. 클라이언트의 이 같은 상황에서 무엇보다 중요한 것은 자아존중감 내지는 자신감 회복일 것이다. '나도 무언가 할 수 있다'는 자신감 향상이 중요한 것이다. 자신감을 향상시키는 것은 현재의 문제를 극복하는 방향에서도 가능하겠지만, 문제와는 다소 다른 방향이라 하더라도 무언가 해 내었다는 성취감을 느끼게 함으로써 가능해질 수 있다.

클라이언트가 문제를 해결해 가는 데 있어 효용성이 있는 부분에서, 자신감 향상에 도움이 될 수 있는 점을 찾는 데 주력해야 할 것이다. 예를 들어 클라이언트가 축구하는 것을 좋아하고, 축구를 통해 자신을 찾는 과거의 경험이나 노력이 있었다면 축구 프로그램을 통한 개입가능성을 생각해 볼 수 있을 것이다. 강점은 권한부여(임파워먼트), 잠재능력, 능력부여, 역량강화, 성장잠재력 등과 같은 용어로 사용할 수 있다.

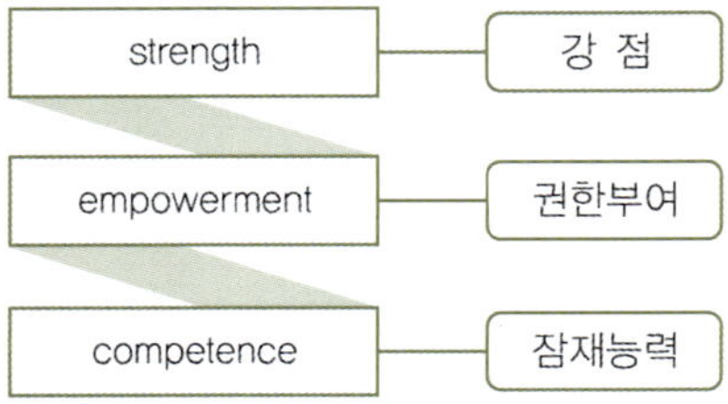

[그림 8-6] 강점에 이르는 과정

[그림 8-6]은 강점지향적 관점을 설명한 것이다. 누군가 또는 사회복지사가 클라이언트의 잠재능력을 발견해서 그 능력을 발휘할 수 있도록 임파워먼트한다는 것이다. 조건을 만들어 주고, 발휘할 기회를 만들어주고, 변화를 주는 등을 의미한다. 따라서 권한부여, 역량강화, 능력부여 등으로 번역할 수 있다. 그럼으로써 클라이언트의 강점이 만들어진다고 볼 수 있다.

인간의 능력은 무궁무진하다 또는 개인이든, 지역사회든, 가족이든 모든 것들은 강점과 자원을 가지고 있다는 믿음을 가지고 클라이언트와 클라이언트 주변 환경에서의 강점을 찾으려는 노력을 해야 할 것이다. 강점을 찾기 위해서는 사회복지사의 '해방적 사고'가 필요할 것이다. '할 수 있다'는 생각이 우선되는, 그래서 일상적인 사고에서 벗어나 누구나가 옳다고, 그르다고 생각하는 것을 다시 한번 생각, 시도하는 노력이 중요할 것이다.

존스와 비에세커(Jones & Biesecker, 1980; Kirst-Ashman & Hull, Jr. 1990 재인용)는 사회복지사가 찾아낸 잠재적 자원 외에도 '개인이 할 수 있는 것과 하기를 좋아하는 것, 그리고 이용 가능한 주변사람들'을 강점에 포함시킬 것을 강조하면서 다음과 같이 강점사정 영역을 설명하고 있다.

① 가족과 친구
② 교육적 배경과 직업경력의 배경
③ 문제해결 및 의사결정기술

④ 개인적 자질과 특성 : 명랑한 품성, 경청, 책임감, 지도력, 자신감, 친화력, 설득력, 이웃과 관계기술 등
⑤ 물질적 · 재정적 자원 : 주거, 소유재산, 자동차, 저축, 돈을 빌릴 수 있는 주변사람 등
⑥ 인생 태도와 관점
⑦ 기타 사정과 개입단계에서 나타난 클라이언트의 지적 능력, 인간관계기술, 운동능력, 예술적 재능, 그리고 특기나 취미 등

셀리비(Saleeby, 1999)는 강점을 사정하기 위해 유용한 질문을 설명했다(양정남 · 최선령, 2002 재인용).

첫째, 생존전략에 관한 질문이다. 어려움 속에서 어떻게 살아남을 수 있었는지, 어떤 점들이 클라이언트에게 특별한 힘이나 깨달음이나 기술을 터득하게 해 주었는지에 대한 질문이다. 그동안 살면서 여러 가지 어려움에 직면했을 때 어떻게 대처했는지, 대처전략과 과정에 대한 질문이다.

둘째, 지지망에 대한 질문이다. 클라이언트에게 특별히 영향력을 행사해 온 사람이 있는지, 어느 정도 영향력 행사를 했는지 등에 대한 질문이다.

셋째, 예외적 질문이다. 문제가 일어나지 않을 때는 어떤 상황인지, 과거 문제가 없이 비교적 잘 살았을 때의 클라이언트의 상황과 생각 등에 대한 질문이다. 해결중심 단기치료에서 예외 질문도 이에 해당된다.

넷째, 가능성에 대한 질문이다. 지금 클라이언트의 삶에서 무엇을 원하는지, 기대와 희망과 바람이 무엇인지, 이런 것들을 성취하기 위해 얼마나 나아갔는지(어떤 노력을 했는지), 클라이언트의 어떤 특별한 재능과 능력이 현재까지 오게 했는지 등에 대한 질문이다.

다섯째, 자존감에 대한 질문이다. 사람들이 클라이언트를 칭찬할 때 어떤 점을 칭찬을 하는지, 인생에서 즐거움을 느끼게 해 주는 것이 무엇인지 등에 대한 질문이다.

3. 계 획

계획은 자료수집과 사정 이후, 클라이언트와 클라이언트의 상황, 클라이언트의 문제를 이해한 이후, 변화에 초점을 두고 어떻게 개입할 것인지를 설계하는 것을 의미한다. 계획은 목표설정, 목표달성방법의 구체화, 계약 등을 포함한다. 여기에서는 계획과정의 핵심인 목표설정과 계약에 대해서만 살펴보도록 한다.

1) 목표설정

문제해결을 위한 개입의 목표는 일단 클라이언트가 현 상황에서 벗어나기 위한 바람직한 변화의 방향이다. 일반적으로 목적(purpose)이라는 개념과 목표(goals)라는 개념을 구별 없이 사용하기도 하지만, 목적은 다소 추상적인 지향가치이고, 목표는 목적을 세분화한 것이고, 구체적이고 행동지향적인 언어[7]로 기술된다. 개입을 통해 일어나기 바라는 구체적인 변화인 것이다.

목표는 클라이언트 문제해결 및 개입(변화)의 방향과 분명한 목표지점(기준)인 것이다. 목표를 설정하는 것은 사회복지사와 클라이언트가 합의한 목표지점을 향해 함께 노력하고, 클라이언트의 적극적인 참여를 유도하게 하려 함이다. 그럼으로써 개입의 효과를 높이고자 함이다. 목표를 설정하는 것은 목표를 향하도록 한다는 의미를 가지고 있고, 구체적인 개입의 효과를 측정하는 기준이라는 의미도 가지고 있다(목표설정의 의의).

사회복지실천과정의 목표유형, 즉 개입을 통해 일어나기 바라는 변화유형으로 존슨(Johnson, 1989 : 39)은 관계를 유지하는 것, 구체적 행동의 변화, 관계의 변화,

7) 행동적 의미를 가지는 동사로 표현하는 것이다. ~을 증가시킨다, ~을 감소시킨다, 긍정적인 방식으로 의사를 전달한다, 교육한다, 증명한다, 종료시킨다 등. 행동적 의미를 가지려면 구체적이어야 하고, 관찰할 수 있어야 한다.

환경의 변화, 방향의 변화를 들었고, 자스트로우(Zastrow, 1995 : 302)는 필요한 자원을 얻는 것, 주요결정을 내리는 것, 환경을 변화시키는 것을 들었다. 공통적으로 지적된 변화유형에 우리나라 임상에서 볼 수 있는 몇 가지 유형을 추가하면 다음과 같다(양옥경 외, 2000 : 164-165).

① 다른 사람과의 관계를 변화시키거나 그 사람에 대한 자신의 인식을 변화시키는 것(예 : 부부관계를 원만히 하는 것)
② 중대한 결정을 내리는 것(미혼모가 아이를 입양시킬 것인가 아니면 유산시킬 것인가를 결정하는 것)
③ 자신과 타인에게 혹은 환경에 부정적인 행동을 변화시키는 것(예 : 수업 중 아이의 산만한 행동을 감소시키는 것)
④ 주변의 환경이 좀 더 클라이언트의 욕구에 반응하도록 변화시키는 것(예 : 장애인을 위해 주거환경을 변화시키는 것)
⑤ 필요한 자원이나 정보를 구하는 것(예 : 실업자가 공공근로에 대해 알아보는 것)
⑥ 기능적인 사회적 역할수행에 필요한 기술을 익히는 것(예 : 부모교육을 통해 자녀양육에 필요한 기술을 익히는 것)

2) 목표설정의 지침[8)]

목표는 일면 인과관계라는 면에서 문제의 원인에 해당된다고 할 수 있다. 예를 들어 문제를 사정한 결과 클라이언트가 사물에 대한 기초지식이 적다고 생각함으로써 열등감에 빠져 있고, 생활에 자신감이 결여되어 있다고 한다면, 목적은 자신

8) 목표를 설정하기 위해서는 우선 표적문제를 찾아내야 한다. 대개 클라이언트의 문제는 복합적이기 때문에 개입의 목표를 설정하기 위해서는 사정과정에서 드러난 여러 문제들 중 가중 중요하고 시급히 해결해야 할 문제를 선정하는 일이 필요한데 이를 표적문제선정이라 한다. 표적문제 두세 가지가 선정되면 여기에 따라 개입의 목표를 설정한다(엄명용 외, 2000 : 227-228).

감 향상일 것이고, 목표는 자신감이 없는 이유에 해당하는 지식의 결여를 극복하는 것이 될 것이다.

개입의 목표는 구체적이고 분명한 목표가 정해져야 한다. 분명한 목표가 아니라면 지향에 대한 노력은 개인의 가치판단에 의해 이루어질 수 있기 때문에 개입활동의 효과가 그만큼 적어질 수 있다. '열심히 하도록 한다'보다는 '10번 이상 하도록 유도한다'고 하는 것이 적절하다. 또한 목표는 사례를 종결하는 시점에서 개입의 성공 여부를 평가하는 기준이 되기 때문에 측정이 가능하고, 구체적 내용으로 표현되어야 한다. 목표설정과정에서 평가라는 부분을 항상 염두에 둘 필요가 있다.

그리고 한 가지 더 목표설정과정에서 유의할 부분은 목표는 클라이언트의 능력, 욕구, 기대를 반영해야 한다는 것이다. 클라이언트가 바라지 않는 목표가 설정되어서도 안 될 것이며, 클라이언트의 능력이나 현재 상태(정신적 내지는 신체적 등)에 맞지 않아 달성하기 어렵거나 불가능한 목표를 설정해서도 곤란할 것이다. 클라이언트는 나름대로의 방법으로 문제를 해결하려고 노력해 왔던 사람이기 때문에 또 다른 실패는 부정적인 자아상 또는 실패감, 좌절감이 더욱 커질 수 있기 때문이다.

목표설정과정

자신감이 없다(문제)
↓
자신감 향상(목적)
↓
지식 축적, 상식 축적(목표)
↓
지식축적 프로그램을 1년 동안 실시해서 퀴즈 프로그램의 문제를 50% 이상 맞추도록 한다(성과 세부목표)
↓
1주일에 1권씩 책을 읽도록 한다/
매일 TV 뉴스와 신문을 보도록 한다(과정 세부목표)

헵워스와 라슨(Hepworth & Larsen, 1986 : 302-307)은 여기에 '목표는 사회복지사의 지식과 기술에 상응하는 것이어야 한다', '목표는 성장을 강조하는 긍정적 형태로 쓰여야 한다(…… 하기)', '사회복지사의 중요한 권리나 가치에 맞지 않으면 동의하지 않아야 한다', '목표는 기관의 기능과 일치해야 한다' 등을 첨가하여 설명하고 있다.

3) 계 약

목표가 설정되면 사회복지사와 클라이언트 서로의 의무와 과업, 구체적인 실천활동을 상호 약속하는 계약단계로 들어간다. 계약은 목표, 목표달성을 위한 사회복지사와 클라이언트의 과업, 역할, 개입과정 등을 명시적, 묵시적으로 합의하는 과정이다(명시적인 경우는 합의서인 것이다). 계약은 사회복지사와 클라이언트 모두 적극적으로 참여하겠다는 내・외적 약속의 의미이다. 특히 문제해결 및 개입과정에서 클라이언트의 적극적인 참여는 그 효과에 절대적이기 때문에 클라이언트의 동기유발과 적극적인 참여를 유도하기 위해서, 자기가 해야 할 일과 역할을 분명하게 정하고, 인식하도록 하는 것은 아주 중요하다. 계약은 클라이언트에 대한 과업실행약속을 유도하는 장치이다. 일반적으로도 상호 합의에 의한 계약서를 쓰고, 도장을 찍게 되면 그 계약을 지키기 위해 상호 노력하는 것과 같다. 클라이언트도 사회복지사도 계약을 하게 되면 상호 계약을 이행하기 위해 노력할 것이다.

사회복지실천과정의 계약서에는 여러 내용이 포함될 수 있지만, 존슨(Johnson, 1985 : 314)은 ① 클라이언트와 사회복지사가 합의한 목표, ② 시간제한, ③ 구체적인 개입기법 등이 포함된다고 했고, 헵워스와 라슨(Hepworth & Larsen, 1986 : 315)은 ① 성취할 목표(우선순위 정해서), ② 참여자(사회복지사와 클라이언트, 가족 등)의 역할, ③ 사용되는 개입형태 및 기법, ④ 시간적 조건과 세션의 빈도 및 길이, ⑤ 진행상황을 평가할 방법 – 모니터링 수단, ⑥ 계약 재타협의 조건, ⑦ 시작일, 약속취

소와 변경의 조건, 비용 등과 관련된 관리사항 등이 포함된다고 했다(양옥경 외, 2000 : 168-169 재인용).

계약은 또한 서면계약과 구두계약이 있고, 분명한 약속은 없었지만(공식적 계약은 하지 않았지만, 언어화하거나 서면화하지는 않았어도) 개입과정에서 서로가 이해하고 합의한 계약이 있을 수 있다. 암묵적 계약은 잘 진행될 수도 있지만, 실제로 이해, 동의하지 않았는데 이해, 동의했다고 잘못 생각할 수 있는, 오해의 소지가 있는 단점을 가지고 있다. 서면계약은 공식적인 문서화를 통한 계약의 형태를 말한다.

사 례

손자(지석, 12세)와 손녀(지은, 6세)와 함께 사는 할머니(63세). 지석과 지은의 부모는 이혼하고, 아버지는 3년 전 가출하여 소식 없음. 할머니 집(자가)에서 나오는 월세와 약간의 할머니 재산으로 살아가고 있음. 가끔 엄마가 연락이 와서 지석과 지은을 만나고, 그럴 때마다 지석의 혼란스러움이 가중되고, 가출하는 모습 또는 오락실 등을 전전하는 모습을 보임. 지은은 어린이집에 다니는데, 지능수준이 다소 떨어지고, 다른 아이들에 비해 사고, 행동수준이 다소 떨어짐. 할머니의 요청으로 지석의 일탈행위를 감소시키기 위해 개입. 지석의 일탈행위는 잦은 오락실 출입, 가출, 학업에 대한 무신경으로 인한 잦은 학교결석, 지은에 대한 폭력 등

〈목표〉

- 엄마의 정을 느낄 수 있는 자원봉사자를 확보, 연결하여 학업 및 일상생활에 대한 지원
- 학교 결석하지 않기
- 가출하지 않기
- 할머니가 다른 아이와 비교하지 않고 믿어 주기

기관 : ○○종합사회복지관
담당 사회복지사 : ○○○

계 약 서

1. 모든 가족원과 사회복지사는 다음 8주 동안 매주 월요일 오후 6시부터 7시 반까지 지석의 집에서 만나기로 동의한다.
2. 자원봉사자는 매주 월, 목요일 오후 5시에 지석의 집에 방문해서 지석의 학업을 돕고, 지석의 엄마역할을 한다.
3. 지석은 하루 1번만 오락실에 간다.
4. 지석은 매일 집에 들어온다.
5. 지석은 학교에서 있었던 일을 자원봉사자에게 이야기한다.
6. 지석은 학교에 결석하지 않는다.
7. 사회복지사는 지석이 다니는 학교를 방문해 담임선생님을 만나서 상담한다.
8. 할머니는 지석 이모에게 당분간 지석 양육은 혼자 하겠다고 말한다.
9. 할머니는 지석 이모 아들과 비교하지 않는다.
10. 할머니는 지석이 늦는다고 전화하면 알았다고 이해해 준다.
11. 사회복지사는 당분간 매일 저녁 할머니에게 전화해서 격려한다.
12. 사회복지사는 할머니가 참석할 수 있는 복지관 부모모임을 소개해 참여토록 한다.

위와 같은 사항에 합의하며 합의사항을 준수하기로 약속합니다.

2003. 11. 1.

클라이언트 ____________서명
할 머 니 ____________서명
사회복지사 ____________서명

서면계약은 상호 오해의 여지가 전혀 없는 장점을 가지고 있고, 클라이언트의 참여의 의지를 확실히 할 수 있다는 면을 가지고 있다. 그렇지만 작성하는 데 시간이 걸리고, 클라이언트 스스로 계약에 합의하는 것을 꺼릴 수 있는 가능성이 있다. 일반적인 상황에서도 계약서는 함부로 도장 찍지 않는 것과 같다. 구두계약은 구두로 상호 약속하는 형태의 계약을 말한다. 구두계약은 신속하게, 쉽게 계약에 이를 수 있고, 클라이언트의 망설임이나 의구심(불신감) 등을 다소 완화시킬 수 있다는 장점을 가지지만, 쉽게 잊을 수 있고, 이후 발뺌(부정)할 수 있는 가능성이 있다는 단점을 가진다.

4. 개 입

개입은 계획 내지는 계약내용에 따라 실행함으로써 클라이언트의 변화를 도모하는 과정이다. 실제 변화를 일으키는 과정이다. 개입을 어떻게 할 것인지는 실제로 계획과 계약내용에 충실해야 하겠지만, 일반적으로 클라이언트 개인에게 직접적으로 개입해서 변화를 시도하는 직접적 개입방법이 있고, 클라이언트 개인보다는 클라이언트를 둘러싸고 있는 환경의 변화(인적 · 물적 환경의 변화)를 시도하는 간접적 개입방법이 있을 수 있다. 직접적 개입이나 간접적 개입이나 그 방법은 실천 이론에 따라, 실천모델에 따라 모두 달리할 수 있는 부분이기 때문에 그 방법을 모두 살펴본다는 것은 불가능한 일이다.

따라서 여기에서는 직접적 개입기술로서 사회복지실천현장에서 일반적으로 많이 사용되는 기초적인 지지적 기술(기법)과 인지재구조화 기술, 행동변화기술들(행동수정에 기초한)을, 간접적 개입기술로서 서비스 조정, 사회적 지지체계의 개발, 프로그램의 개발 및 클라이언트 집단에 대한 옹호활동 등을 간략히 살펴보고자 한다.

1) 직접적 개입

클라이언트 개인의 변화라는 것은 개인이 가지고 있는 생각, 감정 · 정서의 변화, 행동의 변화를 통한 대처능력의 향상을 의미한다. 문제적인 행동을 나타내는 것은 감정이나 정서의 불안을 바탕으로 하고 있고, 때로는 잘못된 생각이나 신념에 뿌리를 두고 있는 경우도 있고, 학습된 행동에 기반을 둔 경우도 있을 수 있다. 좌절감, 무력감, 분노 등의 정서적 · 심적 불안 상태에 기인한 문제, 부모님의 자녀 차별에 대한 오해, 자기패배적인 사고 패턴(열등감을 기반으로 한 자신감 결여)으로 인한 문제, 비만아이의 행동연쇄, 편향된 감정표현방식, 분노조절의 어려움으로 인한 파괴적 행동, 짜증고착 등으로 인한 문제 등 다양하게 생각해 볼 수 있다(물론 이러한 문제는 인지, 감정, 행동의 요소를 모두 가지고 있어 세 가지 요소의 어느 한 면에만 관련된다고 분류할 수는 없다).

문제에 대한 대처능력의 향상을 가져오기 위해서는 기본적으로 정서적인 불안 상태를 해소할 필요가 있을 것이며, 잘못된 신념이 있다면 수정할 필요가 있고, 학습된 행동을 제거해서 새로운 행동으로의 학습을 가져갈 수 있을 것이다.

(1) 지지적 기술

지지적(supportive) 기술은 클라이언트가 직면하고 있는 외적 위협(문제의 심각성, 이로 인한 불안)이 클라이언트 자신이 생각하고 있는 것만큼 위험(심각)하지 않다는 확신을 직접적으로 표현하고, 클라이언트에 대한 사회복지사의 관심과 수용 그리고 도우려는 의지를 전달하며, 클라이언트의 문제해결능력 확신을 표현함으로써 클라이언트의 자신감과 자존감의 결여 및 불안감 등을 감소시켜 주는 것이다. 이 기술은 사회복지사-클라이언트 관계 및 사회복지사에 대한 클라이언트의 지각에 근거를 두기 때문에 사회복지사의 관계형성활동이라 볼 수 있다(김기태 외, 2002 : 244) 한마디로 클라이언트의 문제, 그로 인한 심리적 · 정서적 상태(불안감, 자신감 결여,

무력감, 분노, 죄의식 등)를 완화시켜 건전한 자아기능을 회복할 수 있도록 돕는 기술을 말한다. 지지적 기술에 포함될 수 있는 기법들은 격려, 재보증, 일반화, 환기법 등이다.

격려(encouragement)는 클라이언트의 행동이나 태도 등을 인정하고 칭찬하는 것이다. 격려는 가급적 구체적인 행동이나 태도에 대해 행할 필요가 있다. "어젯밤 많이 힘들었을 텐데, 자녀에 대해 짜증도 내지 않고, 가족들과 이야기하려 노력하는 모습이 참으로 좋았습니다."와 같이 구체적으로 할 필요가 있다.

재보증(reassurance)은 자신의 능력이나 자질에 대해 무력감을 느끼고 있는 클라이언트에게 클라이언트 본인의 능력과 자질을 재확인하고, 다시 보증하는 기법을 말한다. "넌 할 수 있어. 지금까지 그 어려움 속에서도 이겨 왔는데, 너에게는 충분한 힘이 있어."와 같이 능력을 다시 인정하는 것을 말한다.

일반화(universalization)는 문제나 감정, 지각 등을 보편화시키는 경우를 말한다. 클라이언트 혼자만이 겪는 것이 아니라 많은 사람들이 그러한 문제나 감정, 지각을 가지고 있다고 지적함으로써 자신을 부정, 비하, 학대하지 않도록 하는 기법을 말한다. 흔히 "왜 나만이 이런 일을 겪는지 모르겠다.", "세상에 나 혼자밖에 없는 것 같다."는 경우를 볼 수 있다.

환기(ventilation, 換氣)법은 클라이언트로 하여금 억압되어 있는 감정, 특히 분노, 증오, 슬픔, 죄의식, 불안 등의 감정을 표출하도록 격려하거나 자유로운 표출이 가능하도록 분위기를 조성함으로써 그 감정의 강도를 약하게 하는 기법을 말한다. 클라이언트가 인생 이야기를 하면서 극적인 순간에 울음을 터뜨린다거나 분노를 표출할 때 충분히 표출할 수 있도록 돕는 경우를 일컫는다. 가슴의 응어리를 풀어 가는 과정에서 눈물을 흘리는 경우 울지 말라고 달래는 것은 옳지 않을 것이다.

(2) 인지재구조화 기술

많은 문제행동이나 감정, 정서는 잘못된 신념이나 인지에 기반을 둔 경우가 많다.

인지재구조화 기술은 인지이론에 그 바탕을 두고 있는데, 그 기본적 전제는 대개의 사회적 · 행동적 역기능은 사람들이 그들 자신, 다른 사람들 그리고 다양한 삶의 상황에 대해 가지고 있는 잘못된 신념의 직접적인 결과라는 것이다. 인지이론에서는 사람들이 상황에 대해 해석하고 생각하는 방식에 따라 감정의 변화를 느낀다고 보며, 상황 자체는 그들이 어떻게 느끼는지를 직접적으로 결정하지 않는다고 믿는다. 그들의 감정적인 반응은 상황의 지각에 의해서 매개된다.

인지재구조화는 기존 인식하고 있는 것을 다시 재구성해서 바꾼다는 것이다. 역기능적이고 자기패배적 사고와 잘못된 신념에 대해 인식하고, 이것을 현실과 부합되며 기능을 향상시킬 수 있는 사고와 신념, 행동으로 대체시키는 데 유용한 개입방법이다(이영분 외, 2001 : 231-232). 클라이언트 자신의 능력부족과 대인관계에서의 사회성 부족을 심각하게 인식함으로써 그에 기반을 둔 불안과 우울증, 또는 자기주장의 결여를 경험하게 되는 경우, 클라이언트의 능력과 사회성에 대한 자기인식을 재구조화함으로써 문제로부터 벗어나는 경우를 생각해 볼 수 있다.

인지재구조화 과정에서 클라이언트는 부정적 · 자동적 사고[9] 점검하기, 인지 · 행동 · 정서 간의 관련성 인식하기, 왜곡된 자동적 사고의 증거와 반대증거 검토하기, 편파된 인지를 더 현실지향적인 해석으로 대체하기, 경험을 왜곡하는 요인으로 작용하는 역기능적 신념을 파악하고 수정하기 등을 배우게 된다(Beck et al., 1979).

헵워스와 라슨(1993 : 423-433)은 골드프리드(Goldfried, 1977)와 코르미어(Cormier, 1979)의 설명을 토대로 인지재구조화 지침을 재구성하였다. 첫째, 인지기능에 대한 이해(클라이언트의 자기진술-자기혼잣말, 신념 등이 일상생활사건에 대한 정서적 반응을 지배한다는 것을 클라이언트 스스로 수용하도록 돕는다), 둘째, 역기능적 신념과 사고

9) 벡(Beck, 1976)은 지각의 가장 가까운 곳에 있는 생각이나 생각의 조각들을 자동적 사고(automatic thinking)라고 하였고, Ellis는 이를 자기진술이라 했다. 순간순간 떠오르는 생각이나 영상을 일컫는 것으로 의식의 가장 표면에 있다(가장 표면적인 수준의 생각). 이 사고는 심사숙고하거나 합리적으로 판단한 결과가 아니며, 자동적으로 튀어나오는 스쳐 가는 생각이다. 마음속에 스쳐 가는 실제적인 단어나 영상을 말한다(박경애, 1998 : 217-219).

패턴의 규명[10](문제가 되는 상황에 관련된 인지, 행동, 그리고 정서적 반응을 탐색, 비합리적인 자기기대[11] 탐색), 셋째, 역기능적 인지의 발생상황 규명(스트레스 상황에서 문제가 되는 감정과 사고가 일어나는 장소, 핵심인물, 상황을 확인하고, 특정상황에 맞는 과제와 아이디어를 확보한다), 넷째, 자기패배적 인지의 기능적 자기진술로의 대체(역기능적인 사고들은 거의 자동적으로 발생하고, 깊이 뿌리를 내리고 있기 때문에 쉽게 변화하지 않을 것이다), 다섯째, 대응노력에 대한 자기보상 등이다.

(3) 행동수정기술

행동수정(behavior modification, 행동주의가 기본 바탕) 모델은 기본적으로 인간의 행동은 학습된 행동이고, 그러므로 학습에 의해 변화시킬 수 있다는 관점을 가지고 있다. 행동수정 이론은 인간의 행동은 그 행동을 발현하게 하는 선행조건(Antecedents)과 행동(Behavior), 그리고 그 행동의 결과(Consequence)라는 A-B-C관계로 분석할 수 있다고 본다. 즉, "이러 이러한 상황-조건하에서, 이렇게 행동하니, 이런 결과가 나오더라. 그러면 이 행동을 지속해야지."의 관계인 것이다(예제 참고). 그리고 자극에 대한 반응으로서의 행동이라는 입장(반응적 조건화-고전적 조건화 이론에 기반, 일정한 자극에 유기체가 자동적, 수동적으로 어떤 반응을 일으키는 경우 Pavlov의 개 실험에서 유래, S-R 상황 전체를 재학습하여 자극이 더 이상 반응을 일으키지 않도록 한다는 생각)과 행동에 대한 강화에 기초한 행동의 지속개념(조작적 조건화-보상받는 행동은 빈도가 증가하며 보상받지 못하는 행동은 빈도감소, 긍정적 강화, 토큰 이코노미[12] 사례)에 바탕을 두고 있기 때문에 선행조건과 결과에 조작을 가함으

10) 역기능적인 사고는 주로 자기 자신에 대하여, 다른 사람들이 가진 자신에 대한 지각과 기대에 대하여, 자기 자신에 대한 기대, 타인에 대한 기대와 관련된 것들이 포함된다(Beck et al., 1979). 이러한 역기능적인 사고, 관점, 신념을 찾아내면 어떻게 그러한 신념에 도달했는지, 그러한 신념이 옳다는 증거는 무엇인지에 도전한다. 그리고 그렇게 하지 않으면 두려운 결과가 나타날 것이라는 신념에 논리적인 논박을 할 필요가 있다.

11) "나는 최고여야 한다", "모든 일을 완벽하게 빈틈없이 잘해야 한다", "이웃에게 잘 못해서는 안 된다" 등

12) token economy는 원하는 것을 얻을 수 있는 토큰을 주어 바람직한 행동을 체계적으로 강화시키는 경우를 말한다.

로써 표적행동 자체를 변화시킬 수 있다는 가정에서 출발한다.[13)]

예 제

짜증과 폭력이 심한 어린아이의 경우 : 짜증과 폭력이 일어나기 바로 전의 선행사건을 분석해 보니 어머니가 주방에서 일을 한다거나 텔레비전을 보고 있는 경우이고, 아이가 짜증행동을 보일 때마다 어머니는 즉각적으로 아이를 달래는 모습을 보이는 것이다(주방에서 일 → 짜증행동 → 아이를 달래는 행위). 이런 경우 선행사건을 가져오지 않도록 한다거나, 행동 이후 강화하는 모습을 보이지 않거나(아무런 신경을 쓰지 않는다 - 소거, 벌을 준다거나) 하게 되면 아이의 짜증행동이 약화될 가능성이 있다.

행동수정모델에서의 기본 입장에 따르면서 실천현장에서 많이 사용되는 기법으로 모델링, 행동시연, 행동형성, 행동연쇄 변화시키기 등이 있다(엄명용 외, 2005). **모델링**(modeling)은 타인이 행하는 바람직한 행동을 보고 그대로 모방할 수 있도록 하는 것으로 비디오나 역할극을 통해 시행된다. **행동시연**(behavioral rehearsal)은 클라이언트가 특정한 상황에 놓이게 될 때 적절한 행동이 어려운 경우 역할극(role playing) 등을 통해 반복해서 연습시키는 기법이다. 한두 번으로 끝나는 것이 아니고 클라이언트가 바라는 일정한 행동수준에 이를 때까지 모델링이나 교육, 피드백을 통해 계속 반복하는 것이다. 클라이언트는 역할극이라는 가상의 상황에서 상황에 대처하는 새로운 행동을 시도해보게 된다. 행동시연은 본질적으로 모델링과 지도(coaching)를 사용하는 역할연습의 한 형태이다. 예를 들어, 클라이언트가 주장행동이 어려운 경우, 클라이언트에게 주장행동이 공격적 행동과 다른 점 등에 대해 이해시키고, 구체적인 장면에서의 주장행동을 비디오테이프나 숙련된 보조자

13) 행동주의에서는 단순한 반사나 조건반응으로 구성되지 않는 인간행동이 많으며, 인간이 성장하면서 고전적 조건반응보다는 조작적 조건반응적인 행동을 주로 한다는 점에 주목(엄명용 외, 2000 : 122).

의 역할연기를 통해 시범(modeling)을 보이고, 시범을 참고로 해서 일정한 수준의 주장행동이 될 때까지 역할연기를 통해 계속 연습하고, 실제 장면에서 주장행동을 할 수 있도록 한다(이형득 외, 1997). 이 경우 사회복지사는 클라이언트의 행동에 대해 평가하고 행동을 수정하거나 혹은 새로운 행동을 제시할 수 있다. 클라이언트에게 취업면접을 준비시키는 데 이 기술을 사용할 수 있다. 사회복지사가 고용주 역할을 맡고, 취업 면접하는 것을 모의 실험한다. 클라이언트가 행동을 시연하면, 사회복지사는 환류를 제공하고, 대안적인 행동방식을 제안하고, 클라이언트가 모방할 수 있도록 행동에 대한 시범을 보여줄 수 있다(김혜란 감수, 1999).

행동형성(shaping)은 목표행동을 작은 단위행동으로 나누어 점진적으로 접근하면서 강화기법을 활용하면서 궁극적인 목표행동을 형성해가는 것을 말한다. 예를 들어, 어머니와 분리불안을 겪고 있는 어린아이에게 유치원에 혼자 갈 수 있도록 하기 위해, 유치원에 부모와 함께 가보는 일부터 시작하여 다음에는 학교 놀이터에서 놀아보고, 교실에 들어가 다른 아이들이 활동하는 모습을 관찰하거나 어울려 보고, 하루 이틀쯤은 어머니가 같이 머물러 주는 방식으로 환경에 익숙하게 한 다음, 혼자 유치원에서 교육받도록 하는 최종 목표행동에 이르게 하는 것이다(엄명용 외, 2005). 또 다른 예를 보면, 집에서 1시간 이상을 공부하지 못하는 아이에게 집에서 1시간 이상 공부하는 행동을 형성하고자 한다면, 단계별 행동목표를 세워 단계별 행동목표가 이루어지면 강화(음식, 칭찬 등을 지속적으로 강화)하고, 다른 단위행동목표가 이루어지면 또 강화함으로써 전체행동목표를 이루어갈 수 있다. 단위행동목표로는 집에서 시간을 보내게 한다, 자기 방에서 시간을 보내게 한다, 책상에 앉아서 시간을 보내게 한다, 30분 동안 공부하게 한다, 1시간 동안 공부하게 한다 등이 포함될 수 있을 것이다.

행동연쇄 변화시키기는 문제행동과 관련된 상황을 자극 – 반응의 관계로 세부적으로 연결해서 그 행동의 연쇄 상황을 만들어가고(행동패턴 파악), 그 연쇄적인 고리를 끊어 가는 경우를 말한다. 예를 들어 비만아의 경우, 학교 다녀온 후의 행동

패턴을 자극-반응의 관계로 연쇄 고리를 만들어 본다. 운동-과일간식-산책-TV시청-식사-공부-간식의 행동 패턴에서 어느 한 부분을 끊는 것에서 시작해 볼 수 있을 것이다.

(4) 과제중심개입기술

과제중심개입(task-centered approach)은 개입기간을 미리 정하는 시간 제한적인 개입이라는 점과 구체적인 과제(task)를 제공한다는 점이 특징이다. 과제는 표적문제 완화, 해결을 위해 클라이언트가 수행해야 할 활동, 임무이고, 시간제한을 두는 것은 제한된 시간 내에서만 도와주고 도움을 받을 수 있기 때문에 클라이언트와 사회복지사 모두 시간 내에 최선의 노력을 기울인다는 의미를 가지고 있다.

과제는 행동적 혹은 인지적 활동으로 구성된다. 예를 들어 행동적 과제에는 집에 들어오기 전 항상 전화하기, 아침에 일어나서 인사하기, 하루에 한 번씩 어머니에게 사랑한다는 말하기, 아이들이 욕하고, 집에 늦게 들어올 때 "그럴 수도 있지"라고 말하기 등이 있다. 그리고 인지적 과제에는 자기비하적 생각하지 않기, 부모님은 나를 사랑하지 않는다고 생각하지 않기 등이 있다.

과제는 때로 사회복지사가 제시하기도 하지만 기본적으로는 클라이언트가 제시하는 것이 바람직하다. 사회복지사는 클라이언트가 스스로 과제를 설정할 수 있도록 도와주는 역할을 할 필요가 있다. '어머니가 아들이 들어오지 않으면 정신적인 불안감을 나타낸다는 상황을 설명하고, 아들로서 어떻게 할 것인지를 함께 고민하면서, 클라이언트로 하여금 집에 안 들어갈 때면 전화라도 하겠다는 말이 나올 수 있도록 한다는 것이다', 비슷하게 '라디오 프로그램 중 남편과의 전화를 통해 남편의 다짐을 묻고, 일주일 후 다짐의 실행 여부와 효과를 확인하는 내용'도 이에 해당할 수 있을 것이다. 적절한 과제가 쉽게 정해지지 않을 때 클라이언트와 함께 브레인스토밍을 해보는 것도 과제에 대한 아이디어를 얻는 효과적인 방법이다.

클라이언트가 과제를 스스로 결정해서 스스로 행동으로 옮기기는 쉽지 않을 것이다. 클라이언트는 문제를 가지고 있고, 자신감이 부족한 경우가 많고, 문제를 해결하기 위해 최대한 노력하다가 찾아온 입장이기 때문에 클라이언트가 과제를 수행하는 일은 클라이언트에게 충분한 도전일 수 있다. 따라서 사회복지사는 클라이언트가 과제를 잘 수행할 수 있도록 도와주어야 할 것이다.

리드(Reid, 1975, 이영분 외, 2001 : 225 재인용)는 과제수행단계(Task Implementation Sequence, TIS)를 개발하였다. 과제수행단계는 다음과 같다.

첫째, 과제를 수행하고자 하는 의지를 북돋아 주기이다. 이 단계는 클라이언트가 과제를 잘 수행할 수 있도록 그 의지와 동기를 부여해 주는 단계이다. 과제를 수행함으로써 클라이언트가 얻을 수 있는 현재적 · 잠재적 이득을 클라이언트 스스로 인식할 수 있도록 도와주어야 할 것이다. 과제를 수행함으로써 문제를 경감시킬 수 있다는 믿음을 가질 수 있도록 해야 한다는 것이다.

둘째, 과제수행의 세부사항 계획하기이다. 과제는 쉽게 수행할 수 있는 부분도 있지만, 그렇지 않은 경우도 있다. 예를 들어 '아내에게 비하하는 말을 하지 않고 말을 존중하기' 또는 '하루에 한 번씩 아내에게 사랑한다는 말을 하기'라는 과제를 수행하는 데 있어서는 자세한 계획이 있어야 할 것이다. 분위기를 어떻게 만들 것이다 내지는 언제 집에 들어가서 어떻게 말할 것이라는 구체적인 계획이 요구된다. 이러한 부분에 대해 '자세하게 어떠한 계획이 세워져야 하는지' 질문이 지속적으로 주어져야 할 것이다.

셋째, 과제수행에 따르는 장애를 분석하고 해결하기이다. 과제를 수행하는 데 있어서는 준비도 철저해야 하겠지만, 과제수행에 방해가 되는 요소를 찾아내서 먼저 해소한 이후 과제를 수행하는 것이 바람직할 것이다. 만약 '다른 사람에게 먼저 손 내밀면서 악수하기'라는 과제를 수행해야 한다면, 과제를 수행하는 과정에서 어떤 어려움이 있을지를 클라이언트와 함께 이야기하면서 장애요소를 찾아내야 할 것이다. 일반적으로 클라이언트가 과제를 수행하는 데 있어서는 자신에 대한 평가절하, 잘못된 선입견, 결과에 대한 두려움 등이 크게 장애가 될 수 있다. 클라이언트가 이러한 왜곡된 사고를 가지고 있다면 찾아내서 현실과 부합하는 사고와 감정을 가질 수 있도록 하고, 격려, 지지해야 할 것이다.

넷째, 과제수행에 필요한 행동을 모의실험 또는 사전 연습해 보기이다. 과제수행과정을 모의상황으로 만들어 직접 행동해 보도록 하는 과정이다. 이 과정에서 역할극을 통해 역할행동모델을 제시해 볼 수도 있다. 나아가 실제상황에서 클라이언트와 사회복지사가 함께 과제를 수행해 보는 경우도 있을 수 있다(실천지도).

다섯째, 과제수행계획을 요약하고 격려와 기대를 표현해 주기이다. 과제수행계획의 전반을 함께 요약, 점검하는 단계이다. 그리고 클라이언트가 과제를 수행하도록 하고, 다음에 그 수행결과 듣기를 기대한다는 표현을 해 주는 것이 좋다.

(5) 위기개입기술

위기개입은 재해나 갑작스러운 사고 · 사건, 이로 인한 본인 및 주변가족의 극심한 스트레스 상황(상황적 위기 - 심각한 질병, 사랑하는 사람과의 사별, 자연재해와 인재, 폭력범죄 등)에서, 발달과정 이행과정에서 유발되는 스트레스(발달적 위기)로 인해 일상생활 수행에 어려움이 발생하는 경우, 즉각적으로 필요한 서비스 지원과 심리적 안정을 위해 개입하는 것이다. 위기개입은 지금 현재의 위기를 어떻게 잘 극복해서 이전의 기능수준으로 끌어올릴 것인지에 초점이 맞춰진다(클라이언트의 인격을 성장, 변화시키기 위한 개입이 아니다). 그러므로 가장 적절한 개입전략을 가지고 진행해야 할 것이다(위기의 순간을 어떻게 잘 넘길 것인가가 중요하기 때문). 위기에 적응하는 능력에 초점, 현재지향적, 단기적 접근, 구체적인 위기 상황과 문제에 초점을 둔다.

위기 상태는 일반적으로 절망, 분노, 혼돈과 같은 감정을 동반하는 격심한 정서적 혼란 상태를 말하며, 위기에 처한 개인은 심각한 심리적 취약성을 드러내고, 방어기제의 위축, 문제해결 및 대처능력의 심각한 와해를 경험하게 된다. 전쟁과 사고 이후 불면, 공포심 심화, 우울, 성학대 및 강간 등에 의한 두려움, 공포감, 무력감, 기억상실, 분노폭발 등 다양한 위기 상황이 포함될 수 있다. 이러한 위기 상황은 인간의 삶에 있어 대다수가 겪을 수 있는 삶의 경험이다. 그렇지만 개인이나 가족의 대처자원정도와 개인이 어떻게 의미를 부여하느냐에 따라 위기일 수도, 그렇지 않을 수도 있다. 따라서 사회복지사가 클라이언트의 위기 상황에 개입할 경우, 클라이언트를 특별한 사람으로 취급해서는 안 될 것이고, 때로 위기는 성장과 발전의 기회가 될 수 있다고 생각해야 할 것이다. 그리고 클라이언트와 그 가족의 대처자원의 가능성과 개인이 부여하는 위기에 대한 주관적 의미를 충분히 사정할 필요가 있다.

아귈라와 메식(Aguilar & Messick, 1974)은 4단계 위기개입과정을 제시했다(Karen & Grafton, 1993 : 243-249 재인용).

첫째, 사정단계이다. 사정단계에서 다섯 가지 세부 영역을 고려하여야 한다는 것이다. ① 클라이언트가 왜 오늘 도움을 받으러 오게 되었는지? ② 클라이언트가 현재의 위기와 선행사건을 어떻게 인식하고 있는지? ③ 주위에 도움을 받을 만한 지지적 자원이 있는지, 그 지지수준은 어느 정도인지? ④ 과거에 이와 비슷한 문제를 겪은 적이 있는지, 있다면 어떻게 해결했는지? ⑤ 자살(자해)이나 타살의 위험이 있는지를 고려해야 한다는 것이다.

둘째, 계획단계이다. 이 단계에서는 위기가 클라이언트의 기능을 저해하는 정도를 평가해야 한다. 즉, 클라이언트가 일상생활을 재개할 수 있는지, 직장으로 돌아갈 수 있는지, 클라이언트 주변의 자원들은 어떻게 반응하고 있는지, 그들로부터 클라이언트는 어떤 도움을 받을 수 있는지 등에 대한 평가가 우선 이루어져야 한다. 그런 후 가능한 잠재적 대안들을 고려하고, 과거 대처전략확인과 그 유용성을 평가해 보아야 한다. 그리고 어떤 대안들이 바람직한지와 그에 대한 구체적인 행동계획을 수립한다.

셋째, 개입단계이다. 계획단계의 대안들과 행동계획을 구체적으로 행동으로 옮기는 단계이다. 아귈라와 메식(Aguilar & Messick)은 이 단계에서 다음과 같은 사항을 유의하도록 제시하고 있다. ① 클라이언트가 위기를 객관적으로 이해할 수 있도록 돕는다. 위기 상황에서는 정서적으로 혼란스럽기 때문에 분명하고, 객관적인 사고가 어렵다. ② 클라이언트가 표현하기 힘든 감정을 드러내도록 돕는다. ③ 대처기제를 탐색한다. 과거 성공했던 대처방법은 무엇인지, 이것들이 현재 위기에 적용될 수 있는지, 새로운 대처전략은 없는지를 탐색할 필요가 있다. ④ 클라이언트가 사회적 지지체계를 수립하거나 혹은 재수립하도록 돕는 것이다. 위기에 있는 사람들은 가능한 한 많은 사회적 지지와 자원을 필요로 한다.

넷째, 예견적 계획단계이다. 이 단계는 사회복지실천과정에서의 평가와 종결단계에 해당한다. 지금까지 위기를 겪어 오면서 클라이언트가 위기를 어떻게 다루어 왔는가를 함께 정리하면서 이후 다가올 어려움을 대처할 수 있는 자료로 준비하는 과정이다. 사회복지사는 클라이언트가 대처한 행동들을 명확히 하고, 구체적으로 이해할 수 있도록 돕는다.

(6) 문제해결기술

사회복지실천현장에서 만나는 대부분의 클라이언트는 일상생활의 문제에 대처하는 능력이 부족해 어려움을 겪는 경우가 대부분이다. 따라서 클라이언트가 생활속에서 스스로 자신의 문제를 해결할 수 있도록 그 방법을 교육할 필요가 있다. 사회복지실천현장에서 클라이언트들이 일상생활의 문제를 해결할 수 있는 문제해결기술을 습득하는 것은 클라이언트의 자신감과 자기효능감, 자존감을 향상시키는 결과를 가져다준다. 사회복지사는 문제해결기술을 활용해 직접적으로 클라이언트를 도울 수도 있지만, 클라이언트의 미래대처능력 강화 차원(앞으로 닥칠 수 있는 문제에 클라이언트 스스로 대처)에서 문제해결방법 혹은 기술을 가르칠 필요도 있다. 이를 통해 클라이언트는 일상생활문제에 더욱 독립적일 수 있게 되고, 사회복지사에 대한 의존도도 줄어들 수 있다.

예 제

일상생활에서 나타날 수 있는 작은 문제들에 대해서도 문제해결기술은 적용될 수 있다. 신학기를 시작하는 초등학생 아들이 쓰다가 남은 노트를 두고 새 노트를 사 달라고 떼를 쓰는 경우를 생각해 보자.

가족회의를 가지고, 가족들의 다양한 의견을 들어 보고, 그 의견들에 대한 평가를 통해 헌 노트의 남은 부분을 모아서 새 노트를 만들기로 합의했다. 가족들의 토론과 대화를 통한 문제해결과정과 가족들의 아이에 대한 사랑을 확인할 수 있는 모습일 수 있다.

문제해결기술의 과정은 6단계로 나누어 생각해 볼 수 있다.

① 1단계 : 문제규명하기(acknowledge the problem)

이때의 문제는 클라이언트가 가진 전체 문제일 수도 있지만, 문제해결기술은 개입단계에서 목표를 달성하기 위한 것이기 때문에, 세부적이고, 구체적인, 그리고 상대적으로 해결하기 쉬운 문제일 필요가 있다. 기숙사 룸메이트인 두 사람 사이의 관계가 좋지 않다, 꼴도 보기 싫다 등을 생각해 볼 수 있다.

② 2단계 : 문제를 분석하고 참여자들의 욕구 · 기대 확인하기

여기서 문제분석은 근원을 밝히고 분석하자는 의미보다는 문제를 가져온 요인과 감정, 관련된 사람(문제상황에 대한 분석) 등을 밝히는 것이라 할 수 있다. 그리고 클라이언트 본인뿐 아니라 관련된 사람들의 욕구를 확인해야 할 것이다. 문제상황과 관련된 사람들의 욕구를 구체화하는 것은 참여자들의 적극적인 협조를 얻을 수 있다는 점 외에도 클라이언트 스스로도 주변의 바람을 확인해 문제해결과정에 더욱 진지하게, 적극적으로 참여할 수 있기 때문이다. 위의 예에서처럼 두 사람 사이에 관계가 원만했으면 좋겠다. 또는 두 사람 간에 인사라도 하고 지냈으면 좋겠다 등의 욕구들이 있을 수 있다.

③ 3단계 : 가능한 해결책을 위한 브레인스토밍

브레인스토밍(Brain Storming)은 뇌에 혁명적 파도를 일으킨다는 말로 가능한 대안을 있는 대로 자유롭게 생각하는 과정을 의미한다. 브레인스토밍의 효과를 극대화하기 위해서는 개방적이고 자발적인 분위기와 수용적인 분위기가 중요하다. 어떠한 생각이라도 그 생각의 의미를 구체화하면서 수용해 줄 수 있는 분위기가 중요하다.

④ 4단계 : 참여자들의 욕구에 대한 대안평가

이 단계에서는 브레인스토밍 결과 나온 대안들을 평가하고 최종적인 대안을 선택하는 과정이다. 각 해결대안들을 놓고 찬·반에 대해 논의해야 할 것이다. 물론 이 과정에서 사회복지사는 참여자들에게 각 대안들에 대한 깊이 있는 논의를 할 수 있도록 독려할 필요가 있다. 이후의 결과라든지 또는 이 대안으로 인해 가족관계에 어떤 영향을 미칠 것인가, 지속적으로 실행 가능한 대안인가? 예상되는 장애물은 없는가? 장점과 단점에 대한 심도 있는 분석과 논의를 거칠 것을 독려해야 한다.

제안된 대안을 놓고 각 참여자들이 자신의 욕구에도 부합하는지, 찬성하는지 또는 반대하는지를 기록한다. 수용할 수 있는 대안에는 + 표, 수용할 수 없는 대안에는 - 표, 중립인 경우는 ○ 표시를 한다. 때로는 1점에서 10점 사이의 점수를 부여해서 평가할 수도 있다. 제안된 대안들에 대한 참여자들의 평가는 한 가지만 선택되는 것은 아니다. 두세 가지 대안들이 선택되면 이 대안들을 모두 포괄하는 하나의 대안을 만들어 참여자들의 최종적인 동의를 얻는 과정을 거치면 된다.

⑤ 5단계 : 선택된 대안의 실행

참여자들의 평가에 의해 종합된 포괄적인 대안을 참여자들이 성실하게 수행하는 단계이다. 사회복지사는 클라이언트와 참여자들에게 선택된 대안행동을 모두가

협조적으로 성실하게 참여함으로써 문제가 성공적으로 해결될 수 있다는 점을 확신시켜 주어야 한다.

⑥ 6단계 : 문제해결 노력에 대한 결과평가

사회복지사는 클라이언트와 참여자들이 계획대로 잘 수행하고 있는지, 그 결과는 어떠한지에 대해 점검하는 일도 중요하다. 사회복지사는 클라이언트와 참여자들에게 점검의 중요성을 인식시키고, 스스로 점검계획을 세울 수 있도록 지도한다. 그리고 대안의 수행과정과 결과에 대해 직접적, 지속적으로 관찰하고, 기록하도록 지도한다. 몇 차례 점검결과 긍정적인 결과를 얻지 못하면 2단계로 다시 돌아가 각 단계를 반복하여 실시하도록 돕는다.

(7) 사회기술훈련

인간은 누구나 살아가면서 자신에게 필요한 사회기술을 자연스럽게 획득하고 또 그것을 이용하여 자신의 관심사를 계속 추구하거나, 더 좋은 기회를 포착하거나 혹은 정서적으로 훨씬 더 안정적인 삶을 누리게 된다. 인간은 정서적 · 사회적 · 생물적 욕구를 충족시키기 위해 타인과의 관계를 필요로 하는 사회적 동물이다. 사회적 접촉과 인간관계기술이 결국 사회기술인 것이다. 사회기술이란 자신의 감정과 욕구를 상대방에게 정확히 전달하여 대인관계에서 어떤 목표를 성취할 수 있도록 도움을 주는 모든 행동을 말한다.

결국 사회기술훈련(Social Skills Training, SST)은 사회적 관계기술 및 의사소통의 기술을 학습시키는 과정으로 볼 수 있다. 사회기술훈련은 대화기술훈련(표정, 시선 맞추기, 목소리 크기, 자세, 상대방과의 거리, 걸음걸이, 경청, 격려, 질문, 말하기, 대화 유지하기, 타인에게 자기소개하고 대화하기, 주장적 언어표현, 칭찬 및 사과하기, 고마움 표시 등)과 대인관계기술훈련(통신시설을 이용한 관계형성, 권리행사를 위한 주장행동, 데이트하기, 도움요청하기, 거절에 대한 대처 등)을 포함한다.

사회기술훈련은 인지행동모델을 기반으로 구성되었고, 집단 프로그램으로 활용되는 경우가 대부분이다. 물론 개별접근에서도 활용하기도 한다. 사회기술은 활용되는 실천 영역이나 표적문제에 따라 다양하게 활용된다. 부모역할기술, 자기주장훈련, 적극적 경청법, 효과적 대화기술, 친구관계 맺기, 분노조절훈련, 문제해결기술 등에서 활용되고 있다.

예 제

김 씨는 지나치게 수줍어하는 문제를 가지고 있다. 그래서 그는 대화를 나눌 때 다른 사람이 자신을 좋아하지 않고 경멸한다고 잘못 해석한다(받아들이는 기술). 그는 하고 싶은 말을 상대방에게 효과적으로 표현하지 못하는데 예를 들면 직장동료에게 일을 도와 달라고 어떻게 요청해야 하는지를 모른다(진행하는 기술). 또 그는 대화를 나눌 때 말을 잘 하지 않고 얼굴 표정도 거의 변화가 없다(보내는 기술).

리버만 등(Liberman et al.)은 의사소통의 3단계 과정을 제시하고, 각 단계마다 필요한 기술이 다르다고 설명하고 있다(Liberman, Derisi, & Mueser, 김철권 · 변원탄 공역, 2000). 의사소통의 첫 번째 단계에서는 받아들이는 기술, 즉 어떤 상황에서 연관된 사회적 정보를 경청하고 정확하게 파악하는 데 소용되는 기술이 필요하고(상대방의 감정과 욕구를 정확하게 파악하는 것, 상대방의 말을 정확히 알아듣는 것 등), 두 번째 단계에서는 상황에 맞는 가장 효과적인 기술(가장 효과적인 계획을 세울 수 있는 능력)이 무엇인지를 판단 · 선택하는, 진행하는 기술이 필요하다. 세 번째 단계에서는 자신이 선택한 기술을 능숙하게 사용해야 한다는 것이다. 이는 사회적 만남에서 실제로 행하는 행동을 말한다. 보내는 기술에는 말하고자 하는 언어적 내용(무엇을 말할 것인가)과 그것을 상대방에게 전달하는 표현방법(어떤 식으로 말할 것인가)이 포함된다. 의사소통 및 인간관계에 문제를 가진 사람들은 이 세 단계 모두 혹은 한 단계에서의 결손 때문에 발생한다는 것이다.

사회기술훈련을 실시하기 위해서는 훈련이 필요한 기술에 대해 설명하고, 왜 필요한지 그리고 훈련 후 변화 내지 성공적인 결과에 대해 설명하고 클라이언트가 충분히 받아들일 수 있도록 하는 것이 중요하다.

사회기술훈련을 실시하는 첫 번째 단계는 훈련이 필요한 표적이 될 기술 영역을 결정하는 것이다. 청소년의 분노조절 부족, 대화기술 부족, 자기주장력 부족, 부모역할기술(칭찬과 인정하기, 과도한 요구 조절하기, 단호한 태도 유지하기, 거절하기, 경청하기 등) 부족 등을 들 수 있다.

두 번째 단계는 훈련이 필요한 기술 영역이 선택되면, 이런 기술을 구성하는 구체적인 기술로 구체화할 필요가 있다. 예를 들면 자기주장력 부족으로 결정되었다면, 요구 거절하기, 다른 사람과 다른 의견 표현하기, 자신의 결점 인정하기, 칭찬 받아들이기, 긍정적 감정 표현하기, 대화를 주도하고 유지하기 등으로 구체화한다.

세 번째 단계는 기술의 모델링이다. 사회복지사나 훈련실시자가 직접 구체적인 행동과정을 보여주고, 클라이언트가 그 기술을 따라할 수 있도록 돕는다.

네 번째 단계에서는 역할극을 실시한다. 문제상황을 가상적으로 만들어 역할극을 할 수 있도록 해서 클라이언트가 직접 실행해 볼 수 있도록 한다는 것이다. 문제상황은 난이도가 낮은 상황에서 시작해서 점차 더 어려운 상황으로 도전할 수 있도록 지도한다.

다섯 번째 단계에서는 역할극이 끝나면 긍정적인 피드백을 포함해서 관찰한 것에 대하여 서로 피드백할 수 있도록 한다.

여섯 번째 단계는 각 기술의 구성요소의 합성이다. 기술의 각 구성요소에 대한 역할극이 잘 수행되면 기술을 전체적으로 종합하여 연습하도록 한다.

마지막 단계는 실제상황에서 적용하는 것이다. 가상적인 실제상황을 만들어서 연습을 계속할 수도 있을 것이다. 사회복지사는 클라이언트에게 새롭게 배운 기술을 적용할 수 있는 의지를 가질 수 있도록 격려하고, 예상되는 어려움에 미리 대비하고 적절한 사고와 행동을 연습시킴으로써 잘 극복할 수 있도록 준비시킨다.

(8) 스트레스 관리기술

스트레스란 우리가 대처하거나 견딜 수 있는 능력수준을 넘는 갈등이나 위협을 느끼는 상황에 대한 정서적 · 생리적 · 심리적 반응을 의미한다. 자신에게 부과된 상황이 자신이 견딜 수 있는 능력수준(통제범위)을 넘어서 스스로 불균형감을 느낄 때 우리는 불안(가슴이 뛰고, 호흡이 가빠지고, 식은 땀, 자리를 떠나고 싶은 충동, 소변을 보고 싶고, 기분이 나빠지고, 불길한 결과가 예상되는 등 부정적인 인지적 · 감정적 변화), 우울, 불면, 식욕부진, 자신감 상실, 주의집중곤란, 학업능력의 저하, 과음, 폭행 등의 정서적 · 심리적 반응을 나타내게 되고, 그 지속기간이 길어지고 그 강도가 강해져 각종 신체적 질환(소화성 궤양, 관상동맥질환,[14] 고혈압, 만성두통, 부인과 질환 등), 정신적 질환(불안장애, 우울증, 수면장애 등)으로 발전하기도 한다.[15]

생리적 반응

- 두통, 피로감, 목 등과 턱의 근육긴장, 두근거림, 빠른 호흡, 질병
- 수면 패턴의 변화, 떠는 행동
- 어지럼증, 소화불량, 토하는 행동
- 잦은 소변, 입이 마름, 목이 마름
- 식욕의 변화

정서적 반응

- 공포감, 불안, 분노감, 좌절감, 공격성, 초조함, 과도한 흥분, 우울감과 슬픈 감정
- 감정의 부인, 지루함

14) 심장전문의인 프리드먼(Friedman)과 로젠만(Rosenman)의 연구에 의하면 경쟁적이며 성취지향적이고, 시간에 대한 조급함이 있고, 쉽게 분노나 적개심을 느끼는 소위 A형 성격이 심근경색과 연관이 있다고 한다.

15) 박스 내용은 연세대학교 대학생활 플러스 V.14호 참고.

행동적 반응

- 말더듬, 신경질적인 행동, 평소보다 더 많은 사고
- 흡연의 증가, 알코올 섭취의 증가, 커피와 차가운 음료 증가, 높은 칼로리의 스낵을 더 많이 섭취
- 대인관계에서 유연성 부족, 회피하기
- 난폭한 말의 증가
- 과제완수를 못함, 평소보다 과제수행을 위해 더 노력

인지적 반응

- 한 방향으로만 생각
- 주의집중력 부족
- 과거나 미래에 관심 집중
- 계획을 세우지 못함
- 부정적 사고, 경직된 사고, 백일몽[16)]

스트레스에 취약한 사람의 특징

① 자존심이 쉽게 상하고 다른 사람의 비판에 민감하다.
② 비현실적인 욕망과 기대수준이 높다.
③ 어떤 상황에서 자신을 무력하게 만들고 자기비하적 사고가 많다.
④ Type A 유형의 성격이다.

스트레스에 잘 대처하는 사람의 특징

① 자신이 처한 상황을 통제할 수 있다고 믿는 긍정적인 자기존중감을 갖는다.
② 비합리적인 사고가 적다.
③ 스트레스의 성격에 따라 개인이나 환경을 능동적으로 변화시키는 문제중심적인 대처를 효과적으로 잘 사용한다.

16) 백일몽(day dreaming)은 한낮에 꾸는 꿈이고, 충족되지 못한 욕망을 충족시키기 위해 비현실 세계를 상상하는 것

Type A 유형의 사람

일을 밀어붙이고, 정력적이고 참을성이 부족한 성격특성을 갖고 있다. 시간에 대한 긴박감, 경쟁적 초조, 지나친 목표의식과 최상의 것을 원하는 완벽주의자, 이상주의자적 성향이 있다. 따라서 Type A 유형은 시간과의 전쟁을 치르고 걱정이 많으며, 초조해 하는 심리적 특성이 스트레스 상황을 더 잘 느끼고 유지시킨다. 반면 Type B 유형의 사람들은 편안하게 생활하고 이완되어 있으며 쉽게 만족하고 성취에 대한 관심이 적은 편이다.

임상전문가들은 스트레스 관리방법을 다양하게 제시하고 있다. 사회복지실천과정에서 사회복지사가 활용할 수 있는 심호흡을 활용한 긴장이완훈련과 인지재구조화 전략 등이 있을 수 있다.

심호흡을 활용한 긴장이완훈련은 편안한 장소와 한가한 시간을 선택해서 눈을 감고, 발끝부터 머리까지의 모든 근육들을 깊이 이완시킨다. 그리고 복식호흡을 10~20분 정도 지속한다. 먼저 숨을 들이쉰다. 숨을 들이쉴 때는 어깨와 가슴이 움직이지 않도록 하고, 배가 볼록하게 나오도록 들이쉬고, 코로만 들이쉰다. 다음으로 배가 볼록하게 들이쉰 숨을 2~3초간 멈춘다. 그리고 숨을 한꺼번에 몰아 내쉬고, 입과 코를 동시에 사용한다. 이 과정에서 숨을 내쉴 때마다 '하나'라는 말을 자신에게 속삭인다(단어나 문구 하나를 정해서 반복한다). 또한 심호흡 없이 단어나 문구 하나를 정해서 반복하면서 명상, 참선하는 경우도 있을 수 있다.

인지전략으로는 긍정적인 '혼잣말'을 사용하는 법을 배우는 경우이다. 예를 들어 여러 사람들 앞에 말하는 것에 대해 불안해하고 스트레스를 받는 경우 예전에 성공했던 경험을 떠올리면서 '그때처럼 하면 되지.'라고 속으로 계속 혼잣말을 하는 것이다. 스트레스를 주는 사건이 끝났을 때에도 '잘했어.' 등의 칭찬을 자신에게 한다. 또는 사건에 대한 해석, 예를 들면 '나는 완벽해야 된다. 남의 앞에서 말하다가 실수해 버릴 것이다.' 등을 '나는 실수할 수도 있어.'라는 내용으로 바꾸어 줌으로써 스트레스와 연관된 문제를 해결하는 것이다.

2) 간접적 개입

(1) 사회적 지지체계의 개발

우리는 어려움을 겪을 때 가장 먼저 위로, 지지받을 수 있고, 실질적인 도움을 받을 수 있는 기존 관계 내의 사람들을 찾게 된다. 자신이 힘들 때 누군가 내 옆에서 내 감정에 귀를 기울여 주고, 이해해 준다면 한결 문제가 가벼워지고 편안해질 수 있다. 이는 사회적 지지체계(관계망)가 그만큼 우리들의 삶에 크게 작용한다는 것을 의미한다. 인간은 관계적 동물이고, 수용적인 사회적 지지 내에서 있을 때 상대적으로 안정감을 더 많이 느낀다. 사회적 지지는 클라이언트의 관계망 속에서의 실질적이고, 정서적인 도움과 지원을 의미하고, 개인의 이 같은 지지구조와 과정을 사회적 지지체계라고 말한다.

메기어(Lambert Maguire)는 "사회적 지지는 어떠한 사람의 사회적 체계, 즉 그 사람이 살고 있는 사회적 환경 또는 생태적 환경 내에서의 적극적인 상호작용을 일컫는다. 사회적 환경은 가족, 친구, 직장동료, 이웃을 포함하는 비공식적 체계와 사회사업가, 의사, 변호사, 목사 및 다른 분야 전문가들을 포함하는 공식적 체계로 구성되어 있다."고 설명하고 있다. 카플란(Caplan, 1974)은 지지체계란 "지속적인 관계 패턴으로 이것은 개인의 심리적 · 신체적 통합을 유지하는 데 중요한 역할을 한다"고 설명했다(Lambert Maguire, 장인협 · 오세란 역, 1996 재인용).

클라이언트들은 문제에 직면하여 혼자임을 자각하는 경향이 크다(아무리 주위를 둘러보아도 나를 도와줄 사람은 아무도 없더라). 평소 실질적이고 정서적인 도움과 지지를 아끼지 않았던 외부자원들이 충분하다는 사실을 믿지 않고, 찾으려는 노력을 하지 않는다. 대부분의 클라이언트들은 사회적 지지체계에서 상실을 경험한 사람들이다.

사회복지사로서는 그런 사람들에게 기존의 외적 지지자원의 존재를 스스로 인식하도록 도와야 할 것이다(얼굴 찌푸리지 말아요). 그리고 기존의 외부 지지자원들이 크게 활성화되지 못했기 때문에 클라이언트의 어려움이 쉽게 해결되기 어려웠다면 기존의 지지체계를 활성화시켜야 할 것이고, 만약 외부자원의 존재나 도와줄 여력이라는 면에서 불충분하다면 충분히 그 지지체계를 개발해 줄 필요가 있다.

얼굴 찌푸리지 말아요

얼굴 찌푸리지 말아요 모두가 힘들잖아요
기쁨의 그날 위해 함께할 친구들이 있잖아요

혼자라고 느껴질 때면
주위를 둘러보세요

이렇게 많은 이들 모두가 나의 친구랍니다
우리 가는 길이 결코 쉽진 않을 거예요

때로는 모진 시련의 좌절도 하겠지만
우리의 친구들과 함께라면 두렵지 않아

우리 모두 함께 손을 잡고 원 투 원 투 쓰리 포

사회복지사는 사회적 지지와 관련해서 우선 클라이언트의 가족, 친구, 이웃, 동료, 목사, 자조집단, 지지집단이 존재한다는 것을 클라이언트가 느끼도록 고무하고 장려해야 한다. 과거 클라이언트에게 지지를 보내 준 주변들의 이야기를 경청하고, 그때의 감정들을 떠올리게 하면서 과거 사회적 지지의 성공감에 대해 함께 이야기할 필요가 있다.

또한 확대가족을 관계망화하는 기술을 사용해야 할 것이다. 역사적으로 지지의 가장 기본적 단위는 가족이었다. 왜냐하면 결혼과 가족은 사람들에게 강하고 친밀한 유대를 제공하고 가장 깊은 내면의 두려움이나 희망, 사랑, 의미 등을 살피도록 해 주기 때문이다. 기본적인 가족의 지지체계가 없다면 사람들은 현대의 삶이 주는 긴장과 충격의 결과에 종종 항복하게 될 것이다. 관계망화하기 위해 사회복지사는 가족과 친구들에게 그들이 클라이언트에게 중요하며 큰 도움이 될 수 있다는 것을 알게 함으로써 스트레스에 대한 보호적인 완충제를 구축할 수 있다.

클라이언트와 단지 주변적인 관계만 갖던 가족이나 친구들도 이러한 긍정적 피드백을 받음으로써 이 과정의 필수적인 부분이 될 수 있다. 이타주의와 타인에 대한 관심이 격려됨으로써 클라이언트와의 강한 관계가 발전될 수 있다. 가족과 친구들에게 그들이 가끔 해 주는 지지나 격려의 말 또는 경청이 클라이언트에게 상당히 도움이 된다는 사실을 상기시킬 필요가 있다. 또한 사회적 지지 노력의 성공은 아주 기본적인 인간행동, 즉 관심을 보이거나 격려나 지지를 해 주는 것에 의존해 있다는 것도 설명할 필요가 있다. 사회복지사는 클라이언트에게 관계망 도표를 그리게 하거나 그의 사회적 지지체계를 묘사하게 함으로써 클라이언트로 하여금 과거와 미래의 관계들의 의미와 유용성을 재고찰할 수 있도록 한다(Lambert Maguire, 장인협 · 오세란 역, 1996 : 18-19).

사회적 지지체계는 지속적인 관계 패턴이고 관계망, 지속적인 상호작용체계를 말한다. 클라이언트가 지속적인 상호작용을 해 온 지지체계를 활성화시켜 클라이언트의 어려움을 극복할 수 있도록 해야 한다. 친구, 이웃, 직장동료, 조직, 클럽들을 적절하게 동원하고, 활성화함으로써 클라이언트의 적응적 행동을 도울 수 있을 것이다(지지집단의 활성화).

사회적 지지체계를 개발하는 것은 클라이언트와 지속적인 상호작용을 해 온 기존의 지지체계를 활용할 수도 있고, 상호작용을 하지는 않았지만 클라이언트 주변의 사회환경체계를 활성화할 수도 있다. 예를 들면 장기적 질병을 앓고 있는 독거노인과 같은 클라이언트를 이웃에 위치한 교회를 활용하여 영적 도움은 물론 사회활동, 레크리에이션, 가정방문, 단기적 가정봉사원 파견서비스 등을 제공받을 수 있도록 연결해 주는 것이다(그림 8-7 참고).

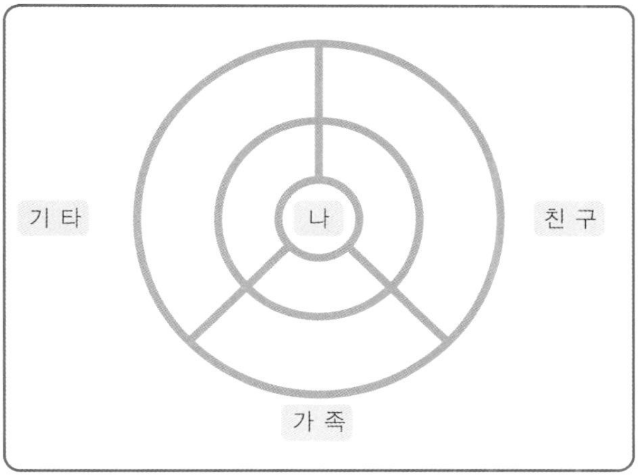

[그림 8-7] 클라이언트의 사회적 지지망을 밝히기 위한 도형

또한 클라이언트에 의한 자조 노력을 포함할 수 있다. 상호원조를 위해 조직된 집단, 즉 자조모임 내지 자조집단을 구성함으로써 클라이언트에게 지식, 기술, 자원을 제공할 수도 있을 것이다. 자조집단은 현재 동일한 어려움을 가지고 있거나 과거 동일한 어려움을 성공적으로 극복했던 사람들끼리의 모임을 말한다. 자조집단들은 상호 인식에 기초하고 문제와 관심을 공유하므로 빨리 유대를 형성한다. 그들의 유대는 고통스럽고 비슷한 경험을 공유함으로써 더욱 강화된다.

자조집단들은 사회복지사에 의해 운영되는 것이 아니라 알코올중독자(Alcoholics Anonymous, AA), 약물 남용자, 정신질환자 가족, 정신질환 병력자, 아동학대를 했던 부모 등에 의해서 운영된다. 자조집단 구성원들은 변화에 대한 동기가 강하고,

감정이입, 진실, 수용 등의 지지적 기법에 익숙하기 때문에 그 효과는 더욱 클 수 있다. 또한 클라이언트가 기존의 집단 예를 들어 환경집단이나 정치적 행동집단, 스포츠 팀, 혼자 사는 사람들의 클럽, 민족집단, 우표수집가들의 집단, 개나 고양이 소유자들 클럽에 가입하는 것도 사회적 지지체계개발의 중요한 면을 이룬다.

사회적 지지는 클라이언트의 사회적 환경 또는 생태적 환경 내에서의 적극적인 상호작용을 의미한다. 그리고 사회적 환경은 클라이언트가 도움을 받을 수 있는 공식적 지지체계를 포함한다. 공식적 지지체계로는 종합사회복지관, 병원, 사회복지시설, 가정폭력·성폭력피해여성쉼터, 성폭력상담소, 다양한 사회단체, 공공기관의 서비스와 프로그램 등이 포함된다. 이러한 공식적 지지체계를 통해 클라이언트는 공식적으로 전문적인 케어 내지는 전문적인 도움을 받을 수 있다.

헵워스와 라슨(Hepworth & Larsen, 1990)도 사회적 지지체계를 개발하는 방법을 네 가지로 들고 있다. 자연적 지지체계(친척, 친구, 이웃, 교회조직, 클럽 등을 들 수 있다)의 활성화, 자조집단의 구성, 자원봉사자 활용, 공식적 지지체계의 활용 등이다.

체계개발을 사용하는 사회복지사의 과제는 클라이언트로 하여금 그의 분노, 좌절, 공포를 발산하게 하고, 그가 변화시킬 수 있고 변화시킬 수 없는 것을 알게 하는 것이다. 동정과 자책은 이해되고 논의될 필요가 있지만, 또한 부적절하고 비생산적이라는 것도 인식될 필요가 있다(Lambert Maguire, 장인협·오세란 역, 1996 : 64).

(2) 서비스 조정

사회복지실천과정에서 다양한 문제를 가지고 있음으로 해서 복합적인 서비스가 제공되고, 목적에 적절하지 않는 수준과 양의 서비스가 주어지는 경우가 있다. 또는 클라이언트에게 적절한 서비스가 제공되지 않는 경우도 있다. 이런 경우 사회복지사는 클라이언트의 욕구와 기대, 목적에 따라 서비스를 조정할 필요가 있다. 기관별로 제공되는 서비스를 어느 한편에서는 줄이고, 다른 한편에서는 새로운 서비스를 개발하거나 기존의 서비스를 보강하는 차원의 조정이 필요하다. 만성정신장애인의 지역사회재활에 목적을 둘 경우, 병원에서의 약물치료나 건강관리도 필요하겠지만, 사회복귀 프로그램을 실시하는 지역사회정신보건센터의 도움이 더욱 필요할 것이다. 따라서 서비스 조정은 서비스 연결, 의뢰, 다른 기관 서비스 담당자들과의 서비스 협의 등을 포함한다.

(3) 프로그램 개발

클라이언트의 욕구와 기대, 문제를 해결하기 위한 서비스가 지역사회 내에 없을 경우도 있다. 또는 클라이언트에게 필요한 서비스인데, 사회복지사가 소속된 기관 내에 그런 서비스가 없을 경우도 있다. 일반적으로 이런 경우 다른 기관에 의뢰한다. 그렇지만 소속기관에서 새롭게 마련될 충분한 타당성이 있다고 판단되는 경우는 서비스 및 프로그램 개발이 이루어져야 할 것이다.

지역사회 내에서 프로그램을 개발하기 위해서는 지역사회주민들에게 관련정보를 제공함으로써 문제를 인식시키고, 욕구조사 등을 통해 지역주민들의 욕구는 물론이고 프로그램 개발의 필요성과 방향을 포괄할 수 있어야 한다. 각종 지지 및 자조집단을 형성할 수 있고, 학생폭력에 노출되기 쉬운 청소년들을 보호하기 위한 방과후 프로그램의 새로운 개발 등 다양한 프로그램 및 서비스 개발이 가능할 것이다.

(4) 클라이언트 집단을 위한 옹호활동

부적절한 혹은 불평등한 사회적 · 법률적 · 제도적 사회복지기관의 기능으로 인해 욕구를 충족할 수 없는 클라이언트 개인이나 집단을 위해 사회복지사는 옹호(advocacy)활동을 하게 된다(양옥경 외, 2000 : 192). 클라이언트 집단을 위한 옹호활동은 클라이언트 집단의 권리(복지권, 인간다운 삶을 살아야 한다는 권리)를 대신 주장해 주고, 관련법이나 제도의 개선, 확대를 요구하고, 권리를 찾기 위해 함께 노력하는 활동을 말한다. 예를 들어 장애인들의 정상적인 이동권을 확보하기 위해

장애인들과 함께 노력하는 경우를 들 수 있다. 작게는 사회복지기관이나 직원이 급여자격이 있는 클라이언트에게 정상적인 서비스나 혜택을 제공하지 않는다거나, 차별적인 혜택을 제공한다면 클라이언트를 옹호할 필요가 있다.

사회복지대상자들은 상대적으로 사회 내에서 약자층이기 때문에 사회복지정책이나 절차, 서비스에 있어서 불리하게 적용될 수 있는 가능성이 크다. 또한 대상자들의 삶의 질을 보다 윤택하게 하기 위해서는 필요한 자원이나 서비스는 계속 개선, 확대되어 가야 하는 것이 현실이다. 그렇지만 사회복지대상이 되는 클라이언트들은 상대적으로 자신의 주장을 논리적으로 설명하고, 주장하는 데 미흡할 뿐 아니라 사회적 자원동원력 등이 약할 수 있기 때문에 사회복지사가 함께 노력할 필요가 있다.

클라이언트 집단이나 개인을 위한 옹호활동방법은 다양하다. 정치적 과정에 영향력을 행사한다든지, 언론을 통해 그 심각성을 계속 알리고, 연구조사를 통해 심각성 및 정책대안들을 마련할 수 있다. 또한 지지집단을 조직화해 권력기관이나 정치조직에 압박을 가할 수도 있을 것이다. 구체적으로 정치적 과정에 어떻게 영향력을 행사할 수 있는가 하는 것은 논외로 한다.

옹호활동을 하는 데 있어서 사회복지사는 문제나 욕구를 조사해서 문제의 심각성을 논리적으로 합당하게 설득력 있게 설명할 수 있어야 하고, 활동의 타당성을 확보하도록 노력해야 한다. 그리고 자신감을 가지고, 확고한 신념을 가질 필요가 있다. 그리고 옹호활동에 있어서도 클라이언트의 자기결정권은 존중될 필요가 있다. 클라이언트가 처해 있는 상황과 각종 정보를 제공하는 노력을 제공하고, 클라이언트 스스로 자신의 권리를 주장하는 데 동의할 수 있도록 해야 할 것이다. 만약 그렇게 했는데도 클라이언트가 원치 않는다면 윤리적으로 이를 존중해야 한다.

5. 평가 및 종결

클라이언트의 문제를 해결하고, 욕구나 기대를 충족시키기 위한 직·간접적 개입이 끝나면 개입초기 계획한 목표와 변화가 어느 정도로 이루어졌는지를 살펴보아야 할 것이다. 이것이 사회복지실천에 대한 평가이다. 평가결과, 계획된 변화가 충분히 달성되어 클라이언트의 문제와 욕구, 기대가 충족되었다고 판단되면 개입을 종결하게 된다. 종결은 개입을 그냥 끝내는 것이 아니다. 종결은 단순한 끝의 과정은 아니다. 실천개입이 이루어지는 기간이 비교적 긴 기간이고, 그동안 충분한 유대관계가 형성될 수 있고, 나아가 클라이언트의 문제나 욕구, 기대가 충족되었다면 충족감이나 신뢰감, 의존감이 클 수 있기 때문이다. 개입기간 동안 사회복지사와 클라이언트 간의 정서적 유대감이 충분히 조성될 수 있는 여지가 있기 때문에 종결로 인한 정서적·감정적 분리감을 어떻게 처리할 것인지가 관건이 될 수 있다. 이런 상황을 어느 정도 해결하기 위해 사후관리가 이루어진다.

1) 평 가

평가는 신자유주의적 흐름 내에서 특히 중요하게 부각된 부분이다. 특히 프로그램의 성과(outcome)를 강조함에 따라 평가는 결과중심의 평가에서 성과중심의 평가가 이루어지게 되었다. 따라서 사회복지실천에 있어서도 '어떠한 개입을 어느 정도로 했다는 것'보다는 '어떠한 개입을 어느 정도로 해서 결과적으로 어떠한 성과(성과목표)를 가져왔는가'가 중요하게 되었다. 따라서 사회복지실천에 있어서 평가는 목표를 충분히 잘 달성했는지에 대한 효과성과 적절한 방법과 적절한 비용으로 목표를 달성했는가 하는 효율성의 개념을 동시에 내포하고 있다.

사회복지실천과정에서의 평가는 초기목표와 계획에 따라 잘 이루어지고 있는지,

그 성과목표에 따라 클라이언트의 변화가 이루어졌는지를 과학적인 방법으로 측정하는 것을 의미한다. 평가는 계획된 변화과정이 진행 중인 상태에서, 개입이 계획대로 잘 진행되고 있는지, 잘 진행되지 않는다면 그 원인을 찾아 다시 계획을 수정하는 작업을 포함한다. 또한 개입계획 자체가 잘 이루어졌는지, 목적과 목표를 성취하기 위해 사용된 수단이 적합한지 여부를 심사하는 과정을 포함한다. 이것을 일반적으로 과정평가 또는 형성평가(formative evaluation)라고 한다.

그렇지만 일반적으로 평가라 하면 결과평가 또는 총괄평가(summative evaluation)를 의미한다. 개입이 이루어진 후 개입의 목표를 충분히 달성해서, 클라이언트의 변화가 충분히 이루어졌는지를 가능하면 구체적으로, 측정가능한 정도로 심사해 보는 것을 의미한다. 개입이 충분한 성과를 거두었는가 하는 것이다. 따라서 사회복지실천평가는 변화과정과 그 결과를 측정하기 위해 과학적인 방법을 적용하는 것이다(Compton & Galaway, 1999). 평가는 개입초기 계획한 목표가 달성되었는지, 그 결과가 개입에 의한 것인지를 알아보는 과정이다.

평가가 정확히, 구체적으로 이루어지기 위해서는 목표가 구체적이고, 측정가능한 형태여야 한다. 그리고 각 개입의 과정에서도 성과나 평가에 대한 인식은 물론이고 양적 · 질적인 성장을 측정할 수 있는 도구개발이 전제되어야 한다. 위에서도 언급했지만, 분노조절이 제대로 되지 않는 클라이언트에게 분노조절훈련을 몇 회 시켰다는 것이 중요한 것이 아니라 분노조절훈련을 몇 회 실시해서 클라이언트가 분노조절이 실생활에서 어느 정도로 긍정적인 방향으로 호전되었는가 하는 것이 중요한 것이다.

평가(성과를 증명)를 위해서는 전통적인 과학적 방법으로 통제집단과 실험집단을 구분해서 양 집단 간의 차이를 비교, 분석하는 방법을 생각해 볼 수 있지만, 사회복지실천에 있어서는 이런 방법을 적용하는 데 한계를 가진다. 사회복지실천과정에서는 개별적인 특성 및 다양성을 중요시하고 있고, 개별적인 상황과 환경의 차이를 중요한 변인으로 취급하기 때문에 완전한 통제집단을 찾아내는 것은 무척 힘들다. 따라서 단일집단에 대한 개입 이후 변화를 측정하는 단일사례설계가 1970년대 이후 광범위하게 활용되기 시작했다. 이 장에서는 단일사례설계에 대해 알아보고, 과제중심모델에서 많이 활용되는 과업성취척도에 대해서 알아보고자 한다.

(1) 단일사례설계

단일사례설계(Single Subject Design, SSD)는 단일한 사례를 대상으로 한다. 즉, 단일의 개인, 가족, 집단을 대상으로 한다. 단일사례설계는 단일사례의 개입 이전 상태와 개입 이후 상태를 비교하는 것을 말한다(AB설계). 즉, 기초선을 설정하고, 개입 이후 기초선보다 향상되었는지를 비교, 분석하는 설계를 말한다.

기초선(base line)은 며칠 혹은 몇 주간의 표적행동의 빈도, 강도, 지속시간을 관찰함으로써 설정된다. AB설계에서 A는 기초선을 말하고, B는 개입을 말한다. 개입 이후 기초선과 다른 변화가 보인다면 일단 개입의 영향으로 볼 수 있는 것이다. 기초선 설정 시 사용할 수 있는 측정방법(문제행동의 측정방법)은 사회복지사의 직접적 관찰, 표준화된 측정도구 사용, 클라이언트 스스로의 관찰과 측정에 의한 자기보고, 클라이언트 스스로의 사고, 감정, 행동에 대한 자기보고, 설문지 활용 등 다양한 방법을 활용할 수 있다. 개입 후 평가 시에 사용할 수 있는 측정방법도 마찬가지일 것이다.

사회복지사의 직접적 관찰은 문제양상과 빈도, 강도, 정도 등을 사회복지사가 직접 관찰해서 기초선으로 활용하고, 개입 후 평가치로 활용할 수 있다. 이의 경우는 사회복지사의 관찰의 객관성이 관건이 될 수 있다. 표준화된 측정도구를 사용하는 경우는 예를 들어 부부만족도를 측정할 수 있는 이미 개발된 측정도구를 활용하는 것을 들 수 있다. 클라이언트의 자기평가척도에 의한 자기보고는 클라이언트가 자신의 사고, 감정, 느낌, 행동 등을 척도화하여 그 수준을 숫자로 표시하도록 하는 방법이다(예 : 강도를 1~10으로 잡고, 당시 상황에서의 강도를 숫자로 나타내는 경우).

개입 전 문제상황에 대한 자료수집 및 자기보고

분노조절이 잘 되지 않는 클라이언트의 경우
(인지행동모델의 행동기록장)

- 클라이언트로 하여금 바둑알을 왼쪽 주머니에 넣고 다니면서 매일 분노가 일어나는데 조절이 안 된 경우가 발생할 때마다 바둑알을 오른쪽 주머니로 옮기고, 그 당시의 느낌, 분노의 정도나 강도 등에 대한 기록을 수첩에 기록하도록 한다.
- 이것은 클라이언트의 기초선 설정방법이기도 하지만 클라이언트가 이런 작업을 하는 과정 그 자체가 분노조절 프로그램으로 작용될 수 있다.

클라이언트의 자기평가척도에 의한 자기보고는 클라이언트의 주관적 측면이 강하고, 신뢰도도 문제가 될 수 있다. 또한 설문지를 사용하여 평가치로 활용할 수도 있다. 예를 들어 클라이언트의 일상동작 가능성에 대한 개입 전과 후의 변화상황을 설문지를 통해서 측정해 봄으로써 물리치료적 개입의 효과성을 측정해 낼 수 있다.

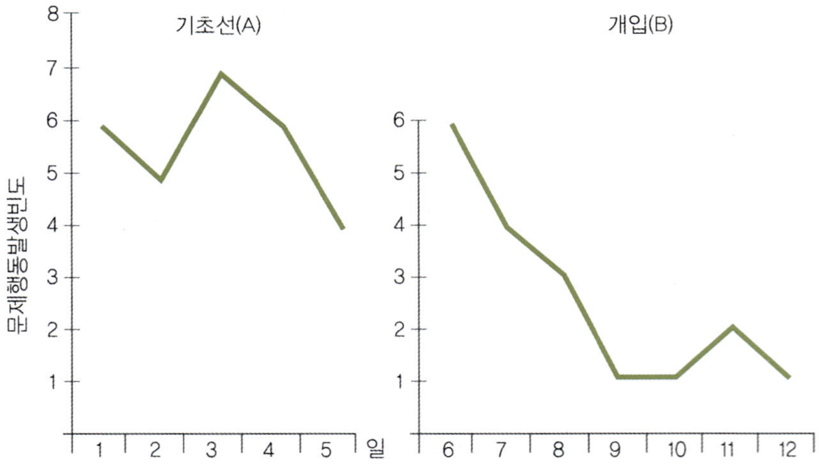

[그림 8-8] 단일사례설계(AB설계)

* 아이의 분노행동 및 폭력행동에 대해 어머니로 하여금 자기 전 동화책 읽어 주기 또는 함께 잠들기 개입을 시도한 이후의 변화상황을 생각해 볼 수 있다.

가장 기초적인 수준의 단일사례설계는 AB설계이지만, 효과가 개입의 효과인지를 살피기 위해서는 ABA 내지는 ABAB설계도 할 수 있을 것이다. 우연하게 개입 전과 후의 측정치가 차이 날 수 있는 가능성은 얼마든지 있기 때문이다. ABA설계는 개입이 효과가 있었나를 검증하기 위해 일정기간 개입을 실시한 후 중단한다. 중단 후 기초선으로 다시 돌아간다면 그동안의 변화가 개입의 효과 때문이라는 것이 증명되는 것이고, 만일 변화가 없다면 그동안의 변화는 개입으로 인한 것이 아니라 클라이언트를 둘러싼 다른 요인들 때문이라고 해석될 수도 있다. ABAB설계는 ABA설계에서 다시 개입을 시작한 설계방법이다. 두 번째 개입이 실시된 후 또 변화가 일어난다면 이는 개입 때문이라는 것이 확실히 증명되는 것이다(엄명용 외, 2000 : 251).

(2) 과제성취척도(Task-Achievement Scaling, TAS)

과제중심모델을 이용한 사회복지실천을 평가하는 데 적합한 척도로 클라이언트와 사회복지사가 합의한 과제를 완수한 정도를 확인하여 평가하는 것이다. 목표에 도달하기 위한 문제해결활동 및 구체적인 개입활동과정에서 구체적으로 여러 개의 독립된 활동과 과제로 세분하여 부과한 후, 과제를 완수한 정도를 확인 평가하는 것이다. 과제의 진척을 평가하기 위해 4점 척도를 사용한다.

과제성취척도의 예

돌봐 주는 가족이 전혀 없지만, 어느 정도 일상생활이 가능한, 그러면서도 욕을 많이 해서 동네사람들로부터 배척을 받는 A독거노인의 경우 필요한 서비스 과제 ① 밑반찬 배달 서비스 확보, ② 정서적 지지자 확보, ③ 동사무소에 가서 차분히 이야기하기, ④ 동네 사람들에게 인사하기, ⑤ 1개월에 한 번씩 동네 할머니들 초대하기 등의 과제가 있을 수 있다. 이러한 과제에 대해 성취수준을 구체적으로 모색해 보고, 그 등급을 정하는 경우를 생각해 볼 수 있다.

완전성취, 상당히 성취(완전한 성취를 위해서는 더 이상의 활동이 필요할 수 있지만 과제가 대부분 성취된 경우), 부분적 성취(부분적으로 성취되었으나 아직 할 일이 남아 있다. 예를 들어 과제가 직업을 구하는 것이었을 때 클라이언트가 적극적으로 일을 찾고 그가 받아들일 수 있는 직업을 찾았지만 일하는 것을 망설이는 경우 과제성취의 구체적인 증거가 요구된다), 최소한의 달성이다(혹은 달성되지 않음, 과제의 진전이 이루어지지 않은 상태 또는 진전이 눈에 보이지 않고 불분명한 경우)(Reid & Epstein, 1977; B. 세퍼 · C. 호레이시 · G. 호레이시, 서울대 사회복지실천연구회 역, 1999 : 682 재인용).

(3) 클라이언트 만족도 설문

프로그램(개입)의 목표가 클라이언트의 만족도를 어느 정도로 향상시킨다는 경우라든지(개입이 끝난 이후에 전체 프로그램에 대한 평가에도 적용될 수 있다), 프로그램(개입) 진행 중이라 하더라도 개입 내지는 프로그램에 대한 클라이언트의 만족도를 알아볼 필요가 있다. 서비스의 질, 서비스에 대한 욕구, 욕구만족 정도 등에 대해 4~5점 척도로 측정될 수 있다.

2) 종 결

개입이 있고, 평가를 해서 개입초기의 목표가 충분히 달성되었다고 인정된다면 일반적으로 사회복지실천이 종결된다. 종결은 단순히 사회복지실천이 종료되는 것을 의미하지는 않는다. 종료 이후 클라이언트가 가지게 되는 정서적 반응, 즉 분리에 따른 부정적 감정을 고려해야 할 것이다. 특히 클라이언트가 과도하게 사회복지사에게 의존되어 있을 경우 정서적 반응은 심각할 수 있다. 사회복지사와의 분리에 따른 상실감, 혼자서 생활해 나가야 한다는 것에 대한 두려움이나 자신감 결여, 사회복지사에 대한 일시적인 불신감 및 원망감 등 다양한 감정들이 작용할 수 있다. 따라서 갑작스러운 종결은 클라이언트로 하여금 심각한 정서적 문제를 야기할 수도 있다.

종결에 대한 클라이언트의 부정적 감정표현은 다음과 같은 방식으로 나타난다(Hepworth & Larsen, 1990; Compton & Galaway, 1999).

① 종결 자체에 대한 부정
② 과거문제의 재발 보고하기
③ 새로운 문제 가져오기
④ 사회복지사를 대체할 사람 구하기
⑤ 상실감이나 사회복지사에 대한 분노를 직접적으로 표현하기
⑥ 분노의 간접적 표현으로서 회피행동(예 : 약속불이행 등)

종료 이후 클라이언트의 정서적 반응을 어떻게 처리할 것인지는 미리 초기 계획단계뿐 아니라 종결이 임박해 올 때부터 준비해야 할 것이다. 이별을 미리 준비함으로써 이별로 인한 분리감정을 다소 완화시킬 수 있다는 것이다. 사회복지사와 클라이언트가 함께 계획하는 초기 계획단계부터 시기를 정하여(예 : 8월까지로 한정한다든지, 몇 번 만나는 것으로 한정 등) 종결한다는 것을 클라이언트가 인식할 수 있도록 한다든지, 종결의 사유가 있을 때(예 : 클라이언트의 변화목표가 달성된 경우, 사회복지사의 사정이 있는 경우, 클라이언트와의 관계를 더 이상 지속시킬 수 없을 정도의 관계 악화 또는 저항 등이 있는 경우 등)는 종결한다는 메시지를 미리 계약할 수도 있다.

종결도 사회복지실천과정의 중요한 한 단계로 간주하고, 중요하게 다루어야 한다는 것이고, 최종모임이 임박했을 때부터 클라이언트와 함께 종결에 관해 이야기할 시간을 가져야 한다. 특히 종결이 예상보다 빨리 진행될 경우는 더욱 그러하다.

사회복지실천의 종결과정에는 다음과 같은 점을 고려해야 할 것이다(종결단계에서 주요과제).

첫째, 클라이언트와 함께 종결을 계획하고 논의해야 한다. 종결에서 가장 중요한 점은 부정적인 정서적 반응을 해결해서 개입과정에서의 성과를 계속 지속해야

한다는 것이다. 클라이언트와 함께 종결을 계획하고 논의함으로써 클라이언트로 하여금 마음의 준비를 할 수 있는 기회를 주고, 종결이 임박함으로써 사회복지사와 클라이언트 모두 남은 기간 동안 최선의 노력을 해야 한다는 각오를 다질 수도 있을 것이다.

둘째, 부정적인 정서적 반응을 해결하는 노력을 기해야 한다. 대부분의 클라이언트들은 종결에서 긍정적 정서를 경험한다. 그동안의 개입과 문제해결과정에서의 자신감 향상, 긍정적 진전에 대한 성취감 등의 감정을 가지게 된다. 그렇지만 우리가 일상생활 속에서도 다른 사람, 특히 나를 도와주는 사람과 이제 만나지 못하는 상황이 될 때 마음의 상처와 서운함이 있듯이, 클라이언트들도 이와 같은 정서적 불안정은 일시적으로 있을 수 있다. 중요한 점은 이러한 감정들이 작용해서 구체적인 행동으로 표출(예 : 약속불이행, 방문하지 않는 태도, 협조하지 않는 경향, 과거의 문제를 다시 호소하는 경우 등)될 때는 충분한 해결을 모색해야 한다는 것이다. 이런 경우는 여러 가지 이유들이 있을 수 있겠지만, 정신적인 상실감이나 미래상황에 대한 막연한 불안감, 이로 인한 자신감 부족 등이라 할 수 있다.

따라서 사회복지사는 클라이언트에게 이러한 모습이 보이거나, 종결을 이야기할 때 종결 이후의 삶에 있어서 나타날 수 있는 여러 가지 불확실성에 대한 두려운 감정, 구체적인 일이나 문제 등에 초점을 두고 함께 이야기할 수 있는 기회를 가지는 것이 좋다. 또한 클라이언트로 하여금 자신의 감정을 솔직하게 표현할 수 있는 자연스러운 기회를 제공해 주는 것이 필요하다(사회복지사가 먼저 클라이언트와의 관계를 종결함에 따라 느끼는 감정을 솔직히 털어놓으면 자연스럽게 클라이언트도 감정을 표현하게 될 것이다). 그리고 사회복지사는 이러한 감정에 감정이입적 반응을 충분히 해 주고, 공감하며, 인정하며, 수용하는 자세를 보이는 것이 중요하다. 그리고 무엇보다도 자신감이 결여될 가능성이 있기 때문에 개입과정에서의 성공적인 적응에 대한 성취감을 고취시키고, 클라이언트의 자원과 강점에 대한 접근을 함께 해 줌으로써 클라이언트의 자기효능감이 회복될 수 있도록 해야 할 것이다. 또한 사후관리가 계속된다는 면을 부각시켜 관계의 단절이 아니라는 면을 인식할 수 있도록 해야 할 것이다.

종결 이후 불안에 대한 사회복지사의 대처

- 발생가능한 상황과 감정에 대한 대화, 솔직한 감정을 표현할 수 있는 기회
- 감정이입적 반응, 공감과 수용
- 개입과정에서의 성공적인 적응에 대한 성취감을 고취-자기효능감 회복
- 자원과 강점에 대한 가능성 강조
- 사후관리에 대한 인식 제고

셋째, 성취한 변화를 계속 유지할 수 있도록 도와주어야 한다(변화의 안정화). 클라이언트에 대한 개입원조과정에서 클라이언트가 성취한 변화를 다른 환경에서도 계속 유지할 수 있도록, 자신감을 고취시켜야 할 것이고, 이를 위해 변화를 시도해 볼 수 있는 적절한 상황을 제시하고, 다양한 상황과 환경을 활용하여 사회복지사가 함께함으로써 클라이언트는 자신의 능력에 대해 충분한 확신을 가질 수 있을 것이고, 변화를 계속 유지해 갈 수 있는 바탕이 형성될 수 있을 것이다.

6. 사후관리 및 지도

사후관리는 사회복지사가 클라이언트에 대한 원조 및 개입과정이 종료된 이후에도 클라이언트가 원조과정에서 획득한 변화를 유지할 수 있도록 계속 관심을 가지고 확인하는 과정이다. 사후관리는 초기 개입계획단계에서부터 클라이언트와 사회복지사가 함께 계획함으로써 종결로 인한 클라이언트의 부정적인 감정을 다소

완화시킬 수 있는 장치로 활용될 수 있다. 계획된 사후관리는 클라이언트에게 사회복지사의 지속적인 관심을 받고 있다는 지지감을 부여함으로써 종결 시의 개입효과를 지속적으로 유지하는 데 도움을 주게 된다.

사후관리는 1개월에 한 번씩 주기적으로 전화통화를 한다든지, 인터넷 메일을 활용한다든지 주기적 방문 내지 만남 등 다양한 방법으로 계획될 수 있다. 중요한 것은 주기적이어야 한다는 점이다. 그럼으로써 계속해서 사회복지사가 관심을 가지고 있다는 확증으로 작용할 수 있다. 그리고 만약 클라이언트가 조금이라도 변화를 지속하지 못한다든지, 어려움을 겪고 있다면 필요한 도움을 제공할 수 있다는 확신을 줄 필요가 있다. 사회복지사가 클라이언트의 변화 노력에 계속 관심을 가지고 있다는 확인을 스스로 받도록 함으로써 변화 노력을 유지하는 데 지지적 효과를 발휘하도록 해야 한다.

1. 사례관리란 무엇인가

2. 사례관리의 등장 배경

3. 사례관리의 기본원칙

4. 사례관리의 과정

5. 사례관리의 실제 예시

6. 사례관리 양식

CHAPTER 09

사 례 관 리

1. 사례관리란 무엇인가

1) 사례관리의 의미

사례관리는 1970년대 이후 정신보건, 발달장애, HIV와 AIDS에 감염된 사람들을 위한 서비스, 장기보호, 노인을 위한 서비스, 이주민서비스, 아동복지와 같은 휴먼서비스 분야에 보다 확산되었고(NASW, 김만두 외 감수 · 역, 1999), 1980년대 중반 이후부터는 두드러진 대인서비스 기법으로 부각되었다. 우리나라에서도 최근 기존의 사회복지실천방법들을 통합하는 방법론으로 인정받고 있고, 특히 정신보건 영역, 재가복지 영역 등에서 활발히 추진되고 있는 실천방법이다. 그렇지만 사례관리는 아직도 명확하고 일치된 개념규정이 되지 않고 있고(개념의 모호성), 그럼으로써 구체적인 실천의 어려움을 가지는 것도 사실이다.

사례관리는 사례 또는 클라이언트를 관리한다는 뜻이다. 지금까지는 클라이언트를 관리한다는 것보다는 클라이언트의 문제해결, 문제해결을 위한 개입, 치료 등의 용어들을 사용해 왔지, 클라이언트의 관리라는 용어는 사용되지 않았다. 그러면 클라이언트를 어떻게 관리할 것인지가 사례관리에 대한 개념정의라 볼 수 있다.

사례관리는 복합적이고 장기적이며 다양한 욕구를 가지고 있는 클라이언트 개인과 그들 가족을 대상으로 개별적인 상황에 따른 원조계획을 세워 클라이언트 자신의 자원뿐 아니라 가족, 친구, 이웃 등의 비공식적 자원 그리고 각종 수당과 급여와 같은 공적인 프로그램과 서비스 등을 연계하여 클라이언트의 복지추구와 기능강화, 서비스의 효과성 증진을 도모하는 서비스 체계이다(엄명용 외, 2000 : 449-450).

사례관리는 ① 장애나 만성적이고 심하게 손상되어 사회적 기능상의 문제를 가짐으로써 복합적이고 다양한 욕구를 가진 지역사회 내 클라이언트를 대상으로, ② 이들이 총체적 · 포괄적 · 효과적 · 효율적 · 지속적 · 적시적인 공식 · 비공식 서비스를 받을 수 있도록 공식·비공식자원 및 서비스 체계들의 상호작용체계(협력체계)를 구축하고, ③클라이언트의 자원활용능력 강화와 서비스망과의 상호작용 증진, 서비스망 내 구성원 간의 상호작용체제 강화를 통해 그들의 사회적 기능을 향상시키고 욕구를 최대한 충족시킨다. 그리고 ④서비스 전달과정, 결과에 대한 점검과 클라이언트 욕구변화에 대한 재사정, 클라이언트 욕구에 적합한 계속적인 자원망 개발과 자원망 간의 상호작용체계를 변화시킴으로써 클라이언트의 지역사회 내에서의 독립적인 생활을 강화시켜가는 서비스 방법이다.

이 같은 사례관리규정을 통해 볼 수 있는 사례관리의 특성은 다음과 같다.

첫째, 사례관리는 광범위하게 분산되어 있는 단편적인 서비스 전달체계를 클라이언트 중심으로 통합한다는 의미를 가지고 있다. 서비스의 통합을 가져오기 위해 기존의 서비스망을 최대한 적절하게 클라이언트에게 연결, 조정, 중재하고, 클라이언트의 서비스에 대한 접근성을 높이기 위해 옹호하고, 공식·비공식 서비스 및 자원을 개발하여 클라이언트에게 연결하여 관리한다. 사례관리는 사회복지사와 같은 전문가가 구체적인 직접서비스를 제공하는 대신에, 광범위하게 분산되어 있는 직접서비스 제공자들에게 클라이언트를 연결시켜 주는 것을 강조한다. 로스만(Rothman, 1991)도 클라이언트와 원조망을 연결하는 데 초점을 두고 사례관리를 설명하고 있다.

또한 한 개인 클라이언트를 중심으로 서비스를 통합함으로써 비용 효과적 내지 효율적인 서비스를 제공하고자 하는 것이기도 하다. 즉, 각 개인 클라이언트에게 단편적이고 분산된 기존의 서비스를 제공하는 것보다는 통합된 서비스를 제공하는 것(사례관리자에 의해 필요한 서비스를 모아 제공하는 것)이 전체적인 차원에서 비용효과적이고 효율적이라는 것이다. 사례관리는 한정된 자원 내에서 서비스 전달의 효과를 최대화하면서 대인서비스 전달의 비용을 억제하려는 데 관심이 집중되어 있으며, 이것은 클라이언트에게 제공되는 서비스에 대한 조정과 점검을 통해 서비스의 중복을 방지하려는 노력에서 나온다(이근홍, 2001 : 26).

둘째, 사례관리는 서비스 및 자원개발에 있어 클라이언트 가족을 비롯한 비공식적 자원체계(일차 집단)의 개발 및 보호능력 향상을 강조한다. 가족을 비롯한 친척, 친구, 이웃 등을 포함한다. 이러한 비공식적 · 일차적 자원체계는 클라이언트에게 정서적 안정감을 제공하고, 그들의 사회적응에 주요한 영향을 미치기 때문에 적극적으로 개발해서 클라이언트와 연결 및 상호작용을 촉진함으로써 안락한 보호의 연속성을 보장하고자 한다.

셋째, 사례관리는 장기적 보호를 요하는 복합적이고 다양한 욕구를 가진 클라이언트를 대상으로 이들에 대한 지속적인 보호, 보호의 연속성을 확보함으로써 서비스의 책임성을 구현하고자 하는 개입방법이다. 장기적인 보호를 요하는 만성적인 장애와 의존을 지닌 클라이언트를 대상으로 하기 때문에 그들에게 보호와 서비스를 연속적으로 제공하고, 변화하는 다양한 욕구를 고려, 충족시키는 것이 필요하다. 사례관리는 보호의 연속성을 확보함으로써 서비스의 책임성을 추구한다는 차원에서 또한 서비스 전달과정과 결과에 대한 평가와 점검, 재사정 등을 강조한다.

넷째, 사례관리는 클라이언트의 복지와 사회적 기능 향상을 위해 공식 · 비공식자원과 서비스망을 개발하고, 통합 · 조정하고, 클라이언트가 이러한 자원과 서비스망을 주체적으로 활용할 수 있도록 그 능력을 강화하고, 서비스 제공기관에 대한 접근성을 강화함으로써 클라이언트와 자원 및 서비스망과의 상호작용을 촉진하고, 서비스망 내에서의 구성원 간의 상호작용을 증진시키는 데 초점을 맞춘다. 이로써 사례관리는 클라이언트에 대한 총체적 · 포괄적 서비스의 효과성을 확보하고자 한다.

무어(Moore, 1992)는 사례관리란 클라이언트와 일차집단이 그들의 잠재력을 최대한 발휘할 수 있도록 조장하는 것과 그들이 더 큰 사회환경과 더욱 효과적인 상호작용을 할 수 있도록 촉진하는 것에 초점을 두고 있다. 즉, 이것은 심리사회적 개입을 통한 조장과 개인과 사회환경 간의 상호작용을 통한 촉진과의 조화를 이루어 나가는 것이다. 이는 클라이언트에게 자원과 효과적으로 협상할 수 있도록 클라이언트의 능력을 강화하는 것으로 체계의 복잡성과 관계없이 대단히 중요하다

(전재일 · 이준상, 2003 : 9).

사례관리는 클라이언트 중심으로 서비스 및 자원을 통합하고, 클라이언트에 대한 지속적이고 연속적인 보호를 확보함으로써 서비스의 책임성을 증진시키고자 한다. 사례관리는 서비스 제공자들에 대한 조정과 점검을 통하여 클라이언트에게 적절한 서비스가 제공되도록 보장하고, 그러한 서비스의 제공이 클라이언트의 욕구를 충족시키는 결과를 가져올 수 있도록 책임을 지는 통합적인 서비스 전달방식이다. 즉, 다수의 서비스 제공자가 개별적으로 클라이언트의 욕구충족에 관여되어 있을 때 책임성을 보장하기가 어려운 반면, 사례관리는 지정된 1명의 사례관리자 또는 한 기관이 서비스 체계의 전반적인 결과에 대하여 책임을 지도록 하기 때문에 책임성을 증진시킬 수 있게 된다(이근홍, 2001 : 28).

장인협(1995)은 다음과 같이 사례관리의 특성들을 나열하고 있다.

첫째, 지역사회를 기반으로 보호서비스 및 지지를 활용하는 하나의 체계적인 지원방법이다.

둘째, 각종 사회자원의 동원과 원조관계망의 효율적인 연계와 조정에 관심을 두는 활동이다.

셋째, 서비스보다는 욕구 중심적, 다시 말해 클라이언트를 융통성 없는 기관의 서비스에 끼워 맞추기보다는 그들의 욕구에 서비스를 융통성 있게 배치하는 것에 강조점을 두는 활동이다.

넷째, 복합적인 욕구를 가진 클라이언트에 대한 지속적인 책임과 비용효과성을 강조하는 활동이다.

다섯째, 연속적인 기능들을 시간 순서적으로 수행하는 문제해결과정이다.

여섯째, 클라이언트에 대한 포괄적 · 총체적 · 장기적 보호서비스를 제공하는 전문적인 활동이다.

사례관리의 key word

서비스의 총체성 및 포괄성(클라이언트 중심의 서비스 통합), 효율성, 보호의 연속성 보장, 욕구에 적합한 서비스 제공과 욕구변화 고려, 자원의 연결과 조정 · 개발, 서비스의 책임성, 자원에 대한 접근성 강화

2) 현장 사례관리실천의 성격

우드사이드와 맥클램(Woodside & McClam, 2006)은 사례관리를 다양하고 복잡한, 진화하는 과정으로 보았다. 또한 로스만(Rothman, 1991)은 사례관리실천을 사회사업의 지식기반, 가치와 기술을 살려 적용될 수 있는 전문적인 기능으로 평가했다. 사례관리 개념의 명확성이 다소 부족함으로써 실천의 성격을 구체화하기는 힘들지만, 실제 현장에서 적용되고 있는 사례관리실천의 성격(일의 성격)을 살펴보면 다음과 같다.

첫째, 복합성(복잡성)이다. 사례관리는 보호의 적절성과 지속성을 확보하기 위해 횡단적인 면과 종단적인 면을 모두 포함한다. 클라이언트의 다양한 욕구를 즉시, 동시에 충족시켜야(횡단적) 할 뿐 아니라 클라이언트의 변화하는 욕구에 대응해 지속적인 원조를 제공해야 한다(Test, 1979). 사례관리는 다양한 목적을 지향하고 클라이언트의 다양하고 변화하는 욕구충족을 위한 업무 등으로 인해 옹호자, 중개자, 진단자, 계획가, 지역사회조직가, 평가자, 상담자, 치료자와 같은 다양한 역할과 기술을 요하게 된다(Weil, 1985). 따라서 공식 · 비공식 서비스, 이데올로기, 정책 등과 같은 다양한 변수들에 대한 지식이 요구된다(Rothman, 1991).

둘째, 무정형성이다. 클라이언트들의 욕구와 상태는 다양하고, 이질적이고, 사례관리 자체가 클라이언트의 욕구중심 접근이기 때문에 각 클라이언트마다 다른 접

근을 시도할 필요가 있다. 사례관리는 본질적으로 micro한 접근과 macro한 접근의 통합, 개별화된 기능과 연계기능의 통합을 지향하고 있고, 각 클라이언트마다 통합의 정도는 달라질 수 있다. 목슬레이(Moxley, 1989)는 사례관리를 '경계-교량적 활동(공식 · 비공식 지원과 활동들의 네트워크를 조직 · 조정 · 유지)'으로 보고, 사례관리자를 모든 기관과 모든 조직체계들의 경계 전반에 걸쳐서 활동하는 사람으로, 클라이언트가 다원적인 서비스 조직들로부터 서비스를 획득하고자 노력하면서 문제점과 제한점들이 나타날 경우 경계교량자로서의 사례관리자의 업무는 더욱 중요해진다고 보았다.

셋째, 변이성 또는 즉시성이다. 사례관리자의 역할의 변화가능성이 전제된다. 사례관리자는 클라이언트의 갑작스런 변화와 지역사회자원의 변화에 민감하게 대처해야 한다. 클라이언트에게 갑작스런 변화나 사건이 발생해서 어려운 상황에 직면할 수 있고, 지역사회의 다양한 맥락적 변수들의 변화가 있을 수 있기 때문이다. 항상 응급한 대기 상태라고도 볼 수 있다.

넷째, 개입의 구체화에 있어서의 어려움이다. 벨류와 밍크(Ballew & Mink, 권진숙 · 전석균 역, 2001)는 사례관리를 전체적인 그림과 윤곽을 강조하는 방법이라고 설명했다. 사례관리는 개별적인 서비스에 초점을 두기도 하지만 서비스의 결합과 상호연결, 클라이언트의 서비스망과의 상호작용에 초점을 두기도 한다. 서비스 망은 수시로 변화할 수 있고, 클라이언트와의 상호작용 양상도 다양하게 나타날 수 있고, 원조자들 간의 상호작용에도 민감하게 반응할 필요가 있기 때문에 처음부터 개입계획을 아주 구체적으로 제시하기에는 상당히 어려운 일임에 틀림없다.

다섯째, 클라이언트의 성장에 대한 특별한 신념이 요구된다(이근홍, 2001). 사례관리는 다른 사회사업방법들보다 지역사회 아웃리치를 강조(클라이언트 발견을 위해서든, 자원발견을 위해서든)하고, 개입에 대한 평가와 재사정, 옹호 등의 기능들을 크게 강조한다. 이러한 작업들은 특별한 개인 클라이언트를 위한 일들이고, 시간을 요하는 일이고, 많은 노력을 기울여야 성취될 수 있는 일이다. 사례관리자들은 항상 뜻하지 않은 일을 행하게 되고, 기계적인 일에 대한 스트레스, 힘든 결정, 클라이언트에 관련된 어려움, 관리와 자원 등의 영역에서 어려움을 가지고, 과도한 업무 부담을 지고 있다. 역할에 대한 열정과 역할에 대한 개인적 만족, 독립적으로 일할 수 있는 기회 측면에서 보면 긍정적일 수 있지만, 업무과정에서의 스트레스는 그만큼 크다. 실제로 사례관리의 영역이 매우 포괄적이기 때문에 사례관리자의 위치와 정체성의 혼란을 가져오기도 하고, 과도한 업무 부담으로 이직률이 높기도 하다(Turner, 1994).

여섯째, 실천모형의 다양성이다. 사례관리는 서비스 제공자, 사례관리자의 역할, 사례관리의 초점, 서비스 전달방법 등에 따라 다양한 실천모형들이 존재할 수 있다고 보고 다양한 실천모형들이 개발된 바 있다. 서비스 연결에 초점을 맞추는 모형, 장기적인 건강보호가 필요한 노인들에 대해 건강문제를 해결하는 데 초점을 두는 모형 등 다양한 실천모형들이 나타날 수 있다.

3) 사례관리와 전통적인 사회복지실천방법과의 차이점

A할머니는 96세로 67세의 알코올중독 아들과 함께 살고 있다. 할머니는 자주 두통이 오고, 식사를 제대로 하지 못하는 상황이다. 건강 상태는 비교적 좋은 편이지만, 노환으로 일상생활, 즉 빨래, 식사준비 등은 어려운 상태이다. 아들은 알코올중독으로 매일 술을 마시고, 마을에서 농사일을 거들고 하루 벌어 술로 일관하고 있다. A할머니 가족을 사례관리하기 위해서는 밑반찬 및 도시락배달서비스, 가정봉사원 파견에 의한 청소 및 정서적 서비스, 경제적 지원, 집수리 또는 다른 집으로의 이사, 보일러 및 수도시설 설치, 아들의 알코올중독에 대한 조치, 아들의 직업재활의 가능성 확보 등 다양한 서비스가 필요하다. 사례관리자는 우선 A할머니 가족과 함께 원조계획을 세워 공식적 서비스를 제공해 줄 수 있는 여러 기관을 연결하고, 특히 아들의 가족(처와 아들 2명)이 할머니 가족을 원조할 수 있도록 상

담을 실시했다.

그렇다면 장기적인 보호를 필요로 하고, 다양한 욕구를 가지고 있는 A할머니 가족의 케이스를 그대로 종료할 것인가? 이 가족에게 연결된 공식·비공식 서비스 및 자원들이 제대로 기능하고 있고(점검과 평가), 이들과 A할머니 가족의 상호작용이 충분히 이루어지고 있는지, 가족의 욕구가 충분히 충족되고 있는지를 확인하기 위해 사후지도가 필요하다. 나아가 욕구가 충족되지 못한다면 재사정을 통해 서비스를 조정할 필요가 있다. 이러한 일을 할 사람이 필요한 것이다. 그 사람이 사례관리자인 것이다.

사례관리는 전통적인 사회복지실천방법론과 전혀 다른 새로운 형태가 아니라 통합적 접근방법이다. 전통적인 사회복지실천방법인 개별사회사업, 지역사회조직, 사회복지행정에서 사용하는 기법이나 전략을 사용한다는 점에서 전혀 새로운 방법(론)이라고 할 수는 없지만 전통적인 사회복지실천방법을 통합하는 면에서의 충분한 의의를 가지고, 나름의 목적, 관점, 강조점, 모델, 전략, 서비스전달방식 등에서 독특한 성질을 가지고 있다.

우선 사례관리는 기존의 사회복지실천방법론들을 통합하고, 그 관점에 있어서도 차이를 보이고 있다. 로스만(Rothman, 1992, 양정남·최선령, 2002 : 251 재인용)은 사례관리가 두 가지 중심적인 기능으로 통합된다고 하였다. 첫째는 지역사회 안에서 클라이언트에게 개별화된 조언과 상담, 치료를 제공하는 것이고, 둘째는 서비스가 필요한 클라이언트를 지역사회의 기관과 비공식적 지지망에 연결시키는 것이다. 기존의 개별사회사업에서 사회적응에 문제를 가지고 있는 클라이언트의 사회적응력을 향상시키는 데 초점을 두고 개별화된 상담과 치료를 제공하는 면, 기존의 지역사회조직에서 지역사회에 있는 공식적·비공식적 원조망의 지지를 확보하는 데 초점을 두고 지역사회자원개발 및 조직, 문제를 가진 개인과의 연결 등의 서비스를 제공하는 면을 그대로 받아들이고 있다.

그렇지만 기존의 전통적인 접근방법이 심리사회적이고 생태학적인 관점에서 지역사회체계와 클라이언트체계 간의 상호작용 및 관계를 강조하고, 개인의 환경에 대한 적응 · 개인의 태도변화에 초점을 둔 반면 사례관리에서는 기존의 이러한 관점에 체계 간의 상호관계력(상호작용체계, 네트워크체계)을 보충했고, 클라이언트의 변화중심에서 사회체계의 활용성에 중심을 둔다. 그리고 치료보다는 보호와 관리의 기능에 초점을 둔다. 또한 지역사회자원에 대한 연결 · 조정기능과 정보제공, 의뢰의 기능, 서비스에 대한 점검과 평가기능이 강조된다(전재일 · 이준상, 2003 : 22-23).

사례관리는 대상 자체가 복합적이고 장기적이며 다양한 욕구와 기대를 가진 클라이언트를 대상으로 하고 있다. 특히 개별사회사업이 사회적응에 문제를 가지고 있는 개인을 대상으로 하고 있는 반면, 사례관리는 사회적 기능상의 심각한 문제를 가져 장기보호가 필요한 허약한 노인, 만성장애인 및 발달장애아동 등을 대상으로 하고 있다. 한국사회에 있어서는 사회복지가 아직도 협의의 사회복지를 지향하고 있어, 빈곤자, 장애인, 노인, 아동 및 청소년, 특히 결손가정의 아동 등 사회적 약자에 그 포인트를 맞추고 있다. 이들은 대부분 경제적인 문제를 가지고 있고, 직업적 · 교육적 · 가정적 문제 등 다양한 문제를 가지고 있는 경우가 많다. 또한 현대사회에서 장애의 경우는 대부분 중복장애인 경우가 많고(교통사고, 공해, 진행성 장애 등), 노령화사회가 지속됨에 따라 사회의 노령화지수가 올라가고 있고, 장기적인 보호가 필요한 경우가 앞으로는 더욱 증가할 전망이다. 따라서 한국사회에서 사례관리는 더욱 중요한 의미가 있다.

사례관리는 클라이언트의 복합적인 문제와 욕구, 앞으로 일어날 문제, 욕구를 지속적으로 해결, 충족시켜 보호의 연속성을 보장하고자 한다. 이에 반해 전통적인 사회복지실천에서는 단기적으로 특정한 문제에 초점을 맞춰 개입을 시도한다. 또한 사례관리는 클라이언트의 복합적인 욕구에 초점을 두고 클라이언트와 사회자원과의 연결과 조정을 통하여 그들의 욕구를 충족시키고 사회적 기능을 향상시키는 데 역점을 두고 있다. 반면 전통적인 사회복지실천에서는 클라이언트의 문제에 초점을 두고 성격의 발달을 통하여 그러한 문제를 해결하고 사회에 적응시키는 데 역점을 두고 있다(이근홍, 2001 : 85-86).

사례관리는 일정기간 동안, 필요하다면 일생을 통하여 개인의 욕구가 변화할 때, 서비스가 개인욕구의 모든 영역에 제공되도록 보장한다. 기존의 전통적인 사회복지실천의 형태로 이루어진다면 클라이언트의 복합적인 문제와 앞으로 생겨날 문제를 지속적으로 해결하는 데 한계를 드러낼 것이다. 특정한 문제에 초점을 맞추고 나아가 클라이언트의 욕구는 부차적이고 기관의 서비스와 프로그램에 기초한 서비스가 이루어진다면 '클라이언트 중심의 사회복지'는 요원할 수밖에 없을 것이다. 시간이 지나고, 사회가 변화함에 따라 사회복지대상자들의 인식이나 여러 가지 정책이 달라지기 때문에 대상자들은 새로운 욕구가 생기기 마련이고, 한 가지 문제가 해결되면 다른 문제가 드러나는 것이 당연하기 때문에 클라이언트의 욕구변화를 고려해서 지속적으로 관리할 필요가 있다. 따라서 사례관리의 가치는 충분하다.

지금까지 전통적 사회복지실천방법론을 통칭해서 사례관리와의 차이를 살펴보았지만, 사례관리의 주 대상은 역시 개인 클라이언트이기 때문에 개별사회사업과의 직접적인 비교가 더 적합할 수 있다. 개별사회사업과 사례관리는 클라이언트와 자원에 대하여 적절한 사정을 실시하고, 개별화, 클라이언트의 자기결정 및 비밀보장 등과 같은 많은 개별사회사업의 원칙을 활용하고 있으며, 보호의 성공적인 전달을 위한 매개체로서 사례관리자와 클라이언트 사이의 개별적인 관계의 중요성을 강조한다는 측면에서 유사한 점을 가지고 있다(Huxley, 1993, 이근홍, 2001 : 85 재인용).

그렇지만 개별사회사업과 사례관리는 여러 면에서 차이점을 가지고 있는 것 또한 사실이다. 이근홍(2001)은 개별사회사업과의 차이점을 개념, 목적, 대상, 구성, 기능, 사회복지사의 역할, 과정, 수행장소, 원칙으로 구분하여 설명하고 있다. 〈표 9-1〉은 개별사회사업과 사례관리를 비교한 것이다.

〈표 9-1〉 개별사회사업과 사례관리의 비교

구분	개별사회사업	사례관리
개념 (초점)	스스로 해결하기 곤란한 문제를 가진 개인에게 성격발달과 사회적응을 도모하기 위해서 전문가가 행하는 개별적·의식적 문제해결과정	복합적인 욕구를 가진 클라이언트의 욕구충족과 사회적 기능 향상을 위해서 그들과 사회자원과의 연결과 조정을 통하여 그들을 보호하는 과정
목적	성격발달과 사회적응 능력향상 - 직접적 서비스 제공	보호의 연속성, 비용효과성, 접근성과 책임성, 일차집단의 보호능력 향상, 사회적 기능의 향상 - 간접적 서비스 제공
대상	사회적응에 장애가 되는 문제를 가진 클라이언트	다양하고 복합적인 욕구를 가진 클라이언트
구성	개인, 문제, 장소, 과정	클라이언트, 사례관리자, 사회자원, 과정
기능	치료, 상담, 손상된 능력의 회복, 개인적·사회적 자원의 제공, 사회적 역기능 예방	클라이언트와 서비스의 연결, 비공식 체계와의 상호작용 촉진, 기관 상호간의 조정, 상담, 문제해결, 옹호
사회복지사 역할	치료자, 상담자, 서비스 제공자, 지지자, 능력부여자, 교사, 평가자, 옹호자	사정자, 계획자, 중개자, 조정자, 점검자, 평가자, 옹호자, 경계범주자, 자원동원자
과정	접수 → 조사 → 사정 → 치료 → 종결	접수 → 사정 → 기획 → 연결 → 점검 → 평가
수행 장소	사회복지기관	다양한 기관과 지역사회
원칙	개별화, 의도적 감정표현, 통제된 정서적 관여, 수용, 비심판적 태도, 클라이언트의 자기결정, 비밀보장	성장과 변화에 대한 신념, 욕구와 보호의 개별화, 장점과 잠재력의 강조와 개발, 클라이언트의 자기결정, 책임성과 보호의 연속성, 서비스 제공의 포괄성, 지역사회 자원의 적극적 개발과 동원, 권리와 비밀의 보장

출처 : 이근홍(2001 : 87).

2. 사례관리의 등장 배경

1) 사례관리의 등장 배경 – 신자유주의적 흐름

제2차 세계대전 이후 1950년대부터 서구의 선진 자본주의 국가들은 괄목할 만한 경제성장으로 복지국가(요람에서 무덤까지)로서의 면모를 갖추고 점차 풍요로운 사회가 형성되어 가면서 국가의 사회복지비용을 꾸준히 증가시켜 왔다. 그렇지만 1973년을 전후한 오일쇼크 이후 경제불황하에 인플레이션이 나타나는 이른바 스태그플레이션[1] 현상으로 서구 자본주의 국가의 경제가 침체되면서 완전고용의 시대는 끝나고 대규모 실업이 발생하여 선진 복지국가들이 위기에 직면하게 되었다(Mishra, 1984 : 20).

오일쇼크 이후 스태그플레이션을 극복하기 위해 신자유주의 사상이 대두하게 되었고 영국의 대처정부(대처리즘)는 사회복지 예산을 삭감하고, 복지서비스의 효율성 진작을 통해 가정생활을 지원하는 복지정책을 추구하는 등 복지국가의 후퇴현상들이 나타나기 시작했고, 미국에서도 1980년대 이후 레이건 정부(레이거노믹스)에 의해서 복지예산의 삭감 및 사회복지에서의 보수적인 경향이 두드러지게 되었다. 대처정부와 신자유주의적 흐름에서는 자유시장경제의 복권과 강한 국가(경제부국)의 구축을 도모했다. 이를 위해 시장의 자유로운 흐름을 위해 정부는 최소한의 규제를, 국가는 법과 질서의 유지와 국방의 임무에 충실해야 한다는 것이다(시장에 대한 최소한의 규제, 작은 정부를 통해 강한 국가를 만들어 간다는 의미). 사회복지에 있어서의 민영화, 민간부문의 역할강조, 효율화, 지역사회보호, 개인과 가족, 공동체의 책임의식과 극빈층에 대한 사회안전망에 한정한 국가지원을 포함한 보

1) stagnation(불황)과 inflation(인플레)의 합성어로서 불황과 물가상승이 동시에 진행되는 상황을 말한다. 원래 자본주의 경제에서는 호황기에는 물가가 상승하고, 불황기에는 물가가 하락하는 것이 보통이다. 그러나 1970년대의 오일쇼크 이후 불황과 인플레가 동시에 발생했다. 높은 실업률과 불황, 인플레가 공존하는 상황을 스태그플레이션이라 한다(원석조, 2001 : 157).

수적 경향을 강조하게 되었다.

탈시설화, 정상화, 지역사회보호, 공동체 강조, 사회적 관계망 강조, 생산적 복지, 효율성, 프로그램의 강조 등 현재 사회복지현장에서 강조하고 있는 대부분이 신자유주의 사상의 흐름이라는 것을 읽을 수 있다. 이러한 흐름의 궁극적인 내용은 비용을 어떻게 여하히 효율적으로 사용해서 감소된 복지비용의 효과를 극대화하자는 것이다. 이근홍(2001)이 설명하는 사례관리의 등장 배경 중 사회복지비용의 감소, 사회적 관계망에 대한 관심증가, 사회복지서비스의 지방분권화,[2)] 사회복지서비스 공급주체의 다양화, 대인서비스의 단편성과 불연속성, 대인서비스 비용의 절감노력 등은 결국 신자유주의적 흐름으로 요약해 볼 수 있다.

2) 장기적 보호를 요하는 클라이언트의 증가와 클라이언트 욕구의 다양화, 복잡화

오늘날 의학의 발달과 생활수준의 향상으로 평균수명이 연장되어 노령화사회에 이미 접어들었다. 전체인구 중 노인인구가 차지하는 비중이 높아지고 있는 것이 현실이다. 그렇지만 과거와 같은 가족부양체계는 약화되고 있어 늘어난 노인들의 부양이 문제가 된다. 또한 각종사고와 재해, 환경오염, 약물중독 등으로 인하여 장애인도 계속 증가하고 있으며, 가족가치의 변화로 인한 가족해체경향의 증가로 인해 구조적 · 기능적 결손가족이 늘어나고, 학대, 유기, 방임되는 아동들이 늘어나는 추세에 있다. 한국사회도 예외는 아니다. 따라서 장기적으로 보호를 요하고, 그러면서도 다양하고 복합적인 욕구를 가진 대상자들이 많아질 수밖에 없고, 이러한 대상자들에 대해 기존 대인서비스의 단편적이고, 연속적이지 못한 서비스로는 충

2) 지방자치의 실시는 지역주민욕구에 의거한 사회복지행정과 사회복지에 대한 민간부문의 참여확대를 실현하고자 한다. 지방정부는 지역주민욕구를 충족시켜 지역사회복지수준을 높이기 위해 지역사회 내 자원을 적극 개발 · 동원하고, 분산된 서비스를 조정 · 통합함으로써 복지행정의 효율화를 기하고자 한다. 효율성의 의미를 가지고 있는 사례관리는 이러한 지방자치의 복지행정의 요구에 맞는 방법론으로 받아들여지고 있다.

분하지 못한바, 효과적 · 효율적 서비스를 제공하기 위해 사례관리는 급속한 확대일로에 있다.

3) 탈시설화의 경향

1960년대에 접어들면서 정신과 병동을 중심으로 탈시설화가 확산되었다. 탈시설화는 시설에서의 수용보호의 반대적인 개념으로 지역사회중심의 보호를 말한다. 정신과 병동의 개방화, 시설의 개방, 시설운영의 개방 등을 포함하며, 클라이언트를 시설에서 수용, 보호하게 되면 사회복지의 궁극 목적인 독립적인 재활이 어렵기 때문에 지역사회에서 지역민과 함께 생활하면서 재활을 시도한다는 의미이다.

탈시설화는 시설에서의 수용보호가 수용자들을 외부생활로부터 차단, 격리하고, 개인의 인권, 자율성 및 사생활을 침해하기 쉬우며, 개인의 개별성을 말살하거나 주체성을 잃게 하기 쉽고, 규격화되고 통제된 생활 속에서 인간적이며 문화적인 생활을 영위하기가 어렵다는 비판이 1950년대 이후 나오게 되면서 제기되기 시작하였다. 물론 탈시설화는 이같이 클라이언트의 인권옹호 및 지역사회재활에 대한 열망에서 비롯되기도 했지만, 시설보호보다는 지역사회보호가 그 비용이 적게 들 수 있다는 연구와 정책방향들의 영향일 수도 있다. 1970년대까지 지역중심의 사회복지서비스와 시설중심의 사회복지서비스의 질적인 면과 경제적인 면에 대한 비교평가가 많이 이루어졌고, 연구결과는 대체로 지역중심의 서비스가 시설중심의 서비스보다 인간적인 서비스의 가능성, 재정적 부담에 더 효과적이라는 것이다.

탈시설화로 인하여 시설수용자들이 시설에서의 수용보호에서 벗어나 지역사회에 기반을 둔 프로그램으로 이동하거나, 자신의 가족에게 되돌아감으로써 시설복지에서 지역사회복지로 전환되는 움직임이 나타나게 되었다(이근홍, 2001 : 43). 그렇지만 지역사회에 기반을 둔 서비스들은 분산되어 있음으로 해서 클라이언트의 다양한 욕구들을 충족시키기 어렵다. 서비스의 중복은 물론이고 기관중심의 서비스가 이루어짐으로써 클라이언트의 욕구를 포괄적으로 충족시키지 못하는 경향이 었다. 따라서 분산된 서비스나 사회자원들을 클라이언트를 중심으로 모아 연결, 조정, 통합할 수 있는 사례관리가 등장하게 되었다.

3. 사례관리의 기본원칙

사례관리는 클라이언트 중심의 포괄적이고 총체적인 서비스를 제공한다는 것이고, 그것도 효율적으로, 가족을 포함한 일차 집단의 서비스 및 자원 제공역량을 충분히 개발·활용한다는 것이다. 한마디로 클라이언트의 욕구중심의 맞춤서비스를 지속적으로 제공하고, 서비스의 원천은 기존의 공식·비공식자원들을 연결, 조정, 개발하자는 것이다. 이러한 사례관리를 해 가는 데 있어 기본적으로 고려해야 할 부분 또는 보다 강조해야 할 부분을 살펴보자.

첫째, 사례관리에 있어 클라이언트의 욕구를 정확히 파악해야 한다. 클라이언트들은 주로 심각한 손상을 입어 장기적 보호를 요하는 경우이기 때문에 클라이언트 스스로의 요구보다는 사례관리자의 전문가적인 입장에서의 사정이 이루어질 수 있는 가능성이 크다. 클라이언트의 요구나 기대, 자율적 선택을 최대한 반영할 필요가 있다. 또한 클라이언트들은 특히 심리사회적 기능이나 신체적 기능, 공식·비공식 지원체계에 대한 사정과정에서 클라이언트들은 분명한 입장을 취하지 않는 경우가 많다. 여러 이유가 있겠지만, 클라이언트들은 중복된 서비스를 받더라도 더 많이 받으려 하는 것이 보통이다. 심지어 빈곤한 독거노인들은 경우에 따라 자녀 유무나 주변 친척에 대한 이야기도 제대로 알려 주지 않는 경향을 보이기도 한다. 혹시라도 기존의 받고 있는 서비스조차도 받지 못할까 하는 염려 때문일 것이다. 클라이언트의 욕구 및 자원파악과정에서 특별한 주의를 요한다.

둘째, 서비스를 제공하는 데 있어 포괄적 개별화, 즉 클라이언트 중심의 맞춤서비스가 제공될 수 있어야 한다. 클라이언트들은 독특한 신체적 · 정서적 · 사회적 상황에 놓여 있고, 각기 살아온 환경도 다르다. 따라서 서비스는 클라이언트 개인에게 가장 적합한 서비스여야 한다. 기존의 서비스처럼 기관중심으로 이루어져 획일적인 서비스가 제공되어서는 곤란한 것이다. 그리고 그러한 서비스는 클라이언트가 지역사회에서 완전히 독립적인 생활을 영위할 수 있을 정도로 포괄적으로 이루어져야 한다는 것이다. 사례관리자는 지역사회에 존재하는 잠재적인 자원에 대한 정보를 충분히 가지고 있어야 할 것이다.

셋째, 사례관리는 클라이언트 중심의 맞춤서비스로 지속적으로 이어져야 한다. 시간이 지남에 따라, 클라이언트의 상태 진전 정도에 따라 욕구는 변화할 수 있으므로 서비스 제공의 점검과 재사정이 정확히 이루어져야 한다. 지역사회 공식 · 비공식 서비스와 자원들의 서비스 제공과정은 처음 연결과정에서의 의도와는 다르게 진행될 수도 있다. 이를 계속 조정 · 대변(옹호)해야 할 것이고, 서비스 제공기관과의 협상을 하고, 클라이언트의 변화에 따른 재사정을 통해 1회적인 서비스 제공이 아니라 클라이언트가 자신의 생활현장에서 잘 적용할 수 있도록 지속적으로 원조해야 한다는 것이다.

4. 사례관리의 과정

일반적으로 사례관리는 접수, 사정, 서비스 기획, 연결, 점검과 재사정, 평가 및 종결 등의 과정으로 이루어진다. 물론 학자들에 따라 그 단계별 과정은 약간의 차이를 보이지만 대체로 이 같은 과정을 거친다. 〈표 9-2〉는 사례관리의 주요과정에 대한 학자들의 견해를 요약한 것이다.

〈표 9-2〉 사례관리의 주요과정에 대한 학자별 견해

Steinberg & Carter(1983)	Weil & Karls(1985)	White & Goldis(1986)	Moxley (1989)	Rothman (1991)
가입(사례발견, 사전 적격심사, 접수)	클라이언트 확인과 출장원조	사례발견		기관접근, 접수
사정	개별적 사정과 진단	사정	사정	사정
목표설정, 서비스기획, 능력조성	서비스 기획, 자원 확인	보호기획	기획	목표설정, 개입기획, 자원 확인과 목록화
보호계획의 수행	서비스 연결, 서비스 실행과 조정	계획수행	개입	클라이언트와의 연결
재사정	서비스 전달의 점검, 옹호	사후검토, 재사정	점검	점검과 재사정
종결, 관계유지	평가		평가	결과평가

출처 : 이근홍(2001 : 242).

1) 접 수

사례를 발견하고 클라이언트를 확인한 후 서비스를 제공할 것을 약속하고 계약하는 과정이다. 사례의 발견은 주로 아웃리치(outreach)[3]를 통해 이루어진다. 사례관리의 대상 클라이언트들은 주로 심하게 손상되어 장기적인 보호를 필요로 하는 장애인이나 노인인 경우가 많기 때문에 주로 사례관리자의 출장방문 및 원조를 통해 사례접수가 이루어진다.

3) 아웃리치(outreach)는 전문가가 직접 서비스가 필요한 클라이언트를 찾아 나서고, 이러한 클라이언트들에게 서비스를 제공하고, 클라이언트가 필요한 서비스를 활용할 수 있도록 도와주는 실천방법(복지기관에서 사회복지사가 클라이언트를 찾아 나서서 도움을 주는 경우). 아웃리치활동은 전형적으로 포스터, 팸플릿 배포, 정보제공부스 설치, 집집마다 방문하는 경우 포함.

2) 사 정

사례관리서비스를 제공하기로 결정한 클라이언트를 대상으로 복합적인 욕구와 기대, 문제, 현재의 신체적 기능 및 사회심리적 기능, 장점과 잠재능력, 공식·비공식 지원체계의 보호능력 등에 관한 자료를 수집하고, 분석하며 종합하는 과정이다. 클라이언트의 욕구에 대한 확인(욕구사정)은 클라이언트 자신의 진술과 사례관리자의 관찰에 의해 주로 이루어지고, 가족이나 친척 등의 진술도 활용한다. 사례관리자는 클라이언트가 자신의 욕구를 충족시키고, 문제를 해결하려는 동기와 의지가 충분한지, 그리고 그 능력이 있는지를 확인해야 할 것이다. 특히 클라이언트의 긍정적이고 발전적인 요소에 초점을 두고 강점사정이 이루어져야 할 것이다(능력사정). 또한 가족을 포함한 비공식자원들의 보호능력과 보호에 대한 의지를 사정할 필요가 있다(자원사정).

3) 서비스 기획

서비스 기획은 클라이언트에 대한 보호와 원조, 관리의 장·단기 목표를 설정하고, 비공식지원체계와 공식지원체계의 통합을 통해 서비스를 제공하기 위한 보호계획을 수립하는 단계이다. 목표를 설정할 때 목표는 가능한 한 클라이언트가 스스로 성취하고자 하는 목표를 설정할 수 있도록 해야 하고, 현실적으로 실현가능한 목표를 선택해야 한다. 목표는 클라이언트의 개인적인 능력의 향상, 생활환경 개선, 클라이언트 지원망의 개발과 강화 등의 범주를 포함한다. 또한 이러한 목표를 달성하기 위한 공식·비공식 서비스와 자원망을 형성하고, 기존의 서비스나 자원이 없다면 서비스와 자원을 개발하기 위한 계획이 이루어져야 할 것이다. 서비스 기획도 역시 클라이언트의 생각이나 욕구, 기대를 반영해야 하고, 클라이언트의 자율적인 선택권을 충분히 보장할 필요가 있다.

4) 연결 · 조정 · 개입

계획된 공식 · 비공식 서비스와 자원망을 형성하고, 자원을 개발하는 단계이고, 보호계획을 수행하는 단계이다. 이 과정에서는 기관 간의 서비스 중복이 있다면 서비스 조정도 해야 할 것이다. 또한 클라이언트의 사회적 관계망, 대인서비스 제공자들을 변화시키기 위해 직 · 간접적으로 개입하는 단계이다.

5) 점검과 재사정

점검은 사례관리 개입과정의 중요한 과업이라고 말할 수 있다. 점검과정 동안 사례관리자는 서비스 제공자들과 지속적인 의사소통을 해야 한다. 점검은 클라이언트가 지원체계를 적절히 활용하도록 확인하는 과정이며 클라이언트가 중복 서비스를 받거나 지원체계를 남용하지 않도록 하는 과정이다. 사례관리자는 서비스 기관의 기록과 서류를 확인할 필요가 있다. 또한 점검은 초기 계획과정에서 설정된 목표 특히 세부목표, 그리고 목표를 달성하기 위한 프로그램과 자원연결, 서비스 제공과정이 제대로 이루어지고 있는지, 만약 제대로 목표가 성취되지 않는다면 목표의 수정을 포함해야 할 것이고, 필요하다면 재사정, 서비스 계획을 다시 해야 할 것이다.

6) 평가 및 종결

평가 및 종결은 클라이언트에게 제공된 서비스, 클라이언트의 진척사항, 보호계획, 서비스 활동 및 서비스 체계의 효과성, 효율성을 종합적으로 판단하는 과정이며, 사례관리자의 전문적인 판단에 근거하여 클라이언트에게 서비스가 더 이상 필요하지 않을 때 사례관리 과정을 종결하는 과정이다(이근홍, 2001 : 265). 클라이언트에게 제공된 서비스가 의도한 결과를 가져왔는지, 클라이언트는 제공된 서비스에 대해 만족하는지, 클라이언트는 처음 의도한 목표대로 진척이 있는지, 목표달성이 효율적으로 이루어졌는지 등 서비스와 서비스 체계의 결과평가를 포함한다. 또한 보호계획이 과연 클라이언트의 욕구충족에 효과적, 효율적으로 이루어졌는가? 클라이언트에게 적합했는가 등을 최종적으로 분석, 판단하는 것을 포함한다.

종결은 사례관리과정을 통하여 사례의 목표가 달성되었거나, 서비스가 클라이언트의 복지향상을 위해 더 이상 필요치 않거나, 클라이언트의 중대한 변화나 클라이언트의 적극적인 거부의사로 인해 사례관리 과정을 계속 수행할 수 없을 경우에 서비스의 제공을 중단하는 과정이다. 사례의 목표가 달성되고, 클라이언트에게 더 이상 사례관리가 필요 없어 사례관리를 종결하게 되면 클라이언트는 지역사회에서 독립적인 생활을 할 수 있는 가능성은 있지만, 사례관리 자체가 장기적인 개입인 경우가 대부분이기 때문에 일반적인 사회복지실천보다 더 정서적인 부적응을 경험할 수 있다. 따라서 종결되더라도 사후관리를 통해 사례관리자와 클라이언트가 계속 의사소통할 수 있고, 필요하다면 사례관리과정을 다시 전개할 수 있다는 사후지도가 필요하다.

5. 사례관리의 실제 예시

–근이양증 장애 청소년의 정서적 지지와 자원동원을 위한 실천사례

이 사례는 근이양증 장애 청소년의 건강한 삶을 지원하기 위해 정서적 지지, 의료적 · 경제적 자원을 동원하여 서비스를 실시하여 온 재가봉사의 한 사례로서 2년 정도의 개입 활동을 요약한 것이다(원래 2003년 사례임. 2013년 기준으로 재편성함).

1) 사회적 상황 사정

(1) 클라이언트의 개인 정보

- 성　　명 : 김준혁
- 나　　이 : 16세
- 생년월일 : 1997년 7월 3일
- 학　　력 : 중3 재학 중
- 성　　별 : 남
- 직　　업 : 학생
- 주　　소 : 경북 ○○시 ○○면

(2) 가계도

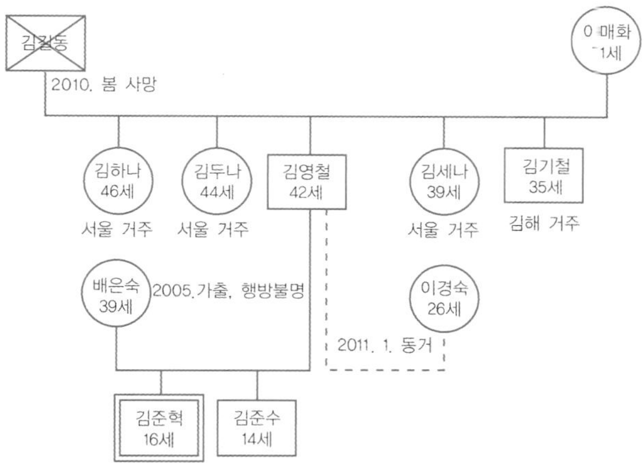

* 가족원의 성명은 모두 가명을 사용함.

(3) 가족사항

번호	성명	관계	연령	학력	직업	종교	비고
1	이매화	조모	71	무	농업	기독교	
2	김영철	부	42	대졸	농업	무교	세대주 분리
3	이경숙	새엄마	26	고졸	농업	-	세대주 분리
4	김준혁	클라이언트	16	중3 재학	학생	-	
5	김준수	동생	14	중1 재학	학생	-	
6	배은숙	친모	39	전문대졸	-	무교	행방불명

(4) 의뢰과정

이 사례는 경북 ○○의 한 성당 신자인 김○○ 씨가 지속적으로 돌봐오던 클라이언트로서 정서적 지지와 일상생활의 도움이 크게 요청되는바, 의뢰자인 김○○ 씨가 ○○대학교 사회복지학과에 지원, 요청함에 따라 사례관리 대상자로 선정하여 관리함.

(5) 개인사 및 가족사

① 조부 김길동(2010년 68세 사망)

- 1942년 경북 ○○ 빈농가에서 4남 2녀 중 넷째로 출생, 고졸, 농업, 기독교, 인정 많고 너그러운 성격이다.
- 농사일 도우며 성장하여 19세 때 친지의 중매로 결혼하였으며, 이후 밭농사로 생계를 유지한다.
- 2000년 장남(클라이언트의 부)이 안동에서 '비디오 대여점'을 할 때 경제적으로 부채 보증을 하였다.
- 2001년 장남의 파산 이후 장남가족과 함께 동거를 시작하였으며, 2005년 자부의 가출 및 2008년 장남의 가출 이후 주 보호자로 클라이언트를 돌본다.
- 2009년 여름 위장염으로 안동 ○○병원에서 치료받고 2010년 봄 퇴원 후 집에서 간호 받던 중, 교회 다녀온 후 급작스레 사망하였으며, 당시 부인에게 '불쌍한 애들을 잘 키워 달라. 클라이언트는 반드시 중학교까지 졸업하게 하라.'는 말을 유언으로 남겼다고 한다.

② 조모 이매화(70세)

- 1943년 경북 ○○ 농가에서 1남 2녀 중 장녀로 출생, 농업, 기독교, 내성적이며 온화하고 따뜻한 성격 인내심이 많다.
- 농가에서 가사를 도우며 성장하였고, 18세 때 결혼하여 슬하 2남 3녀를 두었다.
- 2001년 장남의 '비디오 대여점' 파산으로 이후 함께 거주하면서 특별히 고부간

의 갈등은 없었다.

- 클라이언트의 모가 외도로 가출하였다고 생각하고 있으며, 가출 당시 장남과 함께 사방으로 수소문하며 클라이언트의 모를 찾으려고 시도하였으나, 현재까지 타인에게는 '죽었다'고 말하고 있다.
- 클라이언트의 부의 가출에 대해서는 클라이언트의 모 때문에 방황하고 있다고 생각한다.
- 2007년경 클라이언트 외조모가 클라이언트 외삼촌이 근육병으로 20대 초반에 사망했음을 전화로 알려와 질병에 대한 정보는 있는 상태이며, 이에 대해 분노하며 장남과 클라이언트 모 사이의 당시 연애와 결혼을 수용했던 것을 후회하고 있다.
- 2008년 클라이언트가 영동 ○○○○ 병원 입원 시 근육병으로 진단받아 이에 대한 정보를 갖고 있다.
- 클라이언트 하지마비 이후 초등학교 3년간을 업어서 등·하교시켰으며, 이후 휠체어를 구입하여 중학교 등·하교 시 동행하고 있고, 대부분 ADL(옷 입기, 세면, 배변 등)에 도움을 주고 있다.
- 2010년 남편의 사망 이후 클라이언트와 동생 양육을 담당하고 있으나 작년 가을부터 가슴이 저리고 답답한 증세를 보여 병원에서 처방받고 약 복용해 온다.
- 현재 클라이언트의 주 간병인 역할수행 중이다.

③ 부 김영철(42세)

- 1971년 경북 ○○에서 2남 3녀 중 장남으로 출생, 전문대졸, 농업, 무교, 차분하며 인정 많은 성격이다.
- 2000년 부모님의 도움으로 ○○시내로 나와 '비디오 대여점' 경영을 시작하였으나, 2001년경 후배 요청으로 부채 보증을 섰다가 후배의 도주로 파산하여 2년간 경영하던 '비디오 대여점'을 처분하였고, 친가로 들어와 살게 되었으며 이후 수입이 일정하지 않은 농작물 재배 등으로 생계를 유지한다.

- 처의 가출(2005)로 방황하던 중 2008년 가출하여 가끔 연락만 전하다가 2011년 1월 새엄마를 데리고 집에 돌아왔다.
- 클라이언트 외삼촌에 대한 소식을 듣게 되어 클라이언트 질병에 대한 정보는 있다고 한다.

④ 친모 배은숙(39세)

- 1974년 경북 ○○에서 1남 2녀 중 쌍둥이 언니로 출생, 전문대졸, 무교, 외향적이며 사교적이고 활발한 성격이다.
- 2005년경 클라이언트의 보행 이상(발가락을 사용해서 걷는 현상)을 발견한 후 부가 운전을 배워 클라이언트를 통학시키라고 하여 운전을 배우던 도중 갑자기 가출하였다고 하며, 현재까지 외가와도 연락두절 상태이다.
- 2011년 1월에 행방불명 처리되었다.

⑤ 클라이언트 김준혁(16세)

- 1997년 경북 ○○ 출생, 중3 재학 중, 무교, 내성적, 의존적이다.
- 초등 1학년 때 근이양증의 초기 증상이 발견되었으나 방치되었다가 2008년 근이양증 진단을 받았다.
- 신체의 마비가 성장과 더불어 계속 진행되는 근이양증으로 인해 학교생활 및 가정생활의 자립이 어려워 조모와 동생 준수에게 전적으로 의존하여 왔으며 고집이 강하고 예민하다.
- 성장과정에서 부모의 가출과 주 보호자였던 조부의 사망으로 인해 타인에 대해 배타적이다.

⑥ 동생 김준수(14세)

- 1999년 경북 ○○ 출생, 중1 재학 중, 무교, 활달하며 사교적이다.
- 정상분만으로 현재까지 특별한 질병 없이 건강한 상태로, 조모가 '한달에 신발

한 결레가 닳는 정도'라고 표현할 정도로 활달하다.

- 조모는 동생이 형의 질병에 대해 이해하고 클라이언트를 닭이 배려하고 이해하는 편이라고 했으며, 조모 부재 시 형을 잘 돌보아 줄 것을 기대하고 있다.

⑦ 새엄마 이경숙(26세)

- 1987년 경북 ○○에서 1남 3녀 중 장녀로 출생, 4년 전 교통사고로 6개월 입원하면서 클라이언트의 부와 만났다.
- 2011년 1월 클라이언트의 부와 함께 돌아와 살고 있으며 조모를 도와 클라이언트의 등·하교를 돕고 일상생활, 가사를 수행하고 있다

2) 사 정

(1) 문제에 대한 사정

① 클라이언트 건강 상태

- 클라이언트는 현재 근이양증을 앓고 있다. 유아기 때 걷는 데 힘이 없었고 2005년 초등학교 1학년 때 근이양증의 초기증상인 앞발로 걷는 증세가 발견되었으나 특별한 조치 없이 방치되었다고 한다. 그러다가 2008년경 폐렴증세가 나타나 지역병원에서 진료를 받던 중 근이양증에 대한 병원 측의 소견으로 영동 ○○○○ 병원에 의뢰되었다.
- '근이양증'이라는 진단을 받았으나 특별한 치료가 없어 증상이 계속적으로 진행되고 있다.
- 2011년 2월 사정 당시 몸의 근육세포가 죽어 감으로 인해 몸이 굳어지고 두 다리의 기능을 상실, 무릎까지 진전됐으며 손가락, 발가락은 움직일 수 있으나 사용이 부자연스러운 상태이다. 무엇보다도 상체의 어깨가 굳어져 이로 인해 폐가 눌려 호흡이 곤란해질 수 있는 위험을 갖고 있다

- 병에 대해 그동안 너무 방치하고 있어서 마비의 진행이 빨라지고 호흡과 관련된 폐렴증상이 자주 발병되었으며, 몸에 맞지 않은 휠체어로 인해 바른 체형유지가 어려운 상황이다.
- 이 병은 20~25세에 이르러 심장병이나 폐렴으로 사망하게 된다고 보고되고 있어 이를 방지하기 위한 대처가 필요한 상태이다.
- 운동부족으로 인한 변비 증상도 보이고 있다.

② 사회정서적 문제

- 경북 ○○시에서 출생하여 4세까지 지내다가 2001년 부의 파산으로 현재의 거주지로 이사해 왔다.
- 초등 1학년 때 자주 넘어지고 친구들이 축구를 할 때 보조를 맞추지 못해 함께 어울리지 못하였다.
- 초등 1학년 때(2005) 급작스런 모의 가출과 4학년 때(2008) 부의 가출을 경험하였으며 이후 주 부양자였던 조부의 사망(2010)으로 심리적 상실감과 절망감이 내재하여 타인에게 거의 관심을 두지 않으며 무표정하게 반응하는 방어적 태도를 보이고 있다.
- 2008년 영동 ○○○○ 병원에서 근이양증 진단으로 병에 대해 정보는 갖고 있었으나 최근 근이양증이 모계의 유전이라는 말에 대해서는 강하게 부정하려고 한다.
- 학교 성적은 하위권이나 시험기간에는 열심히 공부하고 과학과목과 특별활동에서 컴퓨터 배우는 것을 좋아한다.
- 학교생활은 원만한 편이나 본인이 다른 아이들과 여러 면에서 다르다고 생각하여 친한 친구일지라도 자신을 정확하게 이해하는 사람은 없다고 생각하여 함께 어울리는 것을 회피한다.

③ 물리적 상황

㉠ 일상생활동작(Activities of Daily Living, ADL;
* Instrumental Activities of Daily Living, IADL)이 어려운 주거환경

- ㄷ자 형의 시골 시멘트 농가로 마루와 연결된 2개 방만 사용하고 부엌은 문턱 아래로 낮은 형태이며 욕실과 재래식 화장실은 옥외에 있어 클라이언트가 사용하기 어려운 상황이다.
- 집안에서의 휠체어 이동이 불편하여 주로 누워서 생활하고 있으며(조모가 일하러 나가고 동생마저 친구들과 나가 버리면) 혼자서 텔레비전 보는 일이 많다.

㉡ 이동이 어려운 학교환경

- 집에서 20분 정도의 거리를 조모의 도움을 받아 휠체어로 등 · 하교한다. 교실은 1층에 있으나 교실 옆쪽 길이 비포장도로인 데다 지면에서 교실까지 계단이 있고 중앙복도를 통해 교실에 가는 통로에는 문턱이 있어 휠체어 사용이 어렵다.
- 교실에선 휠체어가 책상과 맞지 않아서 휠체어는 자전거 주차 장소에 놓아두고 조모에게 안겨 일반 걸상에 앉히면 수업이 끝날 때까지 움직이지 않는다.
- 사물함에서 물품을 꺼내거나 교실이동이 있을 때는 담임선생님의 배려로 급우가 당번을 정해 도와주고 있으나 체육시간에는 혼자 교실에 남아 있다.

④ 경제적 문제

- 클라이언트 부의 부도와 가출로 인해 가계가 어려운 형편이다.
- 조모가 농사일로 가계를 꾸리고 있으며 일반 의료보험으로 되어 있어 클라이언트의 의료비 부담이 크다.

(2) 자원에 대한 사정

① 내부 자원 사정

㉠ 할머니

강점 : 클라이언트의 ADL을 도맡아 한다. 경제적 수입원이며 클라이언트 교육에 대한 열의가 높으며 클라이언트의 치료에 적극적이다.

약점 : 2011년 8월부터 건강의 악화로 클라이언트 수발을 힘들어한다(심장병 계통). 2년 전에 백내장 수술을 하였다.

㉡ 아버지

강점 : 집안의 경제적 책임감을 느끼고 일용직이지만 나름대로 성실히 생활하려고 한다. 클라이언트의 학교생활에 관심을 가지고 환경개선을 요구할 만큼 적극적이다.

약점 : 빚 보증 때문에 소득의 대부분이 부채 탕감으로 사용되기 때문에 경제적으로 어려운 상황이다. 사실상 클라이언트와 함께 살고 있으나 클라이언트의 의료보호 1종 혜택을 얻기 위해 법적으로 클라이언트와 세대주 분리가 되어 있다.

㉢ 새엄마

강점 : 2011년 1월부터 클라이언트와의 생활을 시작했다. 클라이언트의 조모 대신에 등 · 하교 동행, 클라이언트의 일상생활을 도와주고 있다.

약점 : 클라이언트를 돌보는 데 경험이 부족하다.

㉣ 클라이언트

강점 : 학교 가는 것을 좋아하고 과학과 컴퓨터에 관심이 많다.

약점 : 의존적이며 신경질적이다. 고집이 세고 배타적이며 스스로 움직이는 것에 대해 소극적이다.

ⓜ 동 생

강점 : 클라이언트의 부탁을 잘 들어주며 클라이언트에 대한 보호심이 많다. 밝고 사교성이 많아 또래 친구들이 많으며 공부를 잘한다.

② 외부자원도

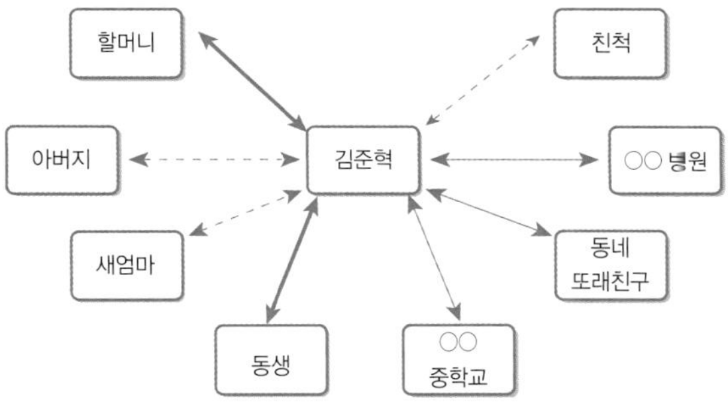

〈개입 전 지원 흐름도〉

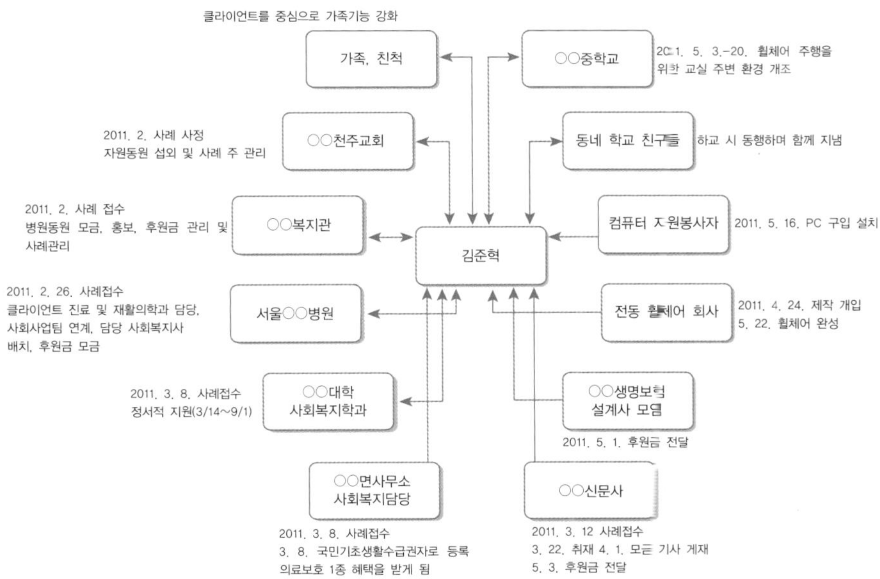

〈개입 후 지원 흐름도〉

3) 개입계획

(1) 단기목표

① 클라이언트의 병명을 확인하기 위해 진료를 의뢰한다.

② 경제적 어려움을 지원한다.

- 의료보험 혜택 여부를 알아본다.
- 지역사회 내, 외부의 자원을 알아본다.
- 후원금 마련 홍보를 한다.

③ 클라이언트와 신뢰관계를 형성한다.

- 클라이언트와의 신뢰관계를 형성하기 위해 주 1회 정기적으로 방문한다.
- 휠체어로 클라이언트와 산책한다.
- 클라이언트에게 매주 방문 시 편지를 써서 전해 준다.
- 텔레비전 시청을 함께 하고 공통된 화젯거리를 만든다.
- 클라이언트의 부진한 학습지도를 한다.
- 컴퓨터 수리를 통해 클라이언트의 방과 후 시간을 유용하게 보내도록 한다.

④ 클라이언트의 이동의 편익을 위해 학교 주변과 주거환경의 개선을 추진한다.

- 클라이언트의 학교에 비탈진 교실진입로와 휠체어 길 포장 및 교실 배치 등에 대해 협조를 요청한다.

(2) 장기목표

① 클라이언트의 건강 증진을 위한 자원 확보를 위하여 외부자원을 알아본다.

- 경제적 지원을 위해 후원금 모집

② 클라이언트의 이동편익을 위해 전동휠체어 제작 및 환경 개선을 유도한다.

③ 변비를 완화하기 위한 식이요법을 알아본다.

④ 클라이언트 병의 진행에 따른 심적 고통을 완화하기 위한 정서적 지지를 한다.

4) 개입과정

(1) 초기개입단계(2011. 2. 26 ~ 3. 12.)

① 의뢰과정

이 케이스는 ○○천주교회 빈첸시오회 회원들이 할머니(이매화)가 장애아동인 김준혁을 ○○면 ○○ 2동 집에서 ○○ 중학교로 통학시키는 모습을 수차례 목격하고 논의 후에 김준혁의 집에 방문하여 실태를 조사해 본 결과 김준혁의 일상의 생활과 거동이 많이 불편함을 확인하고 김준혁의 병명이 무엇이고 현대의학에서 치료가 가능하다면 치료를 도와주도록 하자는 제안으로 개입하기 시작했다.

과거 병력에 대한 정보를 알아본 결과 서울 대학병원에서 정확하게 검사를 받아볼 필요성이 있다고 판단되어 ○○복지관에 협조를 의뢰하여 김준혁의 치료에 함께 노력하기로 결정하였다.

② 개입과정 Ⅰ(2011. 2. 26 ~ 3. 8.)

㉠ 병원연계

클라이언트와 조모, ○○복지관 관장님, ○○천주교회 빈첸시오회 회장 김○○ 씨가 동행하여 2월 26일에 서울 ○○대학병원에 1차 입원을 시켰는데 입원 당시 클라이언트의 폐렴증상이 심하여 4일 동안 폐렴치료를 하였다.

이후 일반 의료보험으로 치료비가 부담이 되어 일단 서울 고모 댁으로 퇴원을 하였는데 2008년 이후 친척들은 클라이언트의 치료가 불가능하다고 판단되어 병원치료에 회의적인 태도를 보이고 있다. 그러나 클라이언트의 조모와 부는 그동안 의학의 발달로 치료의 가능성을 기대하고 있으며 어떻게 해서라도 좀더 나은 치료를 받아보기를 원한다.

㉡ 경제적 개입

후원자들은 계속적인 치료를 요청했으나 클라이언트의 가족들이 경제상황(부도상황)으로 부담이 커서 클라이언트를 고모 집으로 퇴원시켰다. 후원자들은 클라이언트의 물리치료가 지역병원에서 될 수 있는 조건이 아니고 또 건강보험문제는 관계기관과 협의하여 최대한 의료비용이 적게 드는 방향으로 노력하기로 하였다. 만약 수급권자가 안 되면 현재 병원비 일체를 ○○성당에서 지급하기로 약속하고 재입원시키기로 하였다.

건강보험 문제 : 면사무소 전담공무원과 상의한 결과 3월 8일경 국민기초생활보장 수급권자로 등록되어 의료보호 1종과 생활비 30만 원을 지원받을 수 있게 되었다.
이 과정에서 2008년 가출했던 클라이언트의 부가 새엄마를 데리고 돌아와 수급권자 선정조건이 어려워지자 부를 설득하여 세대주 분리를 하고 클라이언트와 조모, 동생만 법적 동거자로 등록, 처리되었다.

기타 자원동원 : 클라이언트의 병원비를 줄이기 위해 주변의 자원을 동원하기로 하고 입원 중인 서울 ○○병원 사회사업팀에 협조를 요청하였다.

③ 개입과정 II(2011. 3. 9 ~ 3. 12.)

서울 ○○병원 담당 박사님과 김○○ 씨가 만나 의료적 소견을 청취하였다.

㉠ 진료소견

클라이언트는 근이양증 중에서 가장 악성인 형태로 현재 의학으로는 치료와 완치는 불가능하다는 소견이 있었다. 기도로 음식이 넘어가거나 몸이 계속 굳어져 접히기 때문에 폐 · 심장기능의 약화로 사망할 가능성이 있고, 지금까지 너무 방치되고 있었던 탓에 몸이 굳어져서 자주 폐렴에 걸리기도 했다. 클라이언트의 외삼촌이 20세 전후로 사망한 것으로 보아 향후 5~10년이면 사망할 가능성이 있다.

㉡ 앞으로의 치료 방향 소견

- 가족 중심의 물리치료 : 현실적으로 경북 안동에는 김준혁의 치료를 위한 물리치료시설이 미비하므로 주변 가족들 중심으로 물리치료가 이루어져야 한다.
- 전동휠체어 필요 : 일상생활자립에 도움이 되고 몸의 마비가 계속 진행되는 과정에서 올바른 체형을 유지하기 위해서는 몸에 맞는 전동휠체어를 갖추는 것이 제일 중요하다.

㉢ 병원 내의 자원 연결

서울○○병원 사회사업팀 방문. 사회사업팀에서 인원을 배치하여 사례관리를 지원하기로 하였다. 이에 클라이언트가 병원에 있는 동안 어머니, 아버지의 가출과 할아버지의 사망에 대한 정서적 충격, 그리고 근이양증의 악화로 인한 심리정신적 스트레스에 대한 상담 치료를 부탁하였다.

㉣ 초기개입 후 사정과 차후 계획 수립

- 클라이언트가 조금이라도 일상생활에 도움이 될 수 있도록 집안개조를 통하여 집안 활동을 할 수 있도록 하고 학교통학과 마을에서의 생활을 위해 전동 휠체어의 필요성이 있다는 서울 ○○병원의 재활의학과 선생님의 소견이 있었다.
- 전동휠체어 마련 자금 확보를 위한 모금계획 수립 - ○○천주교회와 ○○신문사에 협조, 요청하기로 결정하였다.
- 청소년기의 클라이언트의 정서적 지지를 위한 자원봉사자의 필요성 요청 - ○○대학 사회복지과

(2) **중기개입단계** Ⅰ(2011. 3. 12 ~ 9. 1.)

모금활동과 정서적 서비스 병행 실시

① 의뢰과정(2011. 3. 8.)

이 사례는 경북 ○○의 한 가톨릭성당 신자인 김○○ 씨가 지속적으로 돌보아오던 클라이언트로서 정서적 지지와 일상생활의 도움이 크게 요청되는바, 의뢰자인 김○○ 씨가 ○○대학교 사회복지학과에 지원, 요청함에 따라 사례관리 대상자로 선정하여 관리함.

② 신뢰관계 형성기(2011. 3. 12~5. 3.)

첫 방문 시 클라이언트인 김준혁은 서울에 있는 병원에 입원 중이라 만날 수가 없었고 준혁의 부모님만을 만나 볼 수가 있었다. 부모님께서는 방문을 무척 반갑게 맞이하여 주셨고 또한 고맙다는 표현을 많이 하셨다.

3월 말쯤 학생 사회복지사들은 클라이언트인 김준혁을 만날 수가 있었다. 첫 만남이라 그런지 김준혁은 말도 없었고 쑥스러워하는 모습을 보였다. 학생 사회복지사들은 대학생 누나라고 클라이언트에게 소개를 하고 주 1회 클라이언트를 만나러 올 것이라는 것과 그에 대한 클라이언트의 의견을 물었으나 내성적인 듯한 클라이언트는 부정도 긍정도 아닌 반응을 보였다. 새로운 만남에 대해 신뢰관계를 형성하는 것이 우선적으로 필요하다고 판단되어 클라이언트의 관심사와 그것에 관해 대화를 준비해 가는 것으로 의견을 나눴다.

'장수'라는 뜻의 꽃말을 가진 만년초와 서너 가지 꽃을 준비해 가서 클라이언트와 함께 심기를 시도하였으나 계속 고집을 피워 클라이언트는 그냥 지켜보고 동생 준수, 새엄마와 함께 마당에다 꽃을 심었다.

또 수학여행에 못 가서 실망하고 우울해 있는 클라이언트를 위로해 주기 위해 학교까지 산책을 하기로 하고 수동휠체어로 다녀오게 되었다. 돌아오는 길에 가게 문턱까지 클라이언트를 데리고 가서 먹고 싶은 아이스크림을 직접 고르게 하였다. 서로에 대해 서먹한 분위기를 변화시키기 위해 클라이언트에게 우리의 마음을 표현하는 편지를 써서 방문 때 건네주었는데, 편지에 대해서 클라이언트는 그냥 서랍에 넣어 두거나 특별한 반응을 보이지 않았다.

방문횟수가 더해질수록 때로는 무관심하게 때로는 호의적으로 클라이언트의 반응이 달라져 학생 사회복지사들을 난감하게 했지만 클라이언트와 함께하는 시간을 더 늘리기 위해 수업이 일찍 끝나는 토요일 오후로 방문 시간을 변경하는 등의 학생 사회복지사들의 노력하는 모습을 보이자 조금씩 방문 때마다 반겨주는 모습을 볼 수 있었다.

• 모금활동

초기개입과정 후 수립된 모금계획에 의거해(3.12) 전국 빈첸시오 이사회를 연결하여 ○○신문사에 취재를 요청했으나 회답이 없었다. 그러던 중 ○○신문사에서 장애아동들에 대한 모금기사를 보고 ○○복지관장님을 통해 ○○신문사에 취재를 요청하여(3.22) 병상의 클라이언트를 취재해 4월 1일에 ○○신문 '사랑이 피어나는 곳에' 난에 게재되었다. 동시에 복지관 소식지에도 게재되어 모금이 시작되었다.

5월 3일 ○○신문사로부터 모금된 후원금을 전달받고 서울○○병원과 상의하여 전동휠체어 제작과 훈련시기를 5월 초순으로 계획하였다.

* 클라이언트 가정의 경제여건상 부채로 인해 후원금을 다른 용도로 사용할 여지가 있다고 판단되어 모금된 후원금은 안동 ○○복지관에서 관리하기로 가족들과 합의하였다.

③ 확보된 자원을 활용한 정서적 지지서비스 개입(2011. 5. 4. ~ 7. 13.)

전동휠체어를 제작, 훈련하기 위해 클라이언트가 3주가량 서울 ○○병원에 입원한 관계로 5월 말쯤에야 학생 사회복지사들은 클라이언트와 다시 만날 수 있었다.

그동안 후원금으로 새로 구입한 컴퓨터와 전동휠체어로 정서적 지지서비스를 제공할 매개체가 확대됨에 따라 클라이언트와 이메일을 만들고 게임을 같이하는 방법으로 관계를 개선시켜 갔다. 또한 전동휠체어로 클라이언트와 산책을 즐기며 관계가 좋아지도록 노력하였는데 한참 동안 우리를 흔쾌히 대하지 못했던 클라이언트가 점점 얼굴이 익는 우리들에게 편하게 대하는 걸 느낄 수 있었다.

오랜만에 만난 클라이언트는 컴퓨터에 몰두해 있었는데 팔 움직임이 힘들고 다리에 힘이 없어 의자 위에 앉아 있는 모습이 불안해 보였다. 학생 사회복지사들이 도움을 주려고 할 때면 클라이언트는 고집을 피우거나 무척 자존심이 상한 표현을 하며 거부하였다. 사춘기 소년의 예민함을 고려하여 스스로 하는 것을 지켜보기로 했다.

클라이언트의 부모님이 요청하신 학습지도는 처음부터 부담을 주지 않는 범위 안에서 쉽고 재미있는 영어퍼즐을 준비했다. 인터넷에서 여러 재미있는 자료들 중 몇 개를 뽑아 준비하였으나 클라이언트는 의욕이 없을뿐더러 쉽게 체력이 지치고 대신 친구들과의 게임에는 집착하는 모습을 보였다. 두 번째 시도를 하였을 때 클라이언트는 다 안다며 거부하는 듯한 반응을 보였다.

학생 사회복지사들이 방문하는 동안 새 컴퓨터가 설치되어서인지 동네 학교 친구들이 서너 명씩 늘 함께 있는 모습을 발견했다. 동생 준수의 친구들도 찾아와 그들 또래의 무리가 이루어졌는데 그 안에서 클라이언트의 불편함을 이상해 하는 느낌은 들지 않았다. 친구들 사이에서는 모르는 게임작동법이라든지 아이디를 만드는 것들을 쉽게 물어 보고 실수로 웃음거리가 되는 것을 지켜보면서 또래집단의 역동성을 살펴볼 수 있었다.

학생 사회복지사들은 클라이언트와의 신뢰관계를 진행시키기 위해 클라이언트가 손에 힘이 없기 때문에 편지 쓰기가 쉽지 않음을 고려하여 컴퓨터 자판을 사용하여 편지를 쓸 수 있도록 메일 주소를 만들기로 계획했다.

클라이언트가 점점 식사를 하지 못해 간식을 자주 해 준다고 어머니께서 말씀하셨다. 잘 움직이질 않으니까 소화도 안 되고 식사량도 줄어들게 되고 변비도 생기는 것 같았다. 그래서 변비치료에 효과가 있는 발효액을 구하여 클라이언트에게 전달하였다.

㉠ 전동휠체어 제작(5.4.~5.22.)

클라이언트는 5월 4일경 서울 ○○병원에 3차 입원하여 물리치료와 더불어 전동휠체어 제작을 시작, 입원해 있는 동안 전동휠체어 작동법을 훈련하고 불편한 부분을 보완, 수리하여 5월 22일경에 전동휠체어를 가지고 집으로 돌아왔다.

㉡ 학교환경 개선(5.3.~5.20.)

클라이언트 부(父)가 교실 주변을 개선하여 휠체어가 다닐 수 있도록 학교 측에 협조를 요청했으나 별다른 변화가 없었다. 그 후 학생 사회복지사들이 학교를 방문, 그동안의 클라이언트의 진행상황과 신문기사를 보여드리며 협조를 요청하여 학교에서는 5월 20일경에 휠체어가 1층인 클라이언트의 교실까지 갈 수 있도록 교실 주변을 시멘트로 포장하고 비탈진 곳을 정리하여 주었다. 또한 클라이언트 치료를 위해 중학교에서 후원금을 모금하여 전달해 주었다.

㉢ 컴퓨터 구입(5.16.)

기존의 컴퓨터가 기능이 떨어지고 고장 난 상태라 클라이언트는 방과후 주로 방안에서 밤늦게까지 유선 텔레비전을 시청하고 있어 시급히 기존의 컴퓨터의 수리가 요청되어 왔다. 컴퓨터 활용은 학습의 도움뿐만 아니라 점점 더 굳어지고 있는 손가락의 움직임을 적극 유도할 수 있어 필요성이 더욱 요구된다고 판단되어 후원금의 일부로 새 컴퓨터를 구입, 클라이언트 퇴원 전에 설치하였다.

㉣ 기타 후원금 전달

6. 7. 서울 ○○병원 전공의 협의회에서 후원금 전달

6. 8. ○○복지관에서 개인 후원금 전달

○○ 신협에서 후원금 전달

6.15. 서울 ○○병원 고○○ 박사 앞으로 접수된 후원금 전달

6.16. 그동안의 모금액 중 일부를 정기예탁금으로, 나머지 금액은 일반예탁으로 복지관에서 관리

④ 타 기관 의뢰를 위한 사정단계(2011. 7. 14. ~ 2011. 9. 4.)

여름방학기간이라 학생 사회복지사들의 방문횟수가 다소 줄어들었음에도 불구하고 초기 때보다 클라이언트가 반가운 표정으로 맞이하여 주었다. 그러나 곧 친구들과 컴퓨터 게임에 열중해 버려 학생 사회복지사의 방문에 대한 호응도가 없어 보였다. 클라이언트와 동생 준수의 친구들 3~4명이 그동안 방문 시마다 인터넷으로 게임을 접속해 늘 함께 놀고 있는 것을 수차례 접하면서 클라이언트가 신체적 불편함은 있지만 사춘기 또래집단과의 관계가 밀착되어 있는 것을 발견하게 되었다.

이에 여름방학이 끝나는 시점에서 몇몇 학생 사회복지사들이 김준혁 클라이언트에 대한 정서적 지지서비스 개입의 필요성에 대해 의견을 제시하여 2011년 3월 14일~2011년 8월 18일까지 한 학기에 걸쳐 시행한 서비스를 사정해 보았다.

㉠ 초기개입단계의 클라이언트 상황 이해

학생 사회복지사들은 근이양증의 진행으로 신체적 마비가 심해지고 있는 청소년기의 클라이언트가 장애로 인해 고립되어 있을 것이라 추측하고 정서적 지지가 필요할 것이라고 욕구를 사정하였다. 직접 방문하여 만나 본 결과 클라이언트가 내성적이고 의존적이며 고집이 강하고 배타적임을 느낄 수 있었다. 학습에 있어서는 부모님의 학습지도 욕구가 제안되었다.

㉡ 서비스 개입의 적절성 및 효과성

새로운 만남에 대해 서로의 신뢰를 형성하기 위해 초기에는 정기적인 방문을 시행하여 클라이언트가 즐겨보는 텔레비전을 함께 시청하고, 휠체어를 타고 동네산책, 식목일에 꽃 심기 등을 실시하였고, 중기에는 컴퓨터로 영어에 대한 관심을 유

도하고 게임을 함께 했고, 메일 주소를 만들어 메일로 편지 쓰기, 워드프로세서 사용법 익히기 등을 계획, 실시하였다.

그러나 날씨 사정과 빨리 지치는 클라이언트에게 휠체어로 산책하는 것은 쉽지 않았으며 컴퓨터 활용에 있어서 메일 주소를 만드는 데에도 자존심이 강한 사춘기 클라이언트의 고집을 수용해 주느라 몇 달째 성공을 거두지 못했다.

워드프로세서 익히기는 학습에 대한 관심도나 끈기가 부족해 학습에 대해 더 요구하는 것이 학생 사회복지사들의 욕심 같아서 수정되었다. 게임은 또래친구들이나 동생 준수와의 강한 밀착관계로 학생 사회복지사들에게는 개입의 기회가 잘 주어지지 않았다.

ⓒ 서비스 제공에 따른 클라이언트의 변화요인

클라이언트는 초기에 비해 얼굴 표정이 밝아지고 수다스러움이 드러났는데 이는 학생 사회복지사들과의 만남에 의해서라기보다 다른 요인에 더 영향을 받은 듯했다.

- 가족강점 : 클라이언트를 전폭적으로 지지해 주는 조모가 늘 곁에 머물러 주신다. 어릴 때부터 양육해 온 관계로 클라이언트의 욕구에 대해 누구보다도 적절하게 잘 대응하신다.

  집에 돌아온 부와 새엄마도 클라이언트와 밀착관계를 어느 정도 형성하고 있다. 특히 새엄마는 클라이언트의 일상생활 수발을 돕고 등·하교에 동행하며 클라이언트 또한 많이 의존하고 신뢰하는 모습을 보인다.

  동생 준수는 클라이언트에 대해 보호본능까지 가지고 있는 듯 생각될 만큼 밀착되어 있고 클라이언트 또한 강한 애착과 의지하는 형제애를 발견할 수 있다.
- 사회적 강점 : 같은 동네에 사는 학급 친구들이 있어 때때로 클라이언트의 하굣길에 휠체어를 밀고 올 정도이며 새 컴퓨터의 구입으로 클라이언트의 친구뿐 아니라 동생 준수의 친구들까지 클라이언트의 집을 방문해 또래집단의 친

밀관계를 형성하고 있다.

ㄹ 학생 사회복지사들의 심리적 부담감

가족관계가 서로 강하게 밀착되어 있고 오히려 학생 사회복지사들이 방문할 때마다 손님처럼 대접해 주어 부담감을 느낄 정도였다. 클라이언트가 친구들과 게임에 열중해 있을 때면 학생 사회복지사의 방문이 클라이언트에게 번거롭다는 것을 느꼈다.

클라이언트가 고집이 세고 자존심이 강하여 쉽게 마음을 열어 주지 않아 신뢰관계를 형성해 나가기가 어려웠다. 클라이언트가 지닌 풍부한 자원과 강점을 비교해 볼 때 학생 사회복지사들의 정서적 지지서비스의 효과성이 낮다고 보아 사례종결의 필요성이 증가하게 되었다.

ㅁ 한 학기 동안의 정서적 서비스 사정에 따른 결론

나름대로 아쉬운 마음이 많았지만 학생 사회복지사 팀원들 나름대로의 사정(assessment)으로 서비스 제공의 효과성이 낮다고 판단되어, 교수님의 슈퍼비전을 기반으로 사례관리 종결을 결정하였다.

9월 1일 전체 학생 사회복지사들이 클라이언트를 방문하여 상황설명과 더불어 아쉬움과 고마움을 나누면서 마지막으로 방문했다.

클라이언트의 동생 준수에게도 유전 가능성이 제기되어 서울 ○○병원에 진료를 예약하였다. 여름방학기간에 동생 준수의 건강을 검사한 결과 유전인자가 발견되지 않아 정상적인 것으로 판단되나 병원에서는 1년 후 재진료의 필요성을 제안하였다.

(3) 중기개입단계 Ⅱ(2011. 9. 2. ~ 2012. 5. 현재까지)

2011년 9월 1일로 학생 사회복지사의 활동이 종료되고 클라이언트에 대한 관리는 ○○복지관과 ○○천주교회 빈첸시오회로 이관되어 2012년 5월 현재까지 지속적으로 관리되고 있다.

① ○○복지관

복지관에서는 재가복지담당 사회복지사를 배치하여 클라이언트에게 모금된 자금에 대한 관리와 후원자 관리, 수입지출에 대한 정리와 복지관에서 할 수 있는 각종 서비스 봉사를 제공하고 있다.

② ○○천주교회 빈첸시오회

담당자를 배치하여 수시로 클라이언트의 가정을 방문하여 클라이언트의 건강 상태, 등·하교 상황, 방과후 활동, 정서적 지원, 의료적 필요성 여부, 전동휠체어 관리상의 문제와 대책, 컴퓨터 활용 등을 파악하여 보호자와 상의하며 대책마련을 계획하는 활동을 한다. 또한 ○○천주교회에서는 상반기, 하반기에 의료비 지원 차원으로 클라이언트에게 장학금을 전달하고 있다.

③ 2011. 9. 1. ~ 2012. 5. 현재까지의 서비스 개입과 변화사정

㉠ 클라이언트의 일상생활

- 클라이언트는 전동휠체어를 타고 새엄마와 등교를 동행하고 동네 친구들이 하교를 함께하고 있으며 비가 오는 날에는 수동휠체어를 사용한다.
- 몸이 아플 때를 제외하곤 학교생활을 열심히 하며 학교에 대한 애착이 강하다.
- 다른 사람에게 불편을 주기 싫어 근이양증이 확대된 초등 3년 이후 등교 전 집에서 소변을 보면 학교에서 소변을 참았다가 오후 4시경 집에 돌아와서 소변을 보는 치밀한 자기관리 모습을 보이고 있다.
- 스스로 움직이지 못하기 때문에 항상 운동이 부족하여 소화불량과 변비의 어려움을 가지고 있다. 간혹 관장을 하거나 변비치료에 효과가 있는 발효액을 우유에 섞어 먹는다.

- 체구에 맞지 않는 유아용 좌변기를 사용하고 있어 새로 구입할 것을 가족들에게 권유했으나 아직 구비되지 않고 있다.
- 그동안 일상생활을 스스로 할 수 없어 조모와 동생, 최근에 새엄마의 도움에 많이 의존했지만 전동휠체어의 사용으로 조금이라도 자기 스스로 동작을 할 수 있게 되어 과거보다 생기 있는 모습을 보인다.

㉡ 지속적인 의료적 서비스

- 지역에서는 클라이언트를 위한 특수한 물리치료시설이 부족하기 때문에 몸이 마비되는 현상을 완화하고 치료하는 부분은 주로 가족들 특히 조모가 주물러 주는 것에 의존한다.
- 그동안 잦은 감기로 폐기능이 악화되어 폐렴으로 진전됨에 따라 2012년 1월에 ○○병원에 입원하여 치료를 받았다. 클라이언트의 부(父)는 서울에 가서 치료받기를 원하였으나, 여건이 여의치 못하여 가지 못했다. 계속적인 치료와 관리가 필요하다.
- 동생 준수도 지난 2011년 여름방학 때 1차 검진을 받아 정상으로 나타났으나 2012년 여름방학 동안 서울 ○○병원에서 재진단을 받기로 하였다.

㉢ 학교생활

2012년 중학교 3학년으로 진학하면서 2층에 있는 교실이 걱정이 되었으나 학교측의 배려로 클라이언트의 학급이 1층으로 배정되어 전동휠체어로 교실 출입이 가능해졌다. 특히 전동휠체어가 고장 나지 않도록 교장선생님 이하 선생님들이 학생들에게 주의를 주는 등 클라이언트에게 많은 관심을 가져 주고 있다.

㉣ 정서적 · 사회적 관계

새 컴퓨터를 구입한 후 예전에 주로 유선 텔레비전만 보던 방과후 활동이 컴퓨터

앞에서 보내는 일상으로 변화되었으나 주로 게임에만 열중하고 있어 학습효과는 미비하다. 그러나 손가락 운동을 유도할 수 있고 컴퓨터를 매개로 클라이언트의 학교 친구뿐만 아니라 동생 준수의 친구까지도 클라이언트의 집을 방문하고 있어 대인관계 형성의 좋은 기회를 갖고 있다.

복지관에서 어린이날 기념으로 그동안 들어온 후원금으로 손가락 운동을 돕고 기능강화를 위한 손에 들 수 있는 게임기를 선물하여 손가락 운동을 유도하고 있다.

ⓜ 가족 기능의 강화

2011년 1월 그동안 가출했던 클라이언트의 부(父)가 새엄마와 함께 집으로 돌아옴으로 인해 집안의 환경이 많이 좋아졌다. 새엄마는 정신적 수준이 조금 낮게 느껴지나 일상생활에서 모두 정상적으로 수행하고 있고 클라이언트 형제들이 엄마라고 부르며 잘 따르고 있으며 농담도 자주 하면서 아주 친하게 생활하고 있다.

- 클라이언트의 부는 2011년 할머니와 집안의 농사일을 열심히 하는 모습을 보여 왔으며 2012년부터 도색 일을 하고 있다.
- 클라이언트에 대해 부모가 자식을 양육하고 돌보며 병원에 데려가는 등 가족 구성원들이 각각의 기능을 수행하기 시작하여 일상생활에 있어서는 보편적 가정의 기능을 보이고 있어 후원자들의 부담을 크게 덜고 있다.
- 여전히 경제적 어려움이 있지만 가족 기능이 강하게 복원됨으로 해서 좋은 가정을 이루어 나갈 수 있으리라 보인다.

ⓑ 앞으로의 과제

- 향후 클라이언트의 고등학교 진학문제가 다가오는데 이는 가족의 큰 변화를 요구할 것으로 예상된다. 클라이언트의 고등학교 진학은 현재 면 지역에서 안동시 지역으로 이전이 필요하고 고등학교와의 가까운 주거지역 선택은 경제적 부담이 있다. 또한 가족들의 분가문제 등이 있다.

- 클라이언트의 조모는 집에서 통학이 가능한 고등학교에 진학하여 공부시키고 싶다며 안동의 임대아파트를 구입하기를 바라고 있다.
- 새엄마는 장애인 학교, 통학이 가능한 형태로 다닐 수 있는 학교에 대한 정보를 제공해 주기를 바라고 있다.
- 전동휠체어의 앞뒤 바퀴가 자주 펑크가 나서 예비로 타이어를 많이 준비하였으나 너무 잦은 문제가 있다. 2012년 4월에는 충전기의 고장으로 회사에 애프터서비스를 받은 적이 있다. 전동휠체어가 수입품이기 때문에 수리의 어려움이 있다.

5) 평 가

사례가 발견된 당시 클라이언트는 외부와의 사회관계가 미약하여 조모와 동생에 의해 일상생활과 학교생활을 전적으로 의존하며 지내고 있었다.

근이양증의 계속적인 진행으로 다리와 팔이 마비되어 수동휠체어로 생활하고 있었으며 클라이언트 집안의 빈곤한 경제력으로 여러 의료적 기회를 갖지 못하는 상황이었다.

이에 지역사회의 자원을 연계하여 의료적 자원을 동원하고 더불어 경제적 자원을 동원하기 위하여 언론기관에 홍보를 하는 등 여러 사회관계를 맺을 수 있도록 목표를 계획하고 지원하였다.

구체적으로 가장 시급한 전동휠체어 구입을 위한 모금홍보는 병원과 언론, 지역사회복지관, 지역사회자원을 통해 필요한 금액 이상으로 모금되어 클라이언트를 위한 전동휠체어 구입뿐만 아니라 앞으로의 클라이언트의 의료적 수요를 대비해 적금까지 마련될 정도로 도움이 모아졌다.

학교 주변 환경 개선에 있어서는 초기에는 여러 어려움을 수동적으로 적응할 수밖에 없었는데 지역사회자원과 학생 사회복지사들의 요구로 인해 클라이언트를 위하여 휠체어 길이 시멘트로 포장되고 비탈길이 닦여졌으며 클라이언트의 교실을 1층으로 하는 등 학교 측의 이해와 적극적인 참여를 유도해 낼 수 있었다.

주거환경의 개선필요성도 제기되어 클라이언트의 부(父)가 계획은 세웠지만 아직 여러 사정상 실행되지 못하고 있다.

학생 사회복지사의 정서적 지지 개입 서비스는 클라이언트와의 신뢰관계를 형성하기 위하여 클라이언트와 산책하기, 텔레비전 같이 보며 느낌 공유하기, 컴퓨터 게임 같이 하기, 편지 쓰기, 메일 주고받기, 부진한 학습 지도하기 등으로 계획되어 진행되었다.

이 과정에서 새 컴퓨터의 구입 등 자원이 확대됨에 따라 같은 동네에 살고 있는 클라이언트의 학교 친구, 클라이언트의 동생 친구들이 더욱 밀착되는 계기가 되었는데 이는 악성 근이양증으로 배타적이었던 클라이언트가 학생 사회복지사들의 정기적인 방문을 통해 사회관계를 넓히는 기회가 되었고 더불어 친구들의 방문에도 생기를 가지는 등 대인관계 기술의 변화를 보여주었다는 점에서 긍정적이라 하겠다.

더불어 가출에서 돌아온 클라이언트의 부와 새엄마로 인해 가족기능이 정상화되고 더욱 강화되어 가족이 건강한 상호작용을 하게 되어 구척 다행스러웠다.

6) 사례 요약

이 사례는 청소년기의 클라이언트가 근이양증이라는 장애에도 불구하고 청소년기를 건강하게 성장할 수 있도록 의료서비스와 정서적 지지서비스를 지원하기 위해 개입하였다.

사례발견 당시 구체적으로 의료서비스의 필요성이 제기되었고, 클라이언트 가정의 경제적 어려움을 해결하기 위한 모금활동도 표면화되어 지역사회의 자원(○○천주교회 빈첸시오회, ○○복지관)을 동원하여 서비스가 지원되었다. 더불어 클라이언트의 정서적 지지서비스의 개입이 요구되어 학생 사회복지사의 서비스가 병행되었다.

서비스가 진행됨에 따라 여러 자원이 확보되어 클라이언트의 생활활동이 확대되고 또래집단의 친밀관계 구축, 가족기능의 강화 등으로 충분히 정서적 지지기반이 이루어졌다고 판단됨에 따라 학생 사회복지사들의 활동은 사정을 거쳐 종료하였고, 총괄적인 클라이언트에 대한 사례관리는 지역사회 내의 타 기관(○○천주교회 빈첸시오회, ○○복지관)으로 이관하였다.

현재 클라이언트는 2013년 고등학교 진학문제를 가지고 있으며, 폐렴의 재발, 지속적인 물리치료, 전동휠체어의 잦은 고장 등이 해결되어야 할 과제로 나타나고 있다.

〈첨부 1〉 근육병(Muscular Dystrophy)에 관하여

1. 근육병이란?

중추신경계나 말초신경계의 손상이 없이 근육섬유에 변성이 생겨 점차 근육이 위축되고 힘이 없어지며 의지력으로 조절되지 않게 되는 근육질환의 하나로 통증이 없는 것이 특징이다. 점차 병이 진행되면 신체장애가 오고 심할 경우 호흡근육 마비로 숨지게 된다.

2. 원인과 종류

발병원인으로는 여러 가지 설이 있지만 대개 염색체나 신진대사의 이상, 바이러스 감염, 약물이나 알코올 등 독성물질의 중독에서 비롯된 것으로 진단하고 있으며, 진행성 근이양증(progressive muscular dystrophy)의 경우 모계유전의 경우가 많으나 원인을 찾지 못하는 경우도 많아 조기 발견이 어렵다.

듀센 근이양증(Duchenne Muscular Dystrophy)

원인 불명의 유전성 질병으로 성염색체와 관련이 있어 주로 남자에서 발생하고 여자에서는 드물다. 발병시기는 신생아기 또는 태내에서부터 근육 이상이 시작되어 혈청효소가 상승하며 증상의 출현시기는 개인에 따라 차이가 있으나 대개 보행이 시작된 후에 부모가 발견하는 수가 많으며 서서히 나타나므로 정확히 언제 발병하였는지를 인지하기는 힘들다. 초기에는 발가락으로 걷거나 다리를 넓게 벌려 허리를 흔들면서 걷는 보행, 배를 쑥 내밀고 걷는 보행들이 나타나며 차츰 계단을 오르는 것이 힘들어지고 외관상 무릎 위 대퇴부 근육이 위축되어 가늘어지면서 반대로 무릎 아래 종아리 근육이 굵어지며, 누운 상태에서 일어나려면 먼저 손을 사용하여 옆으로 누운 다음 다시 손을 이용하여 앉은 후 손을 무릎에 짚고 손을 조금씩 허벅지로 옮기면서 서게 된다.

그 외에 관절구축, 심전도 이상, 호흡기능장애, 경한 지능장애 등이 나타나며 근육의 힘이 점차 약해지면 보조기와 목발로 걷게 되고 12~15세 정도가 되면 걷지 못하여 휠체어를 사용하게 되며 자세가 바르지 못하여 흉부 기형으로 폐가 눌리면서 호흡이 곤란해진다. 사인은 심부전과 호흡부전으로 대부분 20~25세에 이르러 심장병이나 폐렴 등으로 사망하게 되나 최근에는 보존적인 처치가 발달되어 호흡기 감염에 의한 사망은 감소하고 있다.

6. 사례관리 양식[4)]

사례관리 과정과 기록양식

과 정	기록양식
초기면접(Intake)	1. 초기면접지 2. 사례관리 동의서
사정	3. 사례관리 사정표
계획	4. 사례관리 계획 및 평가표
실행	5. 사례관리 과정기록지 6. 서비스 의뢰서 7. 사례보고서 8. 슈퍼비전 일지
종결	8. 사례관리 종결보고서

출처 : 인천광역시사회복지관협회 · 사례관리연구회(2009), 『인천광역시 사회복지관 사례관리 실천을 위한 매뉴얼 연구보고서』.

4) 한국사례관리학회(2011), 『2011년 사례관리실무자 기초교육 강사양성을 위한 교육자료』 중 유명이의 발표 내용을 발췌한 것임.

초기면접지

접수번호		일시	
면접자		장소	□가정 □내방 □전화 □지역사회기관
면접참여자			
면접경로	□본인 요청( ) □기관 내부 의뢰( ) □주민 의뢰( )	□사례관리자의 발굴 □타 기관 의뢰( ) □기타( )	
상담 장소	□가정 □내방 □전화 □지역사회기관( )		

대상자		주민번호	
주소		전화번호	
후견인	성명 : 관계 :	전화번호	
장애유형/급		건강 상태	□양호 □질병
보호 구분	□수급 □조건부수급 □저소득/차상위 □기타(의료보호/영유아보육지원, 보훈 등)		
주거 상태	□자택 □전세 □월세 □영구임대 □기타( )		

가족사항	관계	성명	나이	직업	결혼 상태	동거 여부	연락처	기타
대상자의 진술(도움 요청 내용)								
면접자 평가								
	대상판정	□대상(긴급 / 일반) □비대상(정보 제공 / 연계( ))						

■ 초기면접지 작성법

- 후견인 : 친족 외에 대상자를 보호하고 있거나 근거리 지원체계가 되고 있는 사람이다. 법적 후견인 자격과 무관하다.
- 장애유형/급 : 법적 장애인으로 등록된 경우 유형과 등급 표시
- 가족사항 : 가족과 현재 동거인을 포함하여 기록한다.
- 도움요청 내용 : 대상자가 진술하는 어려움과 도움의 내용을 진술문의 원형 그대로 기록하는 것을 원칙으로 한다. 대상자 이외의 사람이 제시한 유의미한 요청이 있을 경우 기록하며 이때는 누구의 진술인지 반드시 함께 기록하여야 한다.
- 면접자 평가 : 면접자는 대상자의 진술과 조사된 객관적 정보를 중심으로 사례관리서비스 제공 여부 및 위험도에 대한 사정을 실시한 후 평가란에 기록한다.
- 대상판정 : 본 복지(기)관의 사례관리서비스 대상으로 적합한지 그렇지 않은지를 판정한다. 사례관리서비스 대상으로 판정된 경우 대상자의 도움 요청 내용에 따라 긴급개입 및 일반개입 여부를 판정, 긴급개입이 필요한 경우 사례관리자 배정과 사정 및 개입이 신속히 진행될 수 있도록 처리한다. 비대상으로 판정된 경우 타 기관 및 서비스에 대한 정보를 제공하거나 의뢰한다. 이 단계에서 실행되는 의뢰는 '서비스의뢰서'를 사용하지 않아도 되며 구체적인 대상기관과 담당자에게 직접 연결하는 것을 의미한다.

사례관리 동의서

- 본 사회복지(기)관의 사업 및 사례관리서비스에 대해 설명해 드리겠습니다.
- 본 사회복지(기)관은 귀하의 사회복지 요구를 해결하기 위해 최선의 사례관리 서비스를 제공하도록 노력하겠습니다.
- 아래의 목적 이외에 귀하의 개인적인 정보가 노출되지 않도록 하겠습니다.

○○사회복지(기)관장 (인)

본인은 귀 ○○사회복지(기)관에 관한 소개와 사례관리서비스의 과정 및 내용에 대한 설명을 충분히 듣고 이해했습니다. ( )

- 본 동의서 작성일로부터 귀 복지(기)관에서 제공하는 사례관리서비스를 제공받는 것에 동의합니다. .... ( )
- 사례관리서비스를 위해 필요한 정보를 제공하는 등 제반 활동에 함께 참여하겠습니다. .... ( )
- 본인과 관련된 정보가 서비스의 질적 향상과 전문가 양성을 위한 교육 및 학문적 목적을 위해서 사용되는 것에 동의합니다. .... ( )

20___년 ___월 ___일

성 명 : ________________(인)

후견인 : ______________ /관계 : _____(인)

■ 사례관리 동의서 작성법

초기면접을 통해 서비스 대상자로 판단된 경우 면접자는 본 기관에서 실행되는 사례관리서비스의 과정 및 내용에 관해 설명한다. 이때 기관안내문과 사례관리 안내문 및 그에 준하는 문건을 사용하여 최대한 자세하고 쉬운 말로 설명하여야 하며 설명 후 이 문건은 대상자 또는 후견인에게 제공한다.

면접자는 대상자 또는 후견인에게 동의서의 내용을 설명하고 충분히 이해하였다고 생각된다면 이름을 기록하고 직접 서명하도록 안내한다.

동의서는 2장을 서명하여 사례관리자와 대상자(후견인)가 각각 1부씩 보관한다.

■ 사례관리 사정표 작성법

- 욕구의 유형 : 욕구의 주체이거나 욕구해결을 위해 관련된 체계를 기준으로 구분한다. 유형을 구분하기 어렵거나 복수의 유형과 연관된 경우 기타 의미 있는 욕구로 분류한다.
- 우선순위 : 모든 욕구에 대한 사정이 끝난 후 대상자의 호소 정도, 객관적 긴급성, 해결가능성, 현실 관련성 등을 고려하여 전체 욕구를 대상으로 우선순위화한다. 문제해결을 위해 한 번에 선택되는 요구는 3개를 넘지 않는 것이 좋다.
- 제시된 욕구 : 대상자, 가족, 기타 의미 있는 타인이 진술하는 욕구를 진술문의 원형 그대로 기술한다(예 : 남편이 술이나 먹지 않으면 살겠어요). 대상자 이외의 사람(가족이나 의뢰자)이 제시한 욕구라면 제시자가 누구인지, 누구의 욕구인지를 기록한다. 대상자가 동의하지 않았으나 사례관리자가 개입이 필요하다고 관찰되어진 내용 역시 사례관리자의 진술에 의한 욕구로 기록할 수 있다. 욕구들은 각 유형으로 분류하여 기록한다.

- 이용 가능한 자원 : 앞서 제시된 욕구의 해결을 위한 자원으로써 대상자의 내적인 강점과 환경적인 자원을 포함하여 기술한다. 현재 문제와 직접 연결되지 않더라도 이전에 클라이언트나 가족이 이용하였거나 이용가능성이 있다고 판단되는 모든 자원에 대한 사정이 포함되면 더욱 바람직하다.
- 내/외적 장애물 : 제시된 욕구의 해결에 방해가 되는 장애요인에 대해 내부 장애물과 외부 장애물로 나누어 사정한다. 장애물의 유형은 클라이언트와 가족의 신체적, 정신적, 외부 환경적 장애물로 대별된다. 이 때 신체적·정신적 문제를 제시할 경우 반드시 객관적 근거가 동시에 명시되어야 한다. 예를 들어, 우울증(병원, 진단명 등)을 들 수 있다. 구체적 근거 없는 장애물의 경우 진단을 위한 의뢰 노력이 반드시 요구된다.
- 척도를 이용한 사정 : 객관적인 사정을 위해 생태도, 가계도 및 기타 표준화를 거쳐 보급되고 있는 척도들을 사용하여 사정하고 그 결과를 기록한다. 척도를 사용할 경우 측정일시, 측정자, 결과 그리고 측정자의 소견이 기록되어야 한다.
- 사례관리자는 사정결과를 종합하여 사례관리 수준을 긴급, 집중, 일반으로 판정한다("사례관리 수준판정의 예시" 참조).
- 종합 Comment : 사정자는 사례관리 사정에 대한 이론적 및 경험적 근거를 기록한다. 수집된 정보를 바탕으로 위의 사정에 이르게 된 경위에 대해 전문적 설명을 제시하며 사례관리 수준판정의 근거를 설명한다. 기록의 분량은 자율적으로 하되 반드시 기록한다.

사례관리 사정표

등록 일시		대상자		사례관리자	
사정 일시	20 . . .	유형	□신규 □재사정	정보제공자	

유형	우선순위	제시된 욕구	이용 가능한 자원(강점)	내/외적 장애물
개인 수준의 욕구				
가족 수준의 욕구				
기관 및 조직 수준의 욕구				
지역사회 및 정책 수준의 욕구				
기타 의미 있는 욕구				

척도를 이용한 사정	척도 종류	사정결과
사례관리 수준 판정	□긴급 □집중 □일반	
종합 comment		

■ 사례관리 대상자 수준판정 기준 및 예시

관리 수준	사례관리 수준판정 기준 및 예시
긴급	• 클라이언트, 가족 혹은 의뢰자의 판단으로 긴급개입이 요청된 경우 • 의식주 관련 긴급 상황이 발생했을 경우(예 : 결식(1일 이상), 주거 상태의 응급 상황(난방시설, 위생 상태 등), 3개월 이상 관리비 체납 등) • 폭력사건(아동학대, 가족폭력, 성폭력, 자살 등)이 일어난 직후 또는 발생 위험성이 높다고 판단된 경우 • 질병의 급격한 재발과 건강의 악화로 치료가 필요한 경우(예 : 정신질환의 재발로 인해 자해 및 타해 위험성이 있어 의료적 치료가 필요한 경우) • 위의 상황으로 인해 법적, 의료적, 경제적 지원이 긴급히 요청되는 경우 • 클라이언트나 가족을 위한 긴급개입이 요청되나 가족 등 자연적 지지체계가 적절한 작동을 하지 못하는 경우 • 갑작스런 사고(실직, 사고, 가족원의 사망 등)로 인해 경제적 및 사회적으로 위기 상황에 직면한 경우
집중	• 부채 관련 문제가 가족의 생계비에 직접적인 영향을 끼치고 있으나 이를 위한 적절한 관리를 위한 전문적, 법적 체계와 연결되어 있지 않은 경우 • 클라이언트 혹은 가족을 위해 긴급한 의료적 진단과 개입이 요구되나 현 시점에서 자연적 자원 연결이 불가능한 경우 • 클라이언트 혹은 가족을 위해 정신의료적 사정과 개입이 요구되나 현 시점에서 자연적 자원 연결이 불가능한 경우 • 클라이언트 혹은 가족이 심각한 의료적 문제, 물질중독 문제(알코올과 마약중독 등), 행태중독 문제(오락, 게임, 도박중독 등), 정신질환 문제(정신분열병, 우울증 등)가 있으나 치료를 위한 적절한 지원체계와 연결되어 있지 못한 경우 • 클라이언트 혹은 가족원이 가족폭력(성학대를 포함하여 방임과 학대) 사건이 연루되어 있거나 학대가능성이 있으나 현 상황에서 가족원의 안전계획(safety plan) 문제해결을 위해 관련 기관의 충분한 협력을 얻을 수 없는 경우 • 사정을 위해 3개 이상 전문체계의 연계가 요청되나 현 시점에서 주 사례관리체계와 주 사례관리자에 대한 동의가 이루어지지 않는 경우 • 클라이언트나 가족원이 법적 체계와 직접 연결되어 있는 경우(예 : 보호관찰 대상자, 수감자 등) • 복합적인 욕구사정으로 인해 초기 접수 후 한 달 이상 가정방문을 포함하여 주 2회 이상 대면상담이 이루어진 경우 • 긴급사례관리 대상자로서 긴급개입 이후 위기 상황이 종료되었으나 일정 기간 집중적 개입이 요청되는 경우 • 기타 클라이언트, 가족 혹은 의뢰자에 의해 집중적 개입이 요청된 경우
일반	• 긴급 및 집중 사례관리 수준에 해당되지 않는 대상자로서 장기적인 사례관리가 필요한 경우

사례관리 계획 및 평가표

등록번호		대상자		사례관리자		일시	20 . . .	유형	□신규 □재사정	사례관리 수준	□긴급 □집중 □일반

우선순위	제시된 욕구(장기목표)		합의된 목표(단기목표)	실천계획	빈도(회/주)	담당(기관(부서)/(담당))		개입기간	평가
						내부	외부		
									□달성(정도:) □연장 □재사정
	욕구 수준	개입 전( )/개입 후( )							
									□달성(정도:) □연장 □재사정
	욕구 수준	개입 전( )/개입 후( )							
									□달성(정도:) □연장 □재사정
	욕구 수준	개입 전( )/개입 후( )							
									□달성(정도:) □연장 □재사정
	욕구 수준	개입 전( )/개입 후( )							

상기와 같은 서비스 제공 및 이용에 동의하며 계획된 목표를 성취하기 위해 적극적으로 참여하고 협력할 것을 상호 약속합니다.

20___년 ___월 ___일

성명 : ________(인) 후견인 : _________/관계 :____(인) 사례관리자_______(인)

■ 사례관리 계획 및 점검표 작성법

- 우선순위 : 사례관리 사정표에서 우선순위화한 욕구를 순서대로 재정렬하여 기록한다.
- 제시된 욕구(장기목표) : 사례관리 사정표의 제시된 욕구를 장기목표로 기술한다. 이때 누구에 의해 제시된 욕구인지 함께 기록한다.
- 욕구수준 : 사례관리 계획단계(개입 전)와 점검단계(개입 후)에 제시된 욕구의 심각도를 10점 척도로 평가하여 기록한다.
- 합의된 목표(단기목표) : 합의된 목표는 제시된 욕구의 해결을 위해 사례관리자와 대상자가 단계적으로 추진하기 위한 세부목표이다. 단기목표는 행동적이고, 가시적이며, 수치화할 수 있도록 기술하며 단문으로 기술한다. 제시된 목표를 수행하기 위한 단계적 목표로써 3개월 이내 재사정하여 다음 단계로 진행할 수 있도록 한다.
- 실천계획 : 합의된 목표(단기목표)를 달성하기 위한 실천방법으로서 계획의 실행자, 장소, 관련 자원 등을 포함해 구체적으로 기술한다. 이때 클라이언트가 실행자로서 반드시 포함될 수 있도록 한다.
- 빈도 : 실천계획에 의한 주당 서비스 제공 횟수를 기록한다.
- 담당 : 실천계획을 실행할 사람(기관)으로서 기관 내부에서 담당할 경우 부서와 담당자의 이름, 외부기관에 의해 제공될 경우 기관명과 담당자의 이름을 기록한다. 대상자 또는 가족 역시 담당자가 될 수 있다. 내부와 외부의 기관이 공동으로 담당할 경우 모두 기록하며 주담당자를 표시한다(예: (주)).
- 개입기간 : 해당 실천계획의 실제적인 실행기간으로 기간의 종료일은 목표달성일과 평가일이 된다.
- 점검 : 각 실천계획의 실행 종료일 또는 정기적 재사정일에 목표달성 여부에 관해서 점검한다. 점검 결과는 '달성', '연장', '재사정'으로 구분하여 ∨표하고

그에 대한 설명을 기록한다. '달성'으로 평가된 경우 목표달성 정도를 10점 척도로 평가하여 기록한다.

- 계약서 : 전체적인 실천계획을 수립한 후 대상자 및 후견인에게 내용을 설명하고, 서비스 실행과 참여에 관한 계약서를 작성한다. 계약과정에서는 사례관리자와 내담자 및 후견인의 역할에 관해서 구체적으로 합의한다.

사례관리 과정기록지

등록번호		대상자		사례관리자	

일시	구분	접촉 방법	접촉 대상	내용	소요시간 (분)

■ 사례관리 과정기록지의 작성법

- 사례관리서비스 및 그와 관련된 제반 사항들을 시간진행순서에 따라 기록한다.
- 각 복지(기)관에서 사용하는 전산프로그램에 서비스 일지 또는 상담일지를 사용하고 있다면 그것으로 대체할 수 있다.
- 구분 : 직접서비스(D: 사례관리자의 행동이 들어간 서비스. 상담, 자원제공, 자원조사, 연계, 의뢰 등), 자원활용(R: 사례관리자가 동행하지 않은 기관 내 사례관리팀 이외의 부서, 타 기관이나 조직 등이 제공한 서비스. 예: 미술치료, 방과후교실, 병원진료, 자원봉사자의 방문 등). 자원활용의 경우 매회 기록할 수 없지만 가능한 대상자가 받고 있는 서비스의 총체를 기록한다.
- 접촉방법 : 전화, 내방, 방문, 메일, 기타
- 내용 : 사례관리 계획표에 의한 서비스의 제공, 각종 회의(사례회의, 통합사례회의, 솔루션위원회) 및 슈퍼비전에 논제로 상정된 경우, 평가, 재사정, 서비스 조정, 기타 대상자와 관련된 정보를 기록한다. 기록은 SOAP형식에 따라 기록하는 것을 원칙으로 한다. 각 과정에 대한 기록하단에 다음 과정에 대한 계획(P)의 명시는 SOAP기록 방식의 적용 유무에 상관없이 반드시 기록되어야 한다. 육하원칙에 따라 구체적인 내용이 드러나도록 예를 들어, 2주 후 몇 시에 어디에서 클라이언트와 면담 예정/과제 확인 및 의뢰서비스 제공 유무 확인 요함 등으로 기록한다. 정기적으로 반복되는 서비스는 서비스명만 기록한다.
- 소요시간 : 사례관리자에 의해 제공되는 직접서비스를 제공하는 데 소요된 시간을 '분' 단위로 기록한다.

서비스 의뢰서

기관명 : ________________ 담당자 : ________________귀하

등록번호		대상자		성별/나이	
주소				전화번호	
후견인 성명		(관계)		전화번호	
보호 구분		장애유형		사례관리자	

사례 요약	
의뢰 내용	
첨부 내용	

본 기관의 대상자에게 전문적 서비스 제공을 통해 효과적인 문제해결을 지원하고자 위와 같이 의뢰하오니 협조하여 주시기 바랍니다.

20___년 ___월 ___일

의뢰기관명 : ________________

사례관리자 : ________________

연락처 : ________________

■ 서비스 의뢰서 작성법

- 의뢰서 작성 이전에 직접 또는 전화상으로 해당 기관의 담당자와 의뢰에 관한 조율을 하고 의뢰가 합의된 후 서류를 작성하여 전달하도록 한다.
- 해당 기관의 담당자에게 첨부서류와 함께 의뢰서를 전달하도록 한다. 기관의 행정규정에 따라 공문을 첨부하여 공식적으로 전달하는 것이 좋다.
- 사례 요약 : 대상자의 욕구 및 목표, 서비스 실행 내용 및 과정 등에 대해 기록한다.
- 의뢰 내용 : 서비스 의뢰와 관련한 욕구, 목표를 기술하며, 구체적으로 의뢰하는 서비스의 내용과 빈도에 대해서 기록할 수 있다. 사례관리자가 지속적으로 서비스 제공과정을 모니터링할 계획이라면 그 빈도와 방법에 대한 내용도 기록한다.
- 첨부 내용 : 공유의 필요성에 따라 '초기면접지', '사례관리 사정표', '사례관리 계획 및 평가표' 등을 첨부할 수 있다.
- 서비스 의뢰서의 원본은 의뢰기관에 전달하고 사본은 본 기관에서 보관한다.
- 서비스 의뢰서 전달에 관해 '사례관리 과정기록지'에 기록한다.

사례보고서 I

등록번호		대상자		성별/나이	
사례보고일	20 . . .	사례회의 유형	□ 사례회의 □ 통합사례회의 □ 솔루션위원회	사례관리자	

1. 사례요약
   1) 기본 정보
      - 인구통계학적 정보
      - 클라이언트 사항
      - 가족사항 및 가계도
   2) 의뢰과정 및 내용 요약
   3) 욕구
      ① 제시된 욕구(대상자 가족, 의뢰인이 제시한 욕구를 포함)
      ② 합의된 목표
   4) 자원 및 장애물 사정
   5) 사정의 근거
2. 개입내용
3. 사례계획
4. 논의요점 내용
5. 회의로부터 권고(슈퍼비전) 내용
6. 재평가일

사례보고서 II (최초 사례보고 이후)

1. 사례 요약
2. 지난 회의 권고사항
3. 현재 상태
4. 사례 계획
5. 회의로부터 권고(슈퍼비전) 내용
6. 재평가일

■ 사례보고서 작성법

- 사례관리서비스의 조정 및 점검을 위해 전문가 및 기관 사례회의를 정기적으로 실시하며 그것에 대해 기록한다.
- 각종 사례관리회의에 사례논의를 상정할 경우에는 사례보고서 양식에 따라 보고서를 작성하여 보고한다.
- '사례보고서 I' 양식은 최초보고를 위해 사용하고, 다음 사례회의에서 이전 회의 권고사항의 실행경과에 대해서 보고하거나 동일 사례에 대해 다른 논의사항이 있을 경우 '사례보고서 II' 양식을 사용한다.
- 사례회의에서 논의된 결과(팀 권고사항)를 사후 기록하여 보고서를 완성한다.
- 사례회의에선 논의된 권고사항은 '사례관리 과정 기록지'에 기록한다.

■ 슈퍼비전 일지 작성법

'슈퍼비전 일지'의 사용 유무는 기본적으로 사례관리자와 기관 간 합의에 기반해 결정한다. 슈퍼비전에 대한 기록은 매우 중요하지만 사례관리자의 모든 활동은 슈퍼비전의 내용이 묻어난 것이라는 점을 감안한다면 별도의 슈퍼비전 일지를 작성하는 것이 효율적인지에 대해 생각해 볼 필요가 있다. 특히 통합사례관리팀 등 외부의 투입까지 포함하고 있는 본 모델의 경우 별도의 일지를 작성하기보다는 통합사례관리팀의 권고내용을 보고서나 과정기록에 명시하는 것이 더 중요할 수 있다. 단 집단슈퍼비전의 경우 혹은 사례관리자와 슈퍼바이저의 합의로 슈퍼비전에 대한 중요한 내용에 대한 별도의 요약이 필요하다고 동의한 시점이나 내용에 관해서는 제한적이지만 활용이 가능할 수 있으므로 소개한다.

사례관리 제__차 슈퍼비전 일지

<table>
<tr><td colspan="2">일시</td><td>20 년 월 일( ) : - :</td></tr>
<tr><td colspan="2">장소</td><td></td></tr>
<tr><td rowspan="2">참석자</td><td>슈퍼바이저</td><td></td></tr>
<tr><td>실무자</td><td></td></tr>
<tr><td rowspan="3">슈퍼비전 내용</td><td>임상사례</td><td></td></tr>
<tr><td>운영체계</td><td></td></tr>
<tr><td>기 타</td><td></td></tr>
<tr><td colspan="2">다음 모임 계획</td><td></td></tr>
</table>

기록자 : __________

사례관리 종결보고서

<table>
<tr><td>등록번호</td><td></td><td>대상자</td><td></td><td>사례관리자</td><td></td></tr>
<tr><td>주소</td><td colspan="3"></td><td>연락처</td><td></td></tr>
<tr><td>등록일</td><td colspan="3"></td><td>종결일</td><td></td></tr>
<tr><td rowspan="3">종결 유형 및 사유</td><td>유형</td><td colspan="4">사유</td></tr>
<tr><td>□클라이언트에 의한 종결</td><td colspan="4">□사망 □시설 입소 □이주 □목표달성 □상황 호전
□타 기관 이용 □거절이나 포기 □약속 불이행
□기타 □클라이언트의 소극적 참여</td></tr>
<tr><td>□기타 사유에 의한 종결</td><td colspan="4">□기관의 업무 조정 □기관의 사례기한 제한
□기관법인의 교체 □원칙 변경
□기관의 자원·능력의 한계</td></tr>
<tr><td>서비스 제공 요약</td><td colspan="5"></td></tr>
<tr><td rowspan="3">대상자 변화 사항</td><td colspan="2">초기 상황</td><td colspan="3">종결 상황</td></tr>
<tr><td colspan="2"></td><td colspan="3"></td></tr>
<tr><td colspan="2"></td><td colspan="3"></td></tr>
<tr><td>사례관리자 의견</td><td colspan="5"></td></tr>
<tr><td>사후관리 계획</td><td colspan="5"></td></tr>
</table>

■ 사례관리 종결보고서 작성법

- 종결사유 : 사례관리서비스를 종결하게 된 궁극적인 사유(클라이언트에 의한 종결, 사례관리자나 기관에 의한 종결, 기타 사유 등)를 표시한다 기타 사유의 경우 좀 더 구체적으로 기록한다. 예를 들어 타 기관으로의 의뢰로 인한 종결 등으로 기록한다.
- 서비스 제공 요약 : 서비스 욕구의 유형에 따른 직접(I) 또는 연계서비스(R)의 내용과 투입시간의 총량을 계산하여 기록한다.
- 대상자 변화 사항 : 사례관리 개입 전과 후의 상황을 욕구를 중심으로 비교 평가하여 기술한다. 이때 생태도 및 기타 척도나 평가도구를 활용하여 객관적인 평가할 수 있다.
- 사후관리 계획 : 사후관리 기간, 방법을 기술한다.

참고문헌

구자헌(1991), 한국사회복지사, 홍익제.
김기태 외(2002), 사회복지실천론, 양서원.
김기태・김수환・김영호・박지영(2007), 사회복지실천론, 공동체.
김동배・권중돈(1999), 인간행동 이론과 사회복지실천, 학지사.
김성이(2002), 사회복지의 발달과 사상, 이화여자대학교 출판부.
박경애(1998), 인지・정서・행동치료, 학지사.
박종삼 외(2002), 사회복지학개론, 학지사.
서미경 외 (2000), 사회복지실천윤리, 양서원.
설기문(2002), 인간관계와 정신건강, 학지사.
양옥경 외(2000), 사회복지실천론, 나남출판.
양정남・최선령(2002), 사회복지실천론, 양서원.
엄명용・노충래・김용석(2009), 사회복지실천기술의 이해, 학지사.
엄명용 외(2000, 2005), 사회복지실천의 이해, 학지사.
윤현숙 외(2001), 사회복지실천기술론, 동인.
이근홍(1996), "한국 재가노인의 사례관리 실천모형에 관한 연구", 중앙대학교 대학원 박사학위논문.
이근홍(2001), 케이스 매니지먼트, 대학출판사.
이영분 외(2001), 사회복지실천론, 동인.
이영호(2011), 사회복지실천기술론, 공동체.
이윤로 외 역(2003), 사회사업실천기술론, 현학사.
이민규(2003), 생각을 바꾸면 세상이 달라진다, 교육과학사.
이형득 외(1997), 상담의 이론적 접근, 형설출판사.
임현진 외(1998), 한국인의 삶의 질 : 신체적・심리적 안전, 서울대학교 출판부(공편).
임현진 외(1997), "신체적, 심리적 안전과 삶의 질 : 경험적 분석", 한국인구학, 20(1), 한국인구학회.
장인협(1995), 지역복지실천방법론－케어/케이스관리－, 서울대학교 출판부.
장인협(1996), 사회사업실천방법론(上) : 기초 이론, 서울대학교 출판부.
장인협(1996), 사회사업실천방법론(下) : 응용 이론, 서울대학교 출판부.
장수미 외(2010), 사회복지실천기술론, 학지사.
전재일 외(2001), 사회복지실천론, 형설출판사.
전재일・이성희(2002), 사회복지실천기술론, 형설출판사.
전재일・이준상(2003), 사례관리론, 사회복지개발연구원.
정무성・정진모(2001), 사회복지프로그램 개발과 평가, 양서원.
정순둘(2005), "한국사회복지실천의 현실진단과 과제", 2005년 한국사회복지학회 춘계학술대회 자료집.

조두영(2000), 프로이트와 한국문학, 일조각.
조휘일 · 이윤로(1999), 사회복지실천론, 학지사.
지은구 · 조성숙(2010), 지역사회복지론, 학지사.
최일섭(2008), "한국사회복지학 실천의 동향과 과제", 한국비영리연구, 6(3).
한국사회복지학회(2007), 한국사회복지학회 50년사.
한재희(2002), 상담패러다임의 이론과 실제, 교육아카데미.
현외성 외(1998), 한국노인복지학 강론, 유풍출판사.
홍선미(1999), "임상사회사업의 발전과 과제", 사회복지연구, 14.

A. Pincus, & A. Minahan, 문인숙 외 역(1988), 사회사업방법론 : 통합적 접근, 보진재.
A. T. Beck, J. Rush, B. F. Shau, & G. Emery, 원호택 외 역(1997), 우울증의 인지치료, 학지사.
B. Sheafer, C. Horejsi, & G. Horejsi, 서울대 사회복지실천연구회 역 · 김혜란 감수(1999), 사회복지실천기법과 지침, 나남출판.
Collins, Jordan, & Coleman, 이화여자대학교 사회복지연구회 역(2001), 가족복지실천론, 나눔의 집.
Cynthia Cannon Poindexter, Deborah Valentine, & Patricia Conway, 이윤로 외 역(2003), 사회사업실천기술론, 현학사.
G. V. Caprara, & D. Cervone, 이한규 · 김기민 역(2005), 성격탐구, 학지사
Hepworth, Roomy, & Larsen, 허남순 외 역(2004), 사회복지실천 이론과 기술, 나눔의 집.
L. A. Hjelle, & D. J. Ziegler, 이훈구 역(1998), 성격심리학, 법문사.
Lambert Maguire, 장인협 · 오세란 역(1996), 사회지지체계론, 사회복지실천연구소.
Maria O'Neil, McMahon, 오창순 외 공역(2001), 사회복지실천론, 아시아 미디어리서치.
NASW, 이문국 · 이용표 외 역(1999), 사회복지대백과사전, 19판, 나눔의 집.
Beck, A. T.(1976), *Cognitive Therapy and the Emotional Disorders*, NY : International Universities Press.
Biestek, F. P.(1957), *The Casework Relationship*, Illinois : Loyola Univ. Press.
Brill, N.(1985), *Working with people : The helping process*(3rd ed.), White Plains, NY : Longman.
Brown, J. A.(1992), *Handbook of Social Work Practice*, Springfield, IL : Charles C Thomas Publisher.
Caplan, G.(1974,) *Support systems and community mental health : Lectures on concept development*, New York : Behavioral Publications.
Compton, B. R., & Galaway, B.(1989), *Social Work Processes*(4th ed.), Belmont, CA. : Wadsworth Publishing Company.
Compton, B. R., & Galaway, B.(1999), *Social Work Processes*(6th ed.), Pacific Grove, CA : Books/Cole Publishing Company.
Dolgoff, R., Feildstein, D., & Skolnik, L.(1997), *Understanding social welfare*, New York : Longman.
Dorfman, R.(1988), *Paradigms of clinical social work*, Brunner/Mazel, New York.

Goldstein, H.(Ed.)(1984), *Creative change : A cognitive-humanistic approach to social work practice*, New York : Tavistock.

Gordon, W. E.(1969), Basic contracts for an integrative and generative conception of social work, In G. Hearn(Ed.), *The general systems approach : Contributions toward a holistic conception of social work*, NY : Council on Social Work Education.

Hepworth, D., Rooney, R., & Larsen, J. A.(1997), *Direct Social Work Practice : Theory and Skills*(5th ed.), CA: Wadsworth Publishing Company.

Hjelle, L. A., & Ziegler, D. J.(1981), *Personality Theory*(2nd ed.), McGraw-Hill International Book Company.

Hollis, F.(1970), "The Psycho-Social Approach to the Practice of Casework", In Robert & Nee(Eds.), *Theories of social casework*, Chicago : Chicago Univ. Press.

Kirst-Ashman, K. K., & Hull, Jr. G. H.(1999), *Understanding generalist practice*, Chicago : Nelson-Hall.

Liberman, R. P., Derisi, W. J., & Mueser, K. T., 김철권 · 변원탄 공역(2000), 정신과 환자를 위한 사회기술훈련, 하나의학사.

Mishra, R.(1984), *The Welfare State in Crisis : Social Thought and Social Change*, Sussex : Wheatsheaf Books Ltd.

Payne, M.(1996), *What is professional social work?*, Venture Press, Birmingham, BK.

Perlman, H. H.(1986), "The problem-solving model", In F. Turner(Eds.), *Social Work Treatment : Interlocking theoretical approach*(3rd. ed.), NY : Free Press.

Pumphrey, R. E., & Pumphrey, M. W.(1961), *The Heritage of American social work*, NY : Columbia University Press.

Reid, W. J.(1977), *The task-centered practice*, New York : Columbia Univ. Press.

Rothman, J.(1991), "A Model of case management : Toward Empirically Based Practice", *Social Work, 36*(6), Silver Spring, MD : National Association of Social Workers, Inc.

Rothman, J.(1992), *Guideline for Case Management*, Itasca, IL : Peacock Publishers.

Satir, V.(1967), *Conjoint family therapy*, Palo Alto, CA : Science and Behavior Books.

Satir, V., & Baldwin, M.(1983), *Satir step by step : A guide to creating change in families*, Palo Alto, CA : Science and Behavior Books.

Sheafor, B., C. Horejsi, & G. Hoejsi(1997), *Techniques and Guidelines for Social Work Practice*, Boston : Allyn and Bacon.

Smalley, R. E.(1970), The Functional Approach to Casework, In R. W. Roberts and R. H. Nee(Ed.), *Theories of Social Casework* (pp.77-128), Chicago : University of Chicago Press.

Zastraw, C.(1995), *The Practice of Social Work*(5th ed.), Brooks/Cole Publishing Company.

찾아보기

저/자/약/력

■ 도 광 조

숭실대학교 대학원 사회복지학과 박사(사회복지방법론 전공)
경북대학교 대학원 사회학과 박사
현, 동양대학교 사회복지학과 교수
영주시 지역사회복지협의체 공동위원장 역임
가톨릭상지대학 사회복지과 교수 역임
보건복지부 사회서비스 제공기관 품질평가위원 역임
보건복지부 사회복지시설평가단 사회복지관평가위원 역임
여성부 여대생 자원봉사 프로그램 공모 심사위원 역임
경상북도 사회복지공동모금회 배분분과 위원, 프로그램 심사위원 역임
경상북도 사회복지협의회 정책자문위원 역임
(사)안동자원봉사센터 사무국장 역임
안동시자원봉사센터 소장 역임
한국노년학회 편집위원 역임
한국사회복지학회, 한국노인복지학회, 한국노년학회, 한국지역사회복지학회,
한국사례관리학회 회원

〈주요 저서 및 논문〉

사회복지개론, 사회복지실천론, 사회복지실천기술론, 노인복지, 안동지역 사회환경 · 복지의 개발(공저)
안동시 옥동 생활보호 대상자들의 생활실태 및 복지욕구조사
2009년도 단양군지역사회복지계획
2011 ~ 2014 제2기 영주시지역사회복지계획
2015~2018 제3기 영주시, 단양군, 예천군지역사회복지계획 외 다수
지역사회복지관 사례관리수행의 영향요인에 대한 연구 외 다수

[제5판]

사회복지실천론

1판 1쇄 발행 2005년 3월 5일
1판 2쇄 발행 2006년 8월 20일
2판 1쇄 발행 2008년 2월 15일
2판 3쇄 발행 2010년 3월 10일
3판 1쇄 발행 2012년 1월 30일
4판 1쇄 발행 2018년 8월 20일
5판 1쇄 발행 2021년 1월 30일

저 자 | 도광조
발 행 인 | 박철용
발 행 처 | 양서원
주 소 | 경기도 파주시 직지길 522 파주출판드시
전 화 | 031-955-8000(代)
팩 스 | 031-955-8005
홈 페 이 지 | www.yswpub.co.kr
이 메 일 | yswgroup@naver.com
출 판 등 록 | 1987년 11월 24일 제406-2003-037호

ISBN 978-89-994-1101-4

정가 18,000원